BAND 1

300 JAHRE GRÄFE UND UNZER

SORTIMENTS- UND VERLAGSGESCHICHTE
VON 1722 BIS 1950

MICHAEL KNOCHE

INHALTSVERZEICHNIS

Vorwort des Herausgebers	4
Vorbemerkung des Autors	5
1722–1746 Der erste Königsberger Buchhändler großen Stils	6
Mit Büchern handeln	8
Der Standort Königsberg	12
Schwieriger Anfang	14
Eckarts Geschäft	19
1746–1766 Gott, Universität und das allgemeine Beste	26
Die verzeichnete „Vorrathskammer"	28
Johann Heinrich Hartungs Verlag	31
Hartungs berühmtester Autor	33
Hanna Hartungs Prüfungen	36
Johann Jakob Kanter	38
1766–1797 Buchhandel als Geschäft	44
Kampf um die Vormachtstellung	46
Ein weit gespanntes Verlagsangebot	50
Fichtes verzögerte Offenbarung	55
Die Sache mit dem Päckchen	58
Achillesferse Sortiment	60
1798–1831 Alle Mittag sehr gute Suppe	66
Zwischen Kochbuch und Kant	68
Siebenundzwanzig Zentner Remissionsware	74
1832–1901 Das Sortiment gewinnt die Oberhand	80
Der Namenstag der Firma Gräfe und Unzer	82
H. E. Gräfe allein in der Stadt der reinen Vernunft	85
Schnelle Eigentümerwechsel	89

1902–1927 Auf dem Weg zur größten Buchhandlung Deutschlands	94
Gegenüber der Universität	96
Leihbibliothek, Antiquariat, Lehrmittelabteilung	101
Verlag und Buchhandlung wieder in einer Hand	103
„Pioniere für das Deutschtum"	104
1928–1944 Mit Gewinn durchs Tausendjährige Reich	110
Haus der 200.000 Bücher	112
Thomas Mann kommt zu Besuch	116
Ein Auftritt vor dem Börsenverein	120
Konflikt mit dem Stürmer	122
„Dünen, Wälder, weites Land, Ostpreußen"	125
Auch das Sortiment ist „kriegswichtig"	131
1944–1945 Das Ende in Königsberg	134
Die Katastrophe	136
Nach den Luftangriffen	142
1946–1950 Der geistige Sammelpunkt für die alte Heimat – Neuanfang	144
Die Etablierung von Elwert-Gräfe und Unzer in Marburg	146
Ein Raubmord beendet das Marburger Experiment	150
Resümee	154
Eigentümer und Geschäftsführer von Gräfe und Unzer	158
Dank und Bildnachweis	160
Anmerkungen	161
Ungedruckte Quellen	168
Literaturverzeichnis	169
Personenregister	181
Impressum	184

VORWORT DES HERAUSGEBERS

„ Zum fünften Mal legt der Gräfe und Unzer Verlag zu einem runden Jubiläum seines Bestehens eine Chronik vor, die in der nun aktuell vorliegenden Form 300 Jahre seiner Sortiments- und Verlagsgeschichte umfasst. Gerhard Menz (1922), Kurt Forstreuter (1932) und Kurt Prelinger (1972) haben die ersten 200 bzw. 250 Jahre eingefangen, wobei Forstreuters Schrift anlässlich des 100-jährigen Namensjubiläums von Gräfe und Unzer erschienen ist. 1997 dann wurde zum 275. Geburtstag die letzte Chronik des Unternehmens publiziert, deren Schwerpunkt auf der Nachkriegszeit ab 1945 lag und die getrost als „Jubelschrift" bezeichnet werden darf.

300 Jahre sind mehr als Anlass genug, die Sortiments- und Verlagsgeschichte eines der ältesten und renommiertesten Buchhandelsunternehmen Deutschlands Revue passieren zu lassen, seine Wurzeln freizulegen, seine wechselvolle Geschichte neu zu fassen und in den Kontext des historischen Umfeldes zu stellen.

Dazu wurden drei Bände konzipiert. Der erste Band umfasst den Zeitraum von 1722 bis 1950, die weitaus größte Spanne der Firmenexistenz, in der der Name Gräfe und Unzer trotz einiger Traditionsbrüche untrennbar mit der Doppelhelix aus Buchhandlung und Verlag verbunden war. Der Verlag ist stolz darauf, dafür in Michael Knoche einen profunden Kenner der Verlagshistorie Deutschlands als unabhängigen Chronisten gewonnen zu haben. Der zweite Band widmet sich fast ausschließlich der Verlagsgeschichte des modernen Buchverlages von 1950 bis zur Gegenwart, die durch die Transformation eines Publikumsverlages mit gemischtem Profil zum Ratgeberverlag und Markenartikler geprägt ist. Dabei sticht vor allem der formale Unterschied zum ersten Band ins Auge: Vom Charakter her handelt es sich um eine illustrierte Chronik dieser Jahre, die durch den hohen Bildanteil und ihre genuine Beheimatung in der Vier-Farb-Welt bewusst einen Kontrapunkt setzt. Der dritte Band schließlich enthält die umfangreiche Bibliographie des Unternehmens und erscheint als E-Book.

Georg Kessler

VORBEMERKUNG DES AUTORS

„Die dreihundertjährige Geschichte von Gräfe und Unzer hat einen Dreh- und Angelpunkt, nach dem nichts mehr so ist wie vorher: den 30. August 1944. An diesem Tag erlebt Königsberg/Preußen den schlimmsten Bombenangriff der Royal Air Force. Auch die damals größte Buchhandlung Deutschlands, das „Haus der Bücher" von Gräfe und Unzer mit zeitweise 160 Mitarbeitern, brennt vollständig aus. Ihre Erfolgsgeschichte ist auf einen Schlag beendet.

Nach dem Zweiten Weltkrieg musste sich die Firma Gräfe und Unzer von Grund auf neu organisieren: zunächst in Marburg/L., dann in Bad Wiessee und Garmisch-Partenkirchen, schließlich seit 1957 in München. Dort löste sich das Unternehmen allmählich von seinem angestammten Programmschwerpunkt Ostpreußen und profilierte sich als Ratgeberverlag. Heute gehört es – nunmehr ohne den früher dominanten Geschäftszweig Sortimentsbuchhandlung – zu den führenden deutschen Publikumsverlagen.

Die Zerstörung der Stadt im Jahr 1944 markiert auch eine Zäsur im Gedächtnis der Firma. Fast alle älteren Geschichtszeugnisse wurden vernichtet. Doch gibt es archivgestützte verlagshistorische Studien aus der Zeit vor dem Zweiten Weltkrieg. Neue Editionen wie etwa der Briefwechsel von Johann Georg Hamann erlauben neue Perspektivierungen. Die digitalen Kataloge der Archive und Bibliotheken eröffnen bisher ungeahnte Zugänge zu Dokumenten. Einzelnes hat sich an verschiedenen Stellen erhalten und ermöglicht es, nicht nur die großen Linien zu ziehen, sondern Ereignisse auch punktuell zu vertiefen. So ist im Zuge der Nachforschungen das Buchhandelsprivileg von 1722, die Gründungsurkunde von Gräfe und Unzer, überraschend wieder aufgetaucht. Trotz des fehlenden Verlagsarchivs kann daher mit einiger Zuversicht der Frage nachgegangen werden, aus welchen historischen Wurzeln Gräfe und Unzer geworden ist, was es heute ist. Es ist nicht eine Geschichte des unaufhaltsamen Aufstiegs, die hier in unterschiedlichem Erzählton geschildert wird. Es ist eine Geschichte von Umwegen, Besitzerwechseln und dem Mut, immer wieder von vorne anzufangen. Die Geschichte von Gräfe und Unzer erinnert an das Schiff des Theseus, das nach der griechischen Sage immer dasselbe blieb, obwohl alle seine Teile ausgewechselt wurden.

Michael Knoche

$$\frac{\frac{17}{22}}{\frac{17}{46}}$$

DER ERSTE KÖNIGSBERGER BUCHHÄNDLER GROSSEN STILS

So lange wie keine andere Branche hält der Buchhandel am Tauschgeschäft fest. Christoph Gottfried Eckart, ein junger Buchhändler aus Grimma bei Leipzig, der im Jahr 1722 in Königsberg eintrifft, um sich dort niederzulassen, kennt die Handelsbräuche sehr gut. Aber die alteingesessenen Kollegen wehren sich gegen seine Einbürgerung. Der König erteilt ihm am 20. Juli 1722 dennoch das nötige Privileg, denn die Universität hat großes Interesse an einem agilen Buchhändler. Eckarts erstes in Königsberg verlegtes Buch ist ein umfangreiches heimatkundliches Werk mit ausfaltbarer Landkarte. Dieses Buch wird über die Leipziger Messe gegen andere Neuerscheinungen eingetauscht, die in Königsberg guten Absatz finden. Eckarts Geschäft entwickelt sich zum Umschlagplatz des Königsberger Geisteslebens.

1722 — 1746

MIT BÜCHERN HANDELN

„Im Frühjahr 1722 fand sich ein junger Buchhändler aus dem Kursächsischen in der Königlichen Residenz- und Universitätsstadt Königsberg/Pr. ein, um sich hier eine Existenz aufzubauen. Er wäre wohl sehr verwundert gewesen, wenn man ihm gesagt hätte, dass man noch 300 Jahre später seiner Ankunft gedenken würde. Die vielen Hindernisse, denen er sich nun gegenübersah, waren eher Anlass zur Verzweiflung als zu großen Zukunftserwartungen. Nichts wollte auf Anhieb gelingen. Und doch: Die Firma, die er in diesem Jahr gegründet hat, ist die Keimzelle eines großen Unternehmens geworden, und Christoph Gottfried Eckart aus Grimma wurde der Stammvater von Gräfe und Unzer.

Wie muss man sich eine Buchhandlung im frühen 18. Jahrhundert vorstellen? Nach zeitgenössischen Berichten und Abbildungen hat der Laden hohe Regale mit Leitern und eine Theke. Er ist in der Regel nicht gerade sonnendurchflutet, im Winter ungeheizt und hat keine Sitzmöbel. In den tiefen Regalen stehen einzelne bereits gebundene, meist mit ein paar Fäden und Deckblatt interimistisch geheftete („brochierte") Bücher verschiedenen Formats, vor allem jedoch liegen hier „rohe" (ungebundene) Bogen, die je Werk einen Stapel bilden und mit einem kleinen handgeschriebenen Schild versehen sind. Die Bogen liegen in beschrifteten Kästen. Die Ordnung dürfte denen der Messkataloge entsprechen, also grob nach Fakultäten, gegebenenfalls getrennt nach Deutsch, Latein und weiteren Sprachen.[1] Irgendwo liegen auch verschnürte Ballen mit bedruckten Bögen oder Fässer für den Büchertransport.

Innenansicht einer Buchhandlung aus der Zeit um 1700.

Der Buchhändler steht oder sitzt hinter der Theke und schreibt auf einem aufgelegten Pult. Hier berät er die Kunden und legt ihnen die Bücher zur Ansicht vor. Die größeren Buchhandlungen haben ein separates geheiztes Comptoir für die vielen Schreibarbeiten und weitere Lagerflächen für die Bücher. Denn die übersichtliche Lagerung von rohen Bogen beansprucht viel Platz. Da es noch keine Schaufenster gibt, werden die Titelblätter der Neuerscheinungen auf einer Schiefertafel vor dem Laden oder auf den Holztafeln, mit denen die Läden über Nacht verschlossen werden, angeschlagen. Anzeigen in der örtlichen Zeitung sind aber schon im 18. Jahrhundert das wirkungsvollere Werbemittel.

Ein Großteil des Geschäfts wird über Bestellungen abgewickelt. Vermögende Kunden senden ihre Bediensteten zum Buchhändler, um etwas zu besorgen. Der Buchhändler verkauft großzügig auf Rechnung. Die Buchhandlung der ersten Jahrzehnte des 18. Jahrhunderts ist noch kein Treffpunkt der eleganten Welt. Von einem Geschäftslokal mit guter Beleuchtung und Beheizung, Sitzgelegenheiten und einer Fülle ausgebreiteter Neuerscheinungen, in denen der Kunde nach Belieben blättern kann, ist man noch weit entfernt.[2]

<aside>Gebundene Ladenpreise sind noch unbekannt.</aside>

Eine wesentliche Bedingung für die Mannigfaltigkeit des Angebots und Effizienz der Verteilung in Deutschland waren jahrhundertelang die Messen an den Standorten Frankfurt/M. und Leipzig. Auf diesen Drehscheiben des überregionalen Handels tauschen die Buchhändler ihre Ware aus und sorgen für die Zirkulation der Bücher in ganz Deutschland und den Nachbarländern. Die Messen finden zweimal im Jahr statt, im Frühjahr und im Herbst. Bis ins frühe 18. Jahrhundert spielt sogar die Leipziger Neujahrsmesse für den Buchhandel eine Rolle.

Die Buchhändler besuchen mindestens eine Frühjahrsmesse. In der Regel dauert sie drei Wochen. Eine gesunde körperliche Konstitution ist unerlässliche Voraussetzung für den Beruf, denn ein Buchhändler muss, je nach Wohnort, jedes Jahr viele Wochen in fremden Betten und rumpelnden und polternden Kutschen auf Reisen verbringen. Der Buchhändler Hartknoch wird noch 1785, als die Wege schon verbessert waren, auf seiner Reise von Riga nach Leipzig mit seiner Kutsche zwanzigmal umgeworfen. Sein Kollege Hartung aus Königsberg bricht die Fahrt wegen des abscheulichen Mai-Wetters nach einem Tag wieder ab.[3]

Von Königsberg nach Leipzig ist die Fahrende Post zehn volle Tage unterwegs. Bei einer Abfahrt am Montagmorgen wird das Ziel am Donnerstag der nächsten Woche erreicht – wenn die Kutsche Tag und Nacht durchfährt und das Wetter gut ist. Die Frachtpost braucht viel länger. Der Buchhändler geht als Produzent zur Messe und verkauft dort an seine Zunftgenossen, was er hergestellt hat. Nach Hause kehrt er quasi als Einzelhändler zurück, um neben den eigenen auch die Bücher seiner Kollegen im Laden anzubieten.

Wie schaffen es die Buchhändler bei der politischen und monetären Zerrissenheit Deutschlands, ihre Geschäfte untereinander abzurechnen? Wie werden sie mit Gold-, Silber- und Scheidemünzen und all den Carolins, Dukaten, Gulden, Kreuzern, Louis d'or, Hellern, Thalern, Marien- und Silbergroschen, Batzen und Kopfstücken fertig? Sie tauschen einfach Bücher Bogen gegen Bogen. Das Papier der bedruckten, aber ungebundenen „Rohbogen" der Bücher ist bis weit ins 18. Jahrhundert hinein die Währungseinheit im Buchhandel. Auch die tonangebenden Wirtschaftstheoretiker, die Merkantilisten, die am liebsten nur einheimische Waren zirkulieren sehen wollen, favorisieren diese Handelsform.[4] In Holland, Frankreich, England oder Italien ist das Tauschen im Buchhandel unbekannt, dort wird bar abgerechnet.

Ein Buch wird „verschrieben"

In Deutschland bietet jeder Buchhändler in seinem Laden neben den eigenen Verlagsprodukten auch ein umfangreiches Sortiment anderer Verlagsbücher an, in der Regel zwar gefalzt und zusammengelegt, aber ungebunden – wegen des Transportgewichts, aber auch wegen der Privilegien der Buchbinder, die so ihr Auskommen sichern wollen. Was nicht vorrätig ist, wird auf der nächsten Messe besorgt oder, wenn es sehr dringend ist, „verschrieben", wie der Bestellvorgang heißt. In den meisten Fällen können die Kunden das Gewünschte schon vor dem Kauf einsehen und prüfen. Das meint die zu Beginn des 18. Jahrhunderts aufkommende selbstbewusste Formel in den Verlagsanzeigen: „In allen Bücherläden zu haben."[5]

Ein Kunde in den europäischen Nachbarländern musste sich selber darum bemühen, den Verleger eines neu erschienenen Buches ausfindig zu machen und mit ihm in eine Geschäftsbeziehung zu treten. Wenn er in den Zentren Paris oder London lebte, mochte das gelingen. Aber ein Leser in der Provinz musste entweder Glück haben, dass das Buch zufällig in einem Laden vorhanden war oder einen Buchhändler finden, der bereit war, das Buch zu bestellen. Dann aber konnten die Beschaffungskosten den Ladenpreis übertreffen. Vielleicht hatte der Handel mit älteren und antiquarischen Büchern im Ausland auch deshalb einen höheren Stellenwert als in Deutschland. Hier war die Orientierung auf Neuerscheinungen ausgeprägter – mit günstigem Effekt auf Ideenverkehr und Wissenschaftsdynamik.

Im Verlag stellt der Buchhändler die Tauschobjekte her, die er für sein Sortiment braucht.

Die Notwendigkeit, über Tauschobjekte zu verfügen, führt dazu, dass es bis gegen Ende des 18. Jahrhunderts bis auf wenige Ausnahmen keine reinen Buchhändler und keine reinen Verleger gab, sondern nur Verleger und Sortimenter in Personalunion. Der Inhalt der Bücher und unterschiedliche, aber noch nicht sehr hohe Autorenhonorare spielen keine große Rolle. „Der Buchhandel nämlich bezog sich in früherer Zeit", erinnert sich Goethe, „mehr auf bedeutende, wissenschaftliche Fakultätswerke, auf stehende Verlagsartikel, welche mäßig honoriert wurden. Die Produktion von poetischen Schriften aber wurde als etwas Heiliges angesehn, und man hielt es beinah für Simonie, ein Honorar zu nehmen oder zu steigern."[6] Die Hauptsache für den Buchhändler ist, dass er bedrucktes Papier zur Messe bringen kann. Er kann damit rechnen, dass wenigstens ein bis drei Exemplare eines neuen Buches, das er dort anbietet, von allen Geschäftspartnern unbesehen abgenommen werden.

Im Gegensatz zum 16. Jahrhundert betreiben die Buchhändler des 18. Jahrhunderts nur noch selten eine eigene Druckerei – die Drucker haben ihre eigenen Privilegien. Vielmehr beauftragen sie andere Betriebe mit dem Bücherdruck, so wie sie auch mit Buchbindern kooperieren, bei denen sich jedermann die Bücher nach Wunsch binden lassen kann. Manchmal arbeiten alle Gewerke friedlich unter einem Dach, mal machen sich alle untereinander Konkurrenz. Die Buchbinder kaufen den Druckern die rohen Bogen von populären Schriften, Kalendern, Schulbüchern, Gebetbüchern etc. ab, geben ihnen einen billigen Einband und verkaufen die Produkte in ihrer Werkstatt oder auf den Jahrmärkten. Ebenso verlegen und verkaufen die Drucker Bücher, die sie selber hergestellt haben, aber manchmal eben auch andere.

So mischen auch Drucker und Buchbinder im Buchgeschäft mit. Aber nur in den Buchhandlungen findet der Kunde ein vielfältiges Angebot. In den preußischen Universitätsstädten unterstehen alle drei Berufsgruppen als *cives academici* der Universitätsgerichtsbarkeit. Sie müssen sich in die Matrikel eintragen und sind der Zensur durch die zuständige Fakultät unterworfen. Daneben gibt es noch die von allen Fraktionen geschmähten Wanderhausierer oder Kolportagehändler mit ihren schwer kontrollierbaren (und nicht auf der Messe gehandelten) Kleinschriften.[7]

Für den anspruchsvollen Buchhandel ist wichtig, was in den gedruckten Messkatalogen an Neuerscheinungen angezeigt wird. Die Sortimenterverleger melden ihre neuen Titel vor der Messe dem Katalogherausgeber zur Publikation. Mehr als hundertfünfzig Jahre lang war dies Sache der Buchhandlung Große in Leipzig. Die Verzeichnisse erscheinen jeweils zur Oster- und zur Michaelis-Messe und haben den Vorteil, dass

Auf der Messe übernimmt jeder Buchhändlerkollege wenigstens ein bis drei Exemplare eines neuen Buches.

sie die Buchproduktion beider Messorte gemeinsam anzeigen. So können die Buchhändler ihre Geschäfte gut informiert abwickeln. Einige Exemplare der Messkataloge werden nach der Messe an die eigenen Kunden weitergegeben, in erster Linie an Bibliotheken und die Gelehrten, die jede Neuerscheinung aufmerksam registrieren. Der Halbjahreskatalog hat einen Umfang von etwa 64 Seiten und ist grob nach Fakultäten, dann nach lateinischen und deutschen Büchern geordnet. Im Jahrzehnt zwischen 1720 und 1730 werden in den Messkatalogen etwa 1.000 bis 1.100 neue Bücher pro Jahr angezeigt. Ein Drittel davon wird in Latein veröffentlicht. Es gibt im Deutschland des frühen 18. Jahrhunderts etwa 190 Buchhandlungen.[8]

DER STANDORT KÖNIGSBERG

Was sprach aus Sicht eines ehrgeizigen Existenzgründers aus Mitteldeutschland für die entlegene Stadt Königsberg? Der Standort war weitaus günstiger als das übersetzte Leipzig mit seinen 18 Buchhandlungen bei 28.000 Einwohnern. Die Metropole an der Ostsee – mit 40.000 Einwohnern kleiner als Hamburg, aber größer als Berlin und genauso groß wie Köln und Prag – zählte damals nur drei aktive Buchhandlungen. Wenn Immanuel Kant, der Stadt und Umgebung bekanntlich nie verlassen hat, die Vorzüge Königsbergs herausstreicht, klingt es zudem so, als sei diese Stadt für eine aufgeklärte und urbane Lebensführung prädestiniert:

> *Eine große Stadt, der Mittelpunkt eines Reichs, in welchem sich die Landescollegia der Regierung desselben befinden, die eine Universität (zur Cultur der Wissenschaften) und dabei noch die Lage zum Seehandel hat, welche durch Flüsse aus dem Inneren des Landes sowohl, als auch mit angrenzenden entlegenen Ländern von verschiedenen Sprachen und Sitten einen Verkehr begünstigt, – eine solche Stadt, wie etwa Königsberg am Pregelflusse, kann schon für einen schicklichen Platz zu Erweiterung sowohl der Menschenkenntnis als auch der Weltkenntniß genommen werden, wo diese, auch ohne zu reisen, erworben werden kann.*[9]

Später hat man die Epoche zwischen 1701 und 1806 wegen der vielen wissenschaftlich-kulturellen Glanzpunkte als „Königsberger Jahrhundert"

Der Standort Königsberg

bezeichnet.¹⁰ Auf Anregung Gottscheds wurde 1741 die Königlich Deutsche Gesellschaft als Bindeglied zwischen Universität und Bürgerschaft gegründet. Das erste stehende Theater in Preußen errichtete Konrad Ernst Ackermann 1745. Glanzvoll war der Salon von Caroline von Keyserling zur Jahrhundertmitte.

1722 bestand die Stadt noch aus den drei selbstständigen Städten Altstadt, Kneiphof und Löbenicht. Erst zwei Jahre später verfügte König Friedrich Wilhelm I. in Preußen die Aufhebung der kommunalen Selbstverwaltung im ganzen Land sowie die Vereinigung der drei Städte zur Königlichen Haupt- und Residenzstadt Königsberg. 1701 hatte sich sein Vater Friedrich I. dort zum König „in" Preußen gekrönt. Die Königswürde hätte er nicht erlangt, wenn das Gebiet Teil des Heiligen Römischen Reichs Deutscher Nation gewesen wäre. Der Kaiser in Wien hätte die Selbsterhebung nicht so leicht geschehen lassen.

1724 erfolgte die Vereinigung der drei Städte Altstadt, Kneiphof und Löbenicht zur Stadt Königsberg.

Der König begünstigte die Einwanderung, wo er nur konnte, um Industrie und Handel zu beleben und die Folgen der Großen Pest abzumildern, der zwischen 1708 und 1714 fast ein Viertel der Einwohner Königsbergs zum Opfer gefallen war. Spuren der verheerenden Krankheit und der Missernten zeigten sich in ganz Ostpreußen noch lange Zeit. Unter den Immigranten, die zum Teil schon länger in der Stadt lebten, waren Franzosen, Schotten, Engländer, Niederländer, Polen und Schweizer. 1732 lud Friedrich Wilhelm I. die protestantischen Glaubensflüchtlinge aus Salzburg nach Ostpreußen ein. Das einst vom Deutschen Orden gegründete Königsberg war Schmelztiegel, Drehscheibe und Relais nach Polen, ins Baltikum bis hin nach Russland. Die Zeit vor dem Siebenjährigen Krieg war eine Phase wirtschaftlichen Aufschwungs.

Der Buchhandel in Königsberg genoss im 16. und 17. Jahrhundert einen guten Ruf. Hans Weinreich hatte hier bereits 1524 das erste Buch gedruckt. Er und Hans Daubmann hatten in der Folge zahlreiche reformatorische Schriften herausgebracht. 1621 war bei Lorenz Segebade eine der frühesten Zeitungen erschienen, die es in Deutschland überhaupt gab: *Die Avisen, Oder Wöchentliche Zeitung Was sich in Deutschland und andern Orten ferner verlauffen und zugetragen.* Überregional bekannt wurde im 17. Jahrhundert die Offizin von Johann Reussner, in der auch eine Zeitung hergestellt wurde, ein Vorläufer der später bekannten *Königsberger Hartungschen Zeitung*. Reussner arbeitete vorwiegend für die Universität und publizierte auch Werke des Königsberger Barockdichters Simon Dach und anderer Autoren der Dichtervereinigung „Kürbishütte".

In Königsberg erscheint eine der ersten deutschen Tageszeitungen.

Es war ein großer Unterschied, Buchhändler in Leipzig oder Buchhändler in Königsberg zu sein. Im weit vom bibliopolischen Zentrum

Deutschlands gelegenen Königsberg war ein großes Lager essentiell, um den Lesern vor Ort die Erzeugnisse des Buchmarkts rasch zugänglich zu machen. Aber für den Betreiber war das große Lager ein Risiko, weil es für lange Zeit Kapital band. Die Schwierigkeit brachte Eckarts Nachfolger Hartung einmal so auf den Punkt:

Die Entfernung Königsbergs von denen Orten, wo der meiste Bücher-Verkehr unterhalten wird, macht diesen Handel so mühsam als kostbar. Man kann demnach bey der gehäuften Menge von Büchern, welche jährlich herauskommen, nicht von jedem eine Anzahl übernehmen. Manche sind so beschaffen, daß man es kaum wagt, ein Stück davon ins Land zu bringen, und es kommt oft genug, daß solch ein einziges Exemplar ein kostbares Meubel wird; wohingegen andere sich frühzeitig vergreifen und dann auf einige Wochen lang vergeblich gesucht werden.[11]

In diesen Sätzen deutet sich bereits an, warum die größte deutsche Buchhandlung in der ersten Hälfte des 20. Jahrhunderts in Königsberg angesiedelt war und nicht etwa in Leipzig. In Leipzig war ein tiefgestaffeltes Sortiment nicht so wichtig, weil man alles im Handumdrehen besorgen konnte.

SCHWIERIGER ANFANG

Wir wissen wenig über Christoph Gottfried Eckarts persönliche Umstände: Er wurde am 18. April 1693 in Grimma geboren und stammte aus gutbürgerlichen Verhältnissen. Sein Vater war Gerichtsdirektor in Seelingstädt und Bürgermeister in Grimma bei Leipzig. Als Buchhandelsgeselle hatte er bereits einige Jahre in Königsberg gearbeitet, und zwar in der angesehenen Verlagsbuchhandlung von Martin Hallervord, die nach seinem Tod 1714 von der Witwe fortgeführt wurde. Er wusste also, auf was er sich einließ.

In seiner Gesellenzeit war er als Autor eines Gratulationsgedichts hervorgetreten. 1719 hatte er für seinen Freund Benjamin Hoffmann, der in Wittenberg das Magisterstudium abgeschlossen und damit die Lehrbefugnis erhalten hatte, ein selbst verfasstes Poem drucken lassen. Es war eine gute Gelegenheit, sich selbst nebenbei als Mitglied der Gelehrtenrepublik und bildungsbeflissener Schriftsteller zu präsentieren. Eckarts literarische Begabung fällt dabei weniger ins Auge als seine Befähigung, gewagte Metaphern zu verwenden und alle möglichen Figuren der griechischen Sagenwelt aufzurufen. Aber das alles scheint dem Autor bewusst gewesen zu sein, denn selbstironisch spricht er von „einer schlechten Gratulation". Der Titel des einen Bogen umfassenden und mit drei Kupfern geschmückten Drucks lautete *Die erfüllete Hoffnung* (1719).[12] Im Matrikelverzeichnis der Universität Wittenberg taucht Eckart nicht auf. Gute Lateinkenntnisse, die Voraussetzung für den Buchhändlerberuf waren, konnte man auch in der Schule erwerben. Auf jeden Fall muss Eckart ein aufgeweckter und unternehmungslustiger junger Mann gewesen sein. In Leipzig übernahm er von 1720 bis 1722 die Geschäftsführung eben jener Leipziger Buchhandlung Große, die seit 1594 die Herstellung der Messkataloge besorgte. Eigentümerin war damals die Witwe Maria Felicitas des verstorbenen Johann Große. Als „Faktor" der alteingesessenen Firma hat Eckart die wichtigsten Akteure und die Funktionsweise des deutschen Buchhandels persönlich kennengelernt. In den Folgejahren kam es zu manchen Formen der Zusammenarbeit.

Am 22. Mai 1722 richtete Eckart an den König seinen Antrag auf Gewährung eines Buchhändlerprivilegs.[13] Ohne ein Privileg wäre der Geschäftsbetrieb nahezu unmöglich gewesen. Eckart hätte nur auf Jahrmärkten handeln können, was er in diesem Jahr auch wirklich tat, während er auf die Bewilligung wartete. Aber er wollte akademischer Buchhändler werden. Nur das war ein einträgliches Geschäft, wenn der Handel erst einmal in Schwung gekommen war. Bei seinen exzellenten Referenzen und den Geldmitteln, die er einsetzen konnte, war dieses Ziel nicht unerreichbar.

Die Zunftgenossen vor Ort waren aber gar nicht erfreut über den neuen Konkurrenten. Nachdem der Juni-Jahrmarkt beendet war, drangen sie beim Rektor der Universität darauf, dass Eckart seinen Bücherhandel unverzüglich wieder einstellte. Dieser wollte aber auch in der Übergangszeit bis zur Erteilung des Privilegs nicht untätig bleiben und wenigstens einige Einnahmen erzielen. Daher wandte er sich am 10. Juli direkt an den König und beklagte sich, dass er schon „nächsten Mittwoch" seinen provisorischen Laden schließen solle, obwohl er doch auf das „allergnädigste Privilegium" hoffe. Daraufhin unterschrieb der König die Urkunde am 20. Juli 1722. Dieses Privileg ist die Gründungsurkunde der Firma Gräfe und Unzer und soll daher vollständig zitiert werden:

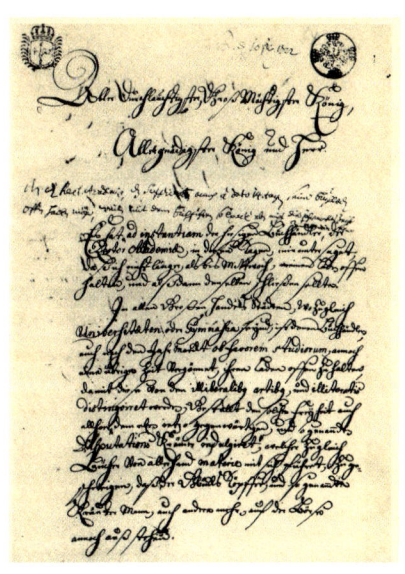

Antrag von Christoph Gottfried Eckart, 22.5.1722.

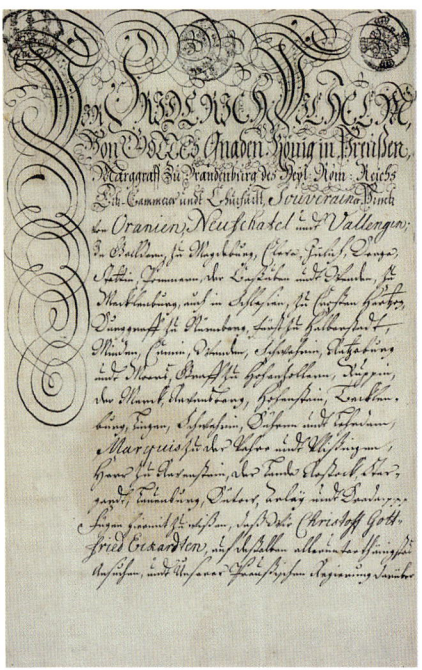 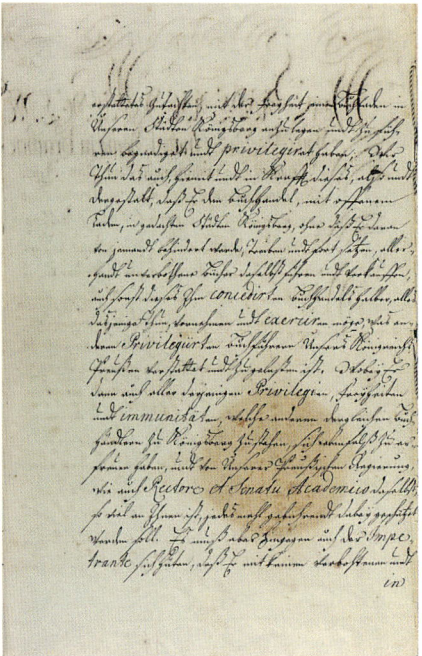

Wir Friedrich Wilhelm, von Gottes Gnaden König in Preußen, Marggraff zu Brandenburg, des Heilg. Röm. Reichs Ertz-Cämmerer undt Churfürst (…) fügen hiemit zu wißen, daß Wir Christoff Gottfried Eckardten, auf desselben allunterthänigstes Ansuchen undt unserer Preußischen Regierung darüber erstattetes Guttachten mit der Freyheit, einen Buchladen in Unsern Städten Königsberg anzulegen undt zu führen begnadiget undt privilegiret haben; Wir thun das hiermit, auch und in Krafft dieses also und dergestalt, daß Er den Buchhandel mit offenem Laden in gedachten Städten Königsberg, ohne daß er daran von jemandt behindert werde, treiben undt fortsetzen, allerhand unverbothene Bücher daselbst führen undt verkauffen, auch sonst dieses Ihm concedirten Buchhandels halber alles dasjenige thun, vornehmen und exerciren möge, was andern Privilegiirten Buchführern Unsers Königreichs Preußen verstattet undt zugelaßen ist. Wobey Er dann auch aller derjenigen Privilegien, Freyheiten und immunitaeten, welche andern dergleichen Buch-Händlern zu Königsberg zustehen, sich ebenfalß zu erfreuen haben undt von Unserer Preußischen Regierung, wie auch Rectore und Senatu Academico

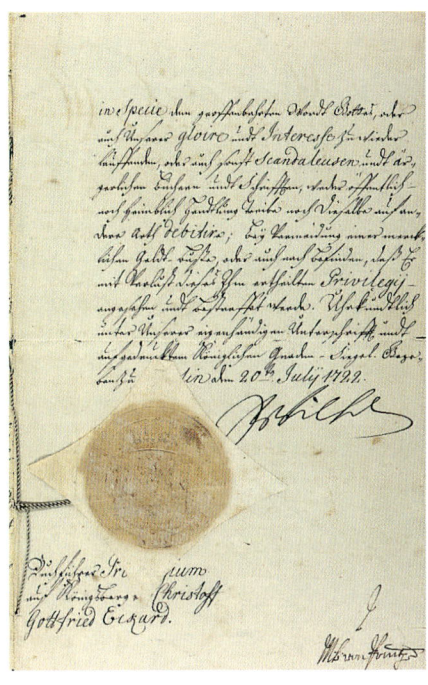

Das Privileg für Eckart vom 20. Juli 1722 ist die Gründungsurkunde der späteren Firma Gräfe und Unzer.

daselbst, so viel an Ihnen ist, jedesmahl gebührend dabey geschützet werden soll. Es muß aber hingegen auch der Impetrante [der Begünstigte] sich hüten, daß er mit keinen verbothenen und in specie dem geoffenbahrten Wordt Gottes, oder auch Unserer Gloire und Interesse zuwieder lauffenden, oder auch sonst Scandaleusen und ärgerlichen Büchern und Schrifften, weder öffentlich noch heimblich Handtlung treibe noch dieselbe auf andere Arth debitire [verkaufe]; Bey Vermeidung einer mercklichen Geld-Buße, oder auch nach Befinden, daß Er mit Verlust dieses Ihm ertheilten Privilegii angesehen undt bestraffet werde. Uhrkundlich unter Unserer eigenhändigen Unterschrifft undt aufgedrucktem Königlichen Gnadensiegel gegeben zu Berlin den 20. Juli 1722. Fr. Wilhelm.[14]

Mit diesem Dekret war Eckart als Buchhändler in Königsberg legitimiert. Es war nicht überraschend, dass der König die Gelegenheit nutzte, noch einmal an die zu beachtenden Zensurbestimmungen zu erinnern. Im frühen 18. Jahrhundert stand der Schutz der Religion noch an erster Stelle, während die Person des Regenten und die politischen Interessen darunter rangierten. Das wird ein Jahrhundert später umgekehrt sein. Dass die Urkunde auch Rektor und Senat der Universität an ihre Schutzverpflichtung erinnerte, ist Ausdruck der Treuepflicht, die der Fürst jedem Untertanen schuldete.

Die alteingesessenen Buchhändler gaben keineswegs klein bei. Sie nahmen just die Schutzverpflichtung der Regierung für sich selber in Anspruch und argumentierten, die übliche Zahl von vier privilegierten Buchhandlungen sei bereits erreicht. Wie überall, wo es keine Gewerbefreiheit gab, versuchten die Alteingesessenen mit allen Mitteln, ihr „Auskommen" zu verteidigen. Nicht anders ist es etwa dem Cotta'schen Gehilfen Theophil Georgi ergangen, als er sich 1705 als zweiter Buchhändler in Stuttgart niederlassen wollte. Der Platzhirsch August Metzler verhinderte dies mit einer Jeremiade an den Herzog von Württemberg.[15]

In Königsberg stellte sich bei näherer Prüfung heraus, dass auf die Familie Heerdan, die nur ein Privileg besaß, zwei Buchhändler kamen, die aber seit fünfundzwanzig Jahren kein einziges Buch verlegt hatten. Der dritte neben Martin Hallervords Firma privilegierte Buchhändler Heinrich Boye befand sich in Konkurs. Also war das Argument, vier Buchhändler in der Stadt seien genug, ein Eigentor, weil es nur drei Privilegierte gab, von denen einer schon gar nicht mehr aktiv war. Am 13. November 1722 erteilte der König seiner Regierung in Königsberg noch einmal den Befehl, das vor kurzem erteilte Privileg des Buchhändlers Eckart zu schützen,[16] weil dieser sich bis dahin anscheinend noch immer nicht niederlassen konnte.

Eckart eröffnete seinen Laden zunächst in der Kneiphöfschen Langgasse, also auf der Pregel-Insel in der Nähe der Universität, der „Albertina", und des Domes. Danach siedelte er im selben Stadtteil um und bezog ein Haus, das verkehrsgünstig in der Schuhgasse an der Schmiedebrücke am Übergang zur Altstadt lag, wo auch viele Buchbinder ihr Handwerk betrieben.[17] Die Nähe zur Universität, die im 19. Jahrhundert ein neues Domizil erhielt, sollte stets das Hauptkriterium für die Wahl des Standorts auch der Nachfolger Eckarts sein.

Bereits im Ostermesskatalog 1722 hatte Eckart, damals noch in Leipzig, ein selbst verlegtes Buch mit dem Erscheinungsvermerk „Franckfurt und Leipzig verlegts bei Christoph Gottfried Eckart" angezeigt. Die Ortsangabe der beiden Messestädte war üblich, wenn das Buch auf beiden Messen – vielleicht auch nur durch einen Buchhändlerkollegen – vertrieben wurde. Das Buch trug den Titel *Christoph Sanders Historische Erkänntniß des Christenthums, das ist deutlicher Unterricht von dem ehemals im Paradise verlohrnen, aber auch daselbst wieder gezeigten*

Wege zur Seeligkeit. Es war kein theologisches Fachbuch, sondern eine erbauliche Lektion für den gläubigen Leser, die mit der Akklamationsformel „in Ewigkeit Amen" endet. Vermutlich war der kleinformatige Band im Umfang von 384 Seiten gut geeignet für einen größeren Absatz im protestantischen Deutschland. Somit verfügte Eckart über ein Handelsobjekt, das er eintauschen konnte, so dass er, als er im Mai in Königsberg eintraf, vermutlich schon den Grundstock eines kleinen Sortiments mitbrachte. Er kam zur rechten Zeit. Stadt und Universität waren im Aufbruch.

ECKARTS GESCHÄFT

Da sich Eckart erst gegen Jahresende 1722 mit seiner Buchhandlung etablieren konnte, war die Zeit zu knapp, um bis zur Ostermesse 1723 eigene Verlagswerke herausbringen zu können. Deshalb tat er sich mit dem Drucker Johann David Zänker zusammen, dem aufgeschlossensten Vertreter seiner Zunft vor Ort. Zänker hatte 1722 ein 548 Seiten starkes, großformatiges und mit einer Landkarte versehenes

Das erste bei Eckart in Königsberg verlegte Buch.

heimatkundliches Buch über die Gegend zwischen Danzig, Elbing und Marienwerder hergestellt und auf eigene Faust vertrieben. Ein Buch also über Land und Leute, das, sauber gedruckt und mit einer ausklappbaren Landkarte versehen, nicht nur für das Publikum in Ostpreußen interessant war. Es kostete 18 Groschen, was dem Gegenwert von 4 Pfund besten Rindfleischs entsprach. Autor war der Theologe Abraham Hartwich.

Im Handumdrehen kommt Eckart zu seinem ersten Verlagswerk.

Zänker muss von diesem Titel noch einen größeren Vorrat auf Lager gehabt haben, von dem Eckart ihm eine bestimmte Menge abkaufen konnte. Einfallsreich wie er war, ließ er aber ein neues Titelblatt drucken und dieses den vorhandenen Rohbogen des Buchblocks voransetzen. Aus dem Erscheinungsvermerk „Königsberg Anno 1722 druckts und verlegts bei Johann David Zänker" wird „Königsberg verlegts Christoph Gottfried Eckart Anno 1723" – eine sogenannte Titelausgabe, bei der der Inhalt sonst gleich ist. Damit hatte Eckart auf der Ostermesse in Leipzig ein gewichtiges Buch in der Hand. Es war das erste Produkt seiner Verlagsbuchhandlung in Königsberg.[18]

Auf ähnlichem Wege dürfte er zu dem nächsten Verlagsobjekt gekommen sein, einer Zeitschrift, die allein Johann Samuel Strimesius als Verfasser hatte, den mehrfachen Dekan und Rektor der Universität: *Historisch-, geographisch- und genealogische Anmerkungen über verschiedene, in den neuesten Zeitungen des Jahres 1723 vorkommende besondere Sachen, worinnen derer vornehmsten, in selbigem Jahre gestorbenen, grossen Herren und Minister Leben und Thaten ... beschrieben und erläutert.*[19] Hinter dem merkwürdigen Titel verbirgt sich keine verkappte Zeitung, obwohl das Blatt wöchentlich erschien.[20] Weder Zänker, der Drucker, noch Eckart, der Verleger, hätten ohne besonderes Privileg eine Zeitung mit politischen Nachrichten herausgeben dürfen. Es war ein neuartiges Periodikum mit vertiefenden Erklärungen zu Themen, die gerade aktuell waren. Im ersten Heft zum Beispiel wird das Leben der kürzlich verstorbenen Herzogin Elisabeth Charlotte von Orléans, genannt Liselotte von der Pfalz, munter erzählt. Die Zeitschrift muss für die Zeitgenossen so interessant gewesen sein, dass eine dänische und schwedische Übersetzung davon erschien.

Um 1730 gab es in Deutschland etwa 400 verschiedene Zeitschriften, die wissenschaftliche Gegenstände in populärer Form behandelten und auch nicht-gelehrte Leser ansprachen.[21] Es war eine Literaturgattung mit großer Zukunft. Vermutlich war es der gleiche Strimesius, der später noch einmal eine ähnliche Zeitschrift bei Eckart herausgebracht hat, die *Nützliche Sammlung zum nähern Verstande des Neuen in der Politischen und Gelehrten Welt* (1735/36).[22] Sie fiel in eine Phase, als Strimesius we-

Eckarts Geschäft

gen Alkoholsucht und Majestätsbeleidigung Ärger mit der Regierung bekommen hatte und schließlich von der Universität entfernt wurde. Daher konnte der ehemalige Rektor auch nur noch anonym publizieren und sich auf diese Weise einen kargen Lebensunterhalt verdienen.[23]

Spätestens für die 1724 auf die Messe gebrachten vier Titel darf Eckart auch im engeren Sinne als Verleger gelten, etwa für das Werk des Königsberger Hofkapellmeisters Johann Georg Neidhardt (1680–1739) über musikalische Stimmung (*Sectio Canonis Harmonici*).[24] Das Buch spielt noch heute in der Musikgeschichte bzw. in der Theorie des Orgelbaus eine Rolle. Das aufwendigste Buch dieses Jahres war das fast 1.000 Seiten starke, auf Latein verfasste juristische Handbuch des Königsberger Professors Johann Albrecht Stephani (1684–1735).[25]

Michael Lilienthal – Autor und Berater

Eckarts wichtigster Autor und vermutlich auch Berater war Michael Lilienthal (1686–1750). Der Theologe, Historiker und Stadtbibliothekar war ein Gelehrter von Rang und Mitglied der Akademie in St. Petersburg, der aber einst gegenüber Strimesius das Nachsehen bei der angestrebten Universitätsprofessur gehabt hatte. Lilienthal publizierte acht Bücher in Eckarts Verlag: vom Gesangbuch über numismatische Werke bis hin zu Studien über das Alte Testament. Die neben den wissenschaftlichen Publikationen von ihm veröffentlichten Gesangbücher und Predigtsammlungen dienten der Einübung des christlichen Glaubens und haben oft mehrere Auflagen erlebt. Darüber hinaus gab der Polyhistor die noch heute zitierte Zweimonatszeitschrift *Acta Borussica* (1730–1732) heraus,[26] die wissenschaftliche Beiträge zur Heimatforschung Preußens enthielt. Als Frontispize dienten Porträts berühmter Königsberger Gelehrter, etwa von Andreas Osiander d. Ä. oder Simon Dach. Nachdem Lilienthal in drei Jahren 3.000 Seiten der Zeitschrift allein geschrieben und zum Druck befördert hatte, glaubte er sich berechtigt, ins letzte Heft seine eigene Lebensbeschreibung nebst Kupferstich einzurücken.

Die Zeitschriften Eckarts waren keine gelehrten Spezialorgane, obwohl die *Acta Borussica* gelegentlich auch lateinische Abhandlungen brachten, sondern behandelten ihre Gegenstände in allgemeinverständlicher Form. Sie sind Foren der sich belebenden weltlichen Debatte jenseits der Theologie und Belege für einen gesellschaftlichen Säkularisierungsprozess.[27] Auch eine Ausgabe der Luther-Übersetzung des Neuen

Michael Lilienthal wird Eckarts wichtigster Autor.

Michael Lilienthal 1732.

Testaments, die den Text synoptisch in deutscher und litauischer Sprache bot, zielte auf eine breite Leserschaft. Diese Ausgabe sowie eine der Psalmen machen Eckart zum ersten deutschen Buchhändler, der Bücher in litauischer Sprache herausgab.[28] Wie groß der mögliche Absatzmarkt war, zeigt die Zahl von 150.000 bis 200.000 Litauern, die damals allein im multiethnischen Ostpreußen lebten.

Schöne Literatur spielte, wie überall in dieser Zeit, auch in Eckarts Programm nur eine marginale Rolle. Das Zeitalter der Romane und der „Lesesucht" breiter Schichten stand noch bevor. Verdienstvoll war jedoch eine neu zusammengestellte Ausgabe der lyrischen Dichtungen von Johann Valentin Pietsch (1690–1733).[29] Pietsch war ursprünglich Mediziner, sogar Leibarzt des Königs, bekleidete aber an der Universität Königsberg eine Professur für Poesie. Johann Christoph Gottsched hat bei ihm studiert und ihn zeitlebens als Lehrer und Dichter verehrt. Herausgeber der Eckartschen Ausgabe war Johann Georg Bock, der Nachfolger Pietschs.

Eckart findet Anerkennung in der akademischen Welt Königsbergs.

Die renommierten Autoren, die Eckart schon bald für seinen Verlag gewinnen konnte, zeigen an, wie schnell er sich in der gelehrten Welt Königsbergs zurechtfand und seinerseits akzeptiert wurde. Er wurde auch persönlich Mitglied der Gelehrtenrepublik, spätestens als er der Schwiegervater von Martin Knutzen (1713–1751) wurde, dem von Immanuel Kant und Johann Georg Hamann als Lehrer geschätzten Philosophen und Mathematiker. Knutzen heiratete in zweiter Ehe die Tochter Maria Barbara Eckart und wurde Autor bei Eckarts Nachfolger Hartung.

Eine Spezialität Eckarts wurde die Neuherausgabe von populären Büchern, die vor einiger Zeit bereits bei Fritsch in Leipzig oder anderswo erschienen waren. Er muss mit Thomas Fritsch (1666–1726), einem der bedeutendsten Verleger seiner Zeit, in seiner Leipziger Zeit bekannt geworden sein und mit ihm oder seinen Nachfolgern eine förmliche Verabredung getroffen haben. Die insgesamt 13 Leipziger Titel, die er in Königsberg herausbrachte, verwenden in einem Fall sogar ein Frontispiz mit dem Namen Fritschs.[30] Es sieht so aus, als handele es sich in diesem Fall um eine Titelauflage, wie wir sie bereits im Fall von Hartwichs Buch kennengelernt haben.

Zum größeren Teil handelte es sich bei den Übernahmen aber Neueditionen – etwa bei den drei für die Universität wichtigen lateinischen Klassiker-Ausgaben von Christoph Cellarius (Curtius Rufus, Cornelius Nepos, Plinius der Jüngere), für die Eckart einen neuen Kommentator gewonnen hat. Das galt auch für den bekannten Erbauungsschriftsteller der Barockzeit Johannes Lassenius (1636–1696) und sein Werk *Bibli-*

scher Weyrauch, das unter der Ägide Michael Lilienthals mit Kirchenliedern aus Preußen, Sachsen und dem Land Hannover vermehrt wurde.[31] Diese Ausgabe war so erfolgreich, dass sie bei Eckart drei Auflagen und nach seinem Tod eine weitere erlebte.

Ähnlich gut lief Eckarts Nachdruck eines der erfolgreichsten höfischen Romane des Barock, Heinrich Anselm von Ziegler und Kliphausens (1663–1697) *Asiatische Banise oder Blutiges doch muthiges Pegu*. Geschildert werden die Abenteuer um eine tugendhafte indische Prinzessin[32] Bei den Nachfolgern Eckarts erschien die Fortsetzung von Johann Georg Hamann (1697–1733),[33] dem Onkel des gleichnamigen Philosophen und Schriftstellers, mit dem Zusatz „Nach Art Herrn Heinrich Anselm von Ziegler und Kliphausen". Auch die Hartungs übernahmen also von Eckart in Einzelfällen die Praxis des Nachdrucks erfolgreicher Leipziger Bücher, die nicht mit Raubdruck verwechselt werden darf. Zu den Nachdrucken Eckarts gehören auch Titel, die man heute als „Sachbücher" bezeichnen würde. Sie vermittelten im Sinne der Frühaufklärung nützliche Kenntnisse an eine breite Leserschaft wie etwa die populärmedizinische Arbeit des französischen Medizinprofessors Nicolas Venette *Abhandlung von Erzeugung des Menschen*, in der sexualpädagogische Fragen behandelt wurden,[34] oder der bekannte Gartenratgeber *Teutscher Gärtner* von Heinrich Hesse.[35]

Inhaltsreiche Sachbücher werden nachgedruckt.

Zwischen 1722 und 1746 brachte Eckart in seiner Zeit als selbstständiger Verlagsbuchhändler nach einer Auszählung der Messkataloge durch Dreher 87 Titel heraus.[36] Das wären drei bis vier Werke pro Jahr. Ob diese Bücher tatsächlich alle erschienen sind, ist wie immer bei den Angaben in Messkatalogen nicht sicher. Heute lassen sich noch 53 Titel aus Eckarts Verlag in den Bibliotheken von Torun über London bis Berlin nachweisen. (Davon sind 45 kostenfrei und ohne Registrierung im Volltext aufzurufen.) Eckart wird man nicht zur ersten Garde der deutschen Verleger rechnen können. Aber er füllte genau die Rolle aus, die zu seiner Zeit an diesem Ort von ihm erwartet wurde. Sein Verlagsprogramm wies eine Mischung von Publikationen für das akademische und für das gebildete bürgerliche Publikum auf. Unter betriebswirtschaftlichen Gesichtspunkten war es auch eine Mischung von Nachdrucken bereits anderswo erfolgreicher Titel, für die Eckart eine neue Nachfrage gesehen hat, und Originalveröffentlichungen, die er mit eigenen Autoren realisieren konnte. Durch seine Aktivität hat er das Wissen, das Königsberger Universitätslehrer produziert haben, in der Gelehrtenrepublik zu verbreiten geholfen. Von nachhaltiger Bedeutung sind seine Zeitschriftengründungen, vor allem die *Acta Borussica*.

Von nachhaltiger Bedeutung sind Eckarts Zeitschriftengründungen.

Das Sortiment, der größte Geschäftszweig

Allein der Verlag verlangte Eckart ein riesiges Arbeitspensum ab. Aber er war nur einer von zwei Geschäftszweigen, und zwar der kleinere. Die zuverlässige Versorgung der Leser Königsbergs und Ostpreußens mit andernorts verlegten Büchern war der arbeitsintensivere und wirtschaftlich bedeutendere Teil seiner Tätigkeit. Zum Handverkauf im Laden kam das Bestell- und Rechnungsgeschäft hinzu. Außerdem besuchte Eckart regelmäßig die Provinzialmärkte oder ließ sie durch seine Kommis beschicken.[37] Einer seiner Kunden war die Universitätsbibliothek, die im Durchschnitt pro Jahr für etwa 28 Taler Bücher und Zeitschriften kaufte, darunter die *Acta Eruditorum*, die 1682 gegründete erste wissenschaftliche Zeitschrift Deutschlands. Eckart war selber Benutzer der Bibliothek, die sechs Stunden pro Woche geöffnet war und vor ihrer Vereinigung mit der Schlossbibliothek nur 8.000 Bücher enthielt: 1736 wurde ihm vom Kanzler ein Erlaubnisschein ausgestellt.[38]

Als sich 1745 der Buchbinder Christoph Schultz um ein Privileg als Buchhändler in Königsberg bewarb, argumentierte dieser, dass es im ganzen Land Ostpreußen nur einen einzigen ganzjährig offenen Buchladen gäbe: nämlich den Eckarts. Tatsächlich war Eckart als einziger Buchhändler Königsbergs übriggeblieben, nachdem Georg Jakob Heerdan 1744 gestorben war und die Firma Hallervord kein festes Ladengeschäft mehr betrieb.[39]

Aber Eckarts fast monopolartige Stellung war nicht mehr lange zu halten. Da einige Buchhändlerprivilegien erledigt waren, aber auch um die steigende Nachfrage zu befriedigen, ließ die Regierung neue Buchhändler zu. Unter den drei im Herbst 1745 neu Privilegierten war neben Schultz auch Johann Heinrich Hartung, den Eckart als Kollegen schätzte und als Konkurrent fürchtete. Hartung hatte bereits ein Privileg als Buchdrucker, jetzt bekam er das zweite als Verlagsbuchhändler dazu. Eckart, 52 Jahre alt, entschloss sich „aus Krankheit und Überdruß an beschwerlichen Reisen", sein Geschäft an Hartung zu verkaufen, bevor es möglicherweise im Wettbewerb unterliegen würde.[40]

Die Vorräte seiner eigenen Verlagsbücher in Königsberg und in Leipzig wurden mit 4.000 Reichstalern, das Sortiment mit 12.000 Reichstalern bewertet. Eckart reduzierte den Verkaufspreis letztlich auf 7.300 Reichstaler insgesamt.[41] Für diese Summe hätte man sich in der Umgebung Königsbergs schon ein hübsches Landgut kaufen können. Der Geschäftsübergang erfolgte am 1. Juli 1746. Hartung führte die Buchhandlung an Ort und Stelle weiter. Als Eckart am 17. Februar 1750 starb, hinterließ er seiner Frau und den drei Kindern 37.000 Reichstaler.

„Aus Krankheit und Überdruss an beschwerlichen Reisen" verkauft Eckart sein Geschäft.

Rückblickend ist im Vorwort von Hartungs Bücherkatalog davon die Rede, dass Eckart „nicht sowohl eine gehäufte Sammlung geringschätziger Chartequen, als vielmehr eine Vorrathskammer der nützlichsten und brauchbarsten Bücher" angelegt habe.[42] Seine Adressaten waren zuerst die Professoren und Studenten, denen er als Mitglied der Universität besonders verpflichtet war. Andererseits gehörten die Kaufleute, Beamten und Geistlichen der Stadt, die für neues Wissen aufgeschlossen waren, zu seinem Kundenkreis. Mit seinem Geschäft, das durch regelmäßige Messereisen geprägt war, hat Eckart den geistigen Handelsverkehr zwischen Ostpreußen und dem übrigen Deutschland belebt. Er hat seinen Teil dazu beigetragen, dass sich in der Stadt allmählich eine Öffentlichkeit herausgebildet hat, die über die Verhältnisse in Nah und Fern informiert war.

Fritz Gause urteilt in Übereinstimmung mit anderen Historikern, Eckart sei „der erste Königsberger Buchhändler großen Stils, als Sortimenter wie als Verleger" gewesen.[43]

1746

1766

GOTT, UNIVERSITÄT UND DAS ALLGEMEINE BESTE

Nach Jahren harter Arbeit in Sortiment und Verlag verkauft Christoph Gottfried Eckart sein Geschäft zum 1. Juli 1746 an den aufstrebenden Drucker Johann Heinrich Hartung, der sich auch dem Buchhandel widmen will. Auf der soliden Basis, die Eckart geschaffen hat, und dank der eigenen Presse kann dieser noch mehr Bücher produzieren. Auch Immanuel Kant lässt acht kleinere Schriften bei Hartung erscheinen, darunter seine berühmte Abhandlung über das Erdbeben von Lissabon. Nach dem Tod Hartungs versuchen seine Witwe und ihre Geschäftsführer, die führende Stellung der Verlagsbuchhandlung in Königsberg zu behaupten, die mit ihren litauischen, lettischen und polnischen Büchern weit in den Osten ausstrahlt. Ein ideenreicher Konkurrent erwächst ihnen in Johann Jakob Kanter.

DIE VERZEICHNETE „VORRATHSKAMMER"

„Der Katalog von 1746, den der neue Besitzer Johann Heinrich Hartung nach der Geschäftsübernahme veröffentlichte, hat den Charakter eines Vermächtnisses von Christoph Gottfried Eckart. Die Idee eines Katalogs für die Kundschaft wird sich bei den Inventarisierungsarbeiten im Vorfeld des Verkaufs entwickelt haben, als die Ermittlung des Warenwerts ohnehin eine detaillierte Aufnahme des Bücherlagers nötig gemacht hatte. Das Verzeichnis ist daher ein getreues Spiegelbild von Eckarts Lebenswerk. Denn Hartung hatte zwischen Juli und September – das Vorwort ist auf den 8. September 1746 datiert – kaum Gelegenheit zu großen Neueinkäufen. Aufschlussreich heißt es auf dem Titelblatt auch: „Dieser Büchervorrath ist in dem offenen Laden, in der an der Schmiedebrücke gelegenen Behausung des Herrn Christoph Gottfried Eckarts, befindlich, als in deßen Aßistence diese Handlung geführet wird". Der Hinweis auf die Mitwirkung des Vorgängers zeigt an, dass Eckart nach dem Verkauf seinem Kollegen hilfreich zur Seite stand. Er blieb in seinem Hause wohnen und konnte von dort aus leicht in seinem ehemals eigenen Laden aushelfen. Erst nach Eckarts Tod wird Hartung die Buchhandlung in die Heiliggeistgasse verlegen, wo bereits seine Druckerei stand.

Der Eckart-Hartung'sche Sortimentskatalog von 1746.

Der Katalog, der heute in keiner Bibliothek mehr nachweisbar ist, enthält auf 392 Seiten etwa 6.000 Einträge.[44] Er ist zunächst nach Sprachen, dann nach Fachgebieten geordnet und weist ein imponierend breites Spektrum an Büchern in verschiedenen Sprachen auf, wenn auch das Deutsche mit über 70 Prozent Anteil dominiert.

Nach Eckarts Tod verlegte Hartung die Buchhandlung von der Kneiphöfischen Schuhgasse in das Gebäude „Goldene Axt" in der Altstädtischen Langgasse, Ecke Holzgasse/ Heiliggeistgasse, wo sich bereits seine Druckerei befand.

Die verzeichnete „Vorrathskammer"

Sprachen	*Seitenanzahl*
Latein	92
Deutsch	288
Französisch	5
Italienisch	2
Englisch	1
Polnisch	3
Litauisch	2
Lettisch, Russisch, Schwedisch	1

Übersicht über die Verteilung der Publikationssprachen in dem Eckart-Hartungschen Sortimentskatalog.

Die Titel in osteuropäischen Sprachen belegen, wie wichtig Königsberg im Allgemeinen und diese Buchhandlung im Besonderen als Umschlagplatz für den kulturellen Austausch gewesen sind.[45] Als erste bibliographische Quelle überhaupt widmet der Eckart-Hartungsche Katalog den litauischen Büchern ein eigenes Kapitel. In dieser Rubrik war die protestantische religiöse Literatur besonders stark vertreten: Gesangbücher, Katechismen, Predigtsammlungen, die Bibel und ihre Teildrucke, verschiedene didaktische Werke, die in der polnischen Gegenreformation auch zur Stärkung der eigenen Glaubensgenossen dienten. Daneben vertrieb die Buchhandlung ein zweisprachiges Litauisch-Deutsches Wörterbuch, eine Grammatik und Fibeln als Lehrmaterial für litauische Schulen.[46]

Das Angebot, das der Katalog präsentiert, enthielt hauptsächlich wissenschaftliche Literatur aus allen Fachgebieten, in geringerem Umfang auch Belletristik und populäre Sachliteratur. Auf literarischem Gebiet sind die deutschen Frühaufklärer mit dem ostpreußischen Landsmann Johann Christoph Gottsched an der Spitze gut vertreten, aber neben Zeugnissen der französisch ausgerichteten Gottschedianer finden sich auch die nach England orientierten Züricher: etwa Bodmers Miltonübersetzung und Breitingers Schriften.[47] Gellert, Hagedorn, Haller als die beliebtesten Autoren der Zeit fehlen ebensowenig. Aus der älteren Zeit werden Opitz, Gryphius, Angelus Silesius, Hofmannswaldau, Lohenstein und Günther genannt. Unter den philosophischen Schriften werden die Werke von Leibniz, Thomasius und Wolff aufgeführt.

Bedeutung der Buchkataloge für den Kunden

Insgesamt bietet sich so ein repräsentativer Querschnitt des Büchermarkts und der Lektüre in der Mitte des 18. Jahrhunderts dar. Aber nicht nur: Durch die zahlreichen älteren Titel reichte das Spektrum weit ins 17. Jahrhundert zurück. Dies ist weniger eine Folge des Tauschhandels, über den der Buchhändler an so manche Ladenhüter geraten konnte, als Beleg für den Umstand, dass viele barocke Werke bis weit in das 18. Jahrhundert populär waren, wie schon am Beispiel der *Asiatischen Banise* zu sehen war. Im Grunde umfasste das Eckart-Hartungsche Geschäft, wie damals üblich, nicht nur Sortiment und Verlag, sondern auch den Handel mit älteren gebundenen Büchern, der später als „Antiquariat" bezeichnet wurde.

Das Geschäft umfasst Druckerei, Sortiment, Verlag und ein Antiquariat.

Derartig umfassende Lagerkataloge konnten sich nur große Firmen leisten, denn der Aufwand für die Herstellung war hoch. Aus der gleichen Zeit sind auch Kataloge von J. B. Metzler in Stuttgart (1743), Vandenhoeck in Göttingen (1746), Heinsius in Leipzig (1748) oder Haude & Spener in Berlin (1753) bekannt. Das umfangreichste Verzeichnis von Heinsius zeigte mit 16.000 Nummern mehr als die zweieinhalbfache Menge des Eckart-Hartungschen Sortiments an.[48]

Abgesehen davon, dass die Kataloge als Leistungsausweis das Renommee der herausgebenden Buchhandlung steigern konnten, hatten sie in erster Linie einen geschäftlichen Zweck. Der Nutzen muss so groß gewesen sein, dass Hartung sein Verzeichnis unentgeltlich an die Kunden abgab und zahlreiche Fortsetzungen sowie neue Grundwerke folgen ließ. Die großzügige Verteilung zahlte sich vor allem für den Bestellverkehr von außerhalb aus, wenn Kunden aus Insterburg, Tilsit oder Mitau Bücher bestellten. Sie fanden neben den Titeln gleich die Preisangabe, was damals noch nicht allgemein üblich war.

Der 1752 erschienene, gänzlich neu erarbeitete Katalog war anderthalbmal so umfangreich wie der erste. Im Vorwort spricht Johann Heinrich Hartung sein Selbstverständnis aus, das Eckart wohl auch nicht anders formuliert hätte. Der Zweck seines Berufes sei „die Ehre Gottes, das Wachstum der Universität und das allgemeine Beste zu befördern".[49] Diese dreiteilige Bestimmung, in der der König fehlt, bezeichnet recht genau auch die inhaltlichen Schwerpunkte der Verlagsbuchhandlung Hartungs.

JOHANN HEINRICH HARTUNGS VERLAG

„Johann Heinrich Hartung (1699–1756) hatte noch ärgere Schwierigkeiten bei seiner Niederlassung in Königsberg gehabt als Eckart. Geboren als Sohn eines Orgelbauers in Erfurt, lernte er dort das Druckereigewerbe und kam nach Wanderjahren u. a. in Leipzig und Hamburg 1727 nach Königsberg, um sich hier als Drucker zu betätigen. Da dies nicht gleich gelang, trat er als Gehilfe in die Offizin von Johann Stelter ein und richtete 1730 ein Gesuch um Privilegierung an den König. Da der mächtigste Zunftgenosse Johann Friedrich Reussner Einspruch erhob, blieb der Antrag erfolglos. Die bereits begonnene Einrichtung der eigenen Werkstatt musste er wieder rückgängig machen. Doch dann kam er auf einem damals nicht ungewöhnlichen Umweg doch zum Ziel: Er heiratete die Tochter Christina seines Prinzipals und wurde Familienmitglied. Als Stelter 1734 starb, erbte er das Privileg und erwarb die Druckerei.

Hartung heiratet in die Druckerfamilie Stelter ein.

Johann Heinrich Hartung setzt sich durch

Nach sieben Jahren in Königsberg war Hartung sein eigener Herr. Er legte besonderes Gewicht auf die Herstellung von Periodika. Neben wissenschaftlichen Zeitschriften, bei denen sich wiederum Michael Lilienthal als Herausgeber betätigte, gehörten dazu auch die *Wöchentlichen Königsbergischen Frag- und Anzeigungs-Nachrichten*.[50] Dies war ein amtliches Intelligenz- oder Anzeigenblatt, das behördliche Verlautbarungen, aber auch Privatinserate, Veranstaltungshinweise, Wechselkurse, Listen der eingetroffenen Fremden etc. abdruckte. Ab 1736 wurden auf königlichen Befehl auch allgemeinverständliche wissenschaftliche Beiträge von Königsberger Professoren aufgenommen, um das Blatt attraktiver zu machen.

Hartung erwirbt die führende Tageszeitung und baut andere Zeitschriften aus.

Hartungs Druckereigeschäft nahm einen kräftigen Aufschwung. Allein für den Druck einer lettischen Bibel erhielt er von den Ständen von Livland und Kurland 7.000 Taler. An sechs Pressen arbeiteten vierzehn Gesellen und sechs weitere Arbeitskräfte.[51] Schon fünf Jahre nach Übernahme des Geschäfts von Eckart war Hartung in der Lage, auch die Druckerei des inzwischen verstorbenen Widersachers Reussner für 16.000 Taler zu erwerben. Damit verbunden war das Recht, eine Zeitung mit politischen Nachrichten zu drucken. Reussners *Königsbergische Zeitungen* (seit 1660) war schon durch andere Hände gegangen, aber gelangte 1752 in Hartungs Besitz, der ihr den Titel *Königl. privilegirte preußische Staats-, Kriegs- und*

Friedenszeitungen gab.⁵² Als *Königsbergische Hartungsche Zeitung* musste sie erst 1933 unter dem Druck der Nationalsozialisten ihr Erscheinen einstellen.

Mit dieser Zeitung, dem Anzeigenblatt und anderen (kurzlebigen) Zeitschriften verfügte Hartung über einen schlagkräftigen Verbund aller drei Formen der periodischen Presse. Sie ergänzten und befruchteten sich gegenseitig und stützten auch sein Buchprogramm. Hartung war um die Jahrhundertmitte die dominierende Figur im Buchgewerbe Königsbergs, die in allen Geschäftszweigen (Druckerei, Verlag, Sortiment) seine Konkurrenten überragte.

Dass er auch sozial in die tonangebende gesellschaftliche Schicht Königsbergs aufgestiegen war, lässt sich an den Ehepartnern seiner dreizehn Kinder aus zwei Ehen ablesen. Unter seinen späteren Schwiegersöhnen waren zwei Pfarrer, ein Kaufmann, ein Stadtrat sowie der spätere evangelische Erzbischof Ludwig Ernst von Borowski. Unter den Taufpaten taucht der bekannte Leipziger Buchdrucker und Verleger Johann Gottlob Immanuel Breitkopf auf.⁵³

Hartung setzte noch konsequenter als Eckart auf die Volkssprachen, die in Ostpreußen und den Nachbarländern gesprochen wurden: Er hatte 45 eigene Titel in polnischer und 30 in litauischer Sprache im Programm. Es gelang ihm, den Auftrag für den Druck und ausschließlichen Verlag der polnischen Bibel, des polnischen Neuen Testaments und eines Gesangbuchs zu erhalten.⁵⁴ Er druckte auch in lettischer Sprache, an erster Stelle die Bibel und verschiedene Schulbücher, aber auch die *Neue Lettische Postilla, das ist: Sammlung erbaulicher Lettischer Betrachtungen, über die Evangelia aller Sonn- und Fest-Tage,*⁵⁵ die zweisprachig angelegt war. Hartung schreckte auch vor anderen Großprojekten nicht zurück, etwa dem *Allgemeinen Lexicon der Künste und Wissenschaften* von Johann Theodor Jablonski, das zwar schon 1721 bei Fritsch in Leipzig zum ersten Mal erschienen war, aber in der Hartungschen Ausgabe von 1748 um die Hälfte des Umfangs erweitert und aktualisiert wurde.⁵⁶

Insgesamt brachte Hartung in dem Zehnjahreszeitraum von 1746 bis 1756 nach Zählung Drehers die stattliche Anzahl von 152 Büchern heraus.⁵⁷ Ausschlaggebend für die umfangreiche Produktion war ein Vertrag mit der Universität über die Besorgung der Drucksachen. Seit 1752 durfte er sich Königlicher Hof- und Akademischer Buchdrucker nennen. Schon vorher hatte er zahlreiche wissenschaftliche Werke der Königsberger Professoren verlegt, die lange nachgefragt wurden, wie z. B. die *Ausführliche und mit Urkunden versehene Historie der*

Essay concerning human understanding *von John Locke, 1755.*

Königsbergischen Universität (1746, 1756) von Daniel Heinrich Arnoldt.[58] In der neuen Funktion konnte er nun auch zahlreiche Dissertationen und akademische Kleinschriften herausbringen. Hartung gebührt auch das Verdienst, den berühmten *Essay concerning human understanding* von John Locke 1755 erstmals in einer deutschen Übersetzung von Georg David Kypke verlegt zu haben.[59] „Übersetzungsgeschichtlich stellt Kypkes Werk insofern ein Novum dar, als es sich um die erste Verdeutschung einer Locke-Schrift handelt, die in keiner Weiser etwas mit dem Französischen zu tun hat", konstatiert Terry Boswell, der 1996 einen Reprint der Kypke-Übersetzung herausgegeben hat.[60]

Gerade in Königsberg macht sich der beginnende geistige Einfluss der Engländer bemerkbar. An der Universität wurden Locke und andere Vertreter des britischen Empirismus wie Isaac Newton oder David Hume besonders aufmerksam rezipiert. Zu nennen ist hier besonders der Schwiegersohn Eckarts, Martin Knutzen, der bei Hartung seinen *Philosophischen Beweiß von der Wahrheit der christlichen Religion* in mehreren Auflagen erscheinen ließ. Desgleichen waren die Engländer auch für Kant wichtige Denker, mit denen er sich intensiv auseinandersetzte. So ist es keine Überraschung, dass in diesem verlegerischen Umfeld auch eine Reihe von kleineren Arbeiten Kants herauskam.

HARTUNGS BERÜHMTESTER AUTOR

 Folgende Erstveröffentlichungen Kants sind bei Hartung erschienen:

1. Fünf Aufsätze in den *Wöchentlichen Königsbergischen Frag- und Anzeigungs-Nachrichten:*
   a) „Untersuchung der Frage, ob die Erde in ihrer Umdrehung um die Achse, wodurch sie die Abwechselung des Tages und der Nacht hervorbringt, einige Veränderung seit den ersten Zeiten ihres Ursprungs erlitten habe und woraus man sich ihrer versichern könne, welche von der Königl. Akademie der Wissenschaften zu Berlin zum Preise für das jetztlaufende Jahr aufgegeben worden" (8. und 15. Juni 1754)
   b) „Die Frage: Ob die Erde veralte? Physikalisch erwogen" (6 Teile, August und September 1754)

c) „Von den Ursachen der Erderschütterungen, bey Gelegenheit des Unglücks welches die westliche Länder [sic] von Europa gegen das Ende des vorigen Jahres betroffen hat" (24. und 31. Januar 1756)

d) „Fortgesetzte Betrachtung der seit einiger Zeit wahrgenommenen Erderschütterungen" (10. und 17. April 1756)

e) „Von dem ersten Grunde des Unterschiedes der Gegenden im Raume" (1768)

2. ein Buch im Quartformat mit 40 Seiten Umfang: *Geschichte und Naturbeschreibung der merkwürdigsten Vorfälle des Erdbebens welches an dem Ende des 1755sten Jahres einen großen Theil der Erde erschüttert hat* (1756)[61]

3. die Dissertation *Principiorum primorum cognitionis metaphysicae nova delucidatio (1756)*, mit der Kant die Lehrbefugnis an der Philosophischen Fakultät erhielt[62]

4. die Dissertation *Metaphysicae cum geometria junctae usus in philosophia naturali (1756)*, mit der sich Kant vergeblich um eine außerordentliche Professur bewarb[63]

5. fünf Nachrufe auf Professorenkollegen (1770, 1771, 1780, 1782, 1782), die in Sammelbänden erschienen sind (in Latein)

6. eine von insgesamt sieben überlieferten Vorlesungsankündigungen Kants im Umfang von 12 Seiten: *Von den verschiedenen Racen der Menschen zur Ankündigung der Vorlesungen der physischen Geographie im Sommerhalbjahre 1775*[64]

7. eine Besprechung des Buches von Johann Heinrich Schulz, *Versuch einer Anleitung zur Sittenlehre für alle Menschen, ohne Unterschied der Religion, nebst einem Anhange von den Todesstrafen*[65]

8. der Beitrag „Ueber den Hang zur Schwärmerei und die Mittel dagegen" in einem Sammelband über Cagliostro (1790).[66]

In seinen Anfängen hatte sich der Philosoph stark mit naturwissenschaftlichen Fragen beschäftigt. Die beiden unter 1c genannten Aufsätze in den *Wöchentlichen Königsbergischen Frag- und Anzeigungs-Nachrichten* über das Erdbeben von Lissabon sind besonders interessant. Nicht nur, dass Kant den Zeitungsbeitrag, sicher auf Bitten Hartungs, zu einem kleinen Buch (Nr. 2) ausbaute, das bereits am 11. März 1756 als erschienen angezeigt wurde. Überdies stellt der Text eine der frühesten wissenschaftlichen Auseinandersetzungen mit dem Naturereignis dar, das ganz Europa erschütterte. Kants Text wurde Bogen für Bogen, sobald sie beschrieben waren, eilig zur Druckerei geschickt.⁶⁷ In der Schrift heißt es:

> *Alles, was die Einbildungskraft sich Schreckliches vorstellen kann, muß man zusammen nehmen, um das Entsetzen sich einigermaßen vorzubilden, darin sich die Menschen befinden müssen, wenn die Erde unter ihren Füßen bewegt wird, wenn alles um sie her einstürzt, wenn ein in seinem Grunde bewegtes Wasser das Unglück durch Überströmungen vollkommen macht, wenn die Furcht des Todes, die Verzweifelung wegen des völligen Verlusts aller Güter, endlich der Anblick anderer Elenden den standhaftesten Muth niederschlagen.*⁶⁸

Bei dem Tsunami am 1. November 1755 waren mehrere Zehntausend Menschen ums Leben gekommen. Für die Zeitgenossen warf die Naturkatastrophe das Theodizee-Problem auf: Wie kann Gott ein Unglück dieses Ausmaßes, das Gerechte wie Ungerechte traf, zulassen? Wie ist dies mit der göttlichen Vorsehung zu vereinbaren? Ist die Tatsache, dass das Leid ausgerechnet am Fest Allerheiligen über die Menschen kam, eine besondere Botschaft Gottes? Anders Kant: Er schiebt solche theologischen Fragestellungen mit dem lakonischen Hinweis beiseite, dass der Mensch anscheinend so sehr von sich eingenommen ist, dass er sich als einziges Ziel der Anstalten Gottes betrachte, „als wenn diese kein ander Augenmerk hätten als ihn allein, um die Maaßregeln der Regierung der Welt darnach einzurichten."⁶⁹ Von einer Strafe Gottes zu reden, kommt ihm gar nicht in den Sinn. Statt dessen beschreibt er nüchtern die Fakten, die er über das Ereignis zusammentragen konnte, erwägt die verschiedenen wissenschaftlichen Deutungen zur Entstehung des Erdbebens und formuliert dann seine Hypothese: Die mit heißen Gasen gefüllten Höhlen unter dem Meeresboden hätten sich entzündet und das Beben bewirkt.⁷⁰

Mit seinen zwar zahlreichen, aber wenig umfänglichen Kant-Schriften war Hartung nur einer unter mehreren Verlegern des Philosophen: Eduard Dorn, Friedrich Petersen, Johann Jacob Kanter, Hartknoch (Riga), Lagarde und Friedrich (Berlin), Friedrich Nicolovius, Goebbels und Unzer waren die anderen Verleger Kants zu seinen Lebzeiten. Sein Hauptverleger wurde Johann Friedrich Hartknoch (1740–1789), den er schon als Gehilfen in der Buchhandlung von Kanter persönlich schätzen gelernt hatte. Nachdem sich Hartknoch 1767 als Verlagsbuchhändler in Riga selbständig gemacht hatte, ließ er seine Hauptwerke bei ihm

Kants Buchveröffentlichung bei Hartung.

erscheinen. Das gleiche taten Johann Georg Hamann, Johann Gottfried Herder, Friedrich Maximilian v. Klinger oder Adolph Franz Friedrich Freiherr Knigge. So wurde Hartknoch trotz seiner geografischen Außenseiterposition zu einem der wichtigsten Verleger der deutschen Aufklärung.

Unter anderem mit Kants Erdbeben-Schrift zog Johann Heinrich Hartung auf die Ostermesse 1756 nach Leipzig, wo er in der Grimmaischen Gasse in Scharfenbergs Haus ein permanentes Lager und ein „offenes Gewölbe" unterhielt, d. h. während der Messe Geschäfte machen durfte.[71] Kaum dort angekommen, verschied er im 56. Lebensjahr wie sein Vorgänger Eckart und wurde auf dem Leipziger Johannisfriedhof begraben. Man starb damals häufig im Alter zwischen 55 und 60 Jahren.[72]

HANNA HARTUNGS PRÜFUNGEN

„Mit Johann Heinrich Hartungs Tod setzte eine Serie schwerer Schicksalsschläge ein: für die Witwe Hanna, geb. Zobel (?-1791), Hartungs zweite Ehefrau, und für das Geschäft. Michael Christian, das älteste von 13 Kindern, war gerade achtzehn Jahre alt geworden. Ihn, den Stiefsohn, setzte die Witwe als Geschäftsführer ein. Er starb schon mit 21 Jahren. Daraufhin heiratete Hanna Hartung, die vier eigene Kinder und noch drei überlebende Stiefkinder zu versorgen hatte, am 9. Juli 1759 den Buchhändler Gebhard Ludwig Woltersdorf. Er war vorher Gehilfe in der Buchhandlung des Waisenhauses Halle/S. gewesen und galt als tüchtiger Buchhändler. Doch verschied er bereits drei Monate später. Ihr dritter Gemahl wurde 1762 der Buchhändler Johann Daniel Zeise. Auch er konnte der Firma nur wenige Jahre vorstehen, er starb 1766. Die Verlagsangaben dieser Zeit „Hartungsche Erben", „seel. Gebh. Ludwig Woltersdorfs Wittwe", „sel. J. H. Hartungs Erben und J. D. Zeise" oder „J. D. Zeisens Witwe und J. H. Hartungs Erben" lassen die erlittenen Schicksalsschläge erahnen.

Dass Frauen nach dem Tod ihrer Männer plötzlich Verantwortung für ein großes Geschäft mit vielen Angestellten übernehmen mussten, war nicht ungewöhnlich. In Deutschland befanden sich um 1750 etwa 30 Firmen des Buchgewerbes in weiblichem Besitz, das entspricht etwa sechs Prozent.[73] Meistens heirateten die Witwen schnell einen geeigneten Geschäftsführer, manchmal übernahmen sie auch selber die Leitung des Geschäfts. Bei der Haude & Spenerschen Verlagsbuchhandlung in Berlin führten 1756 sogar zwei Witwen, Sophie Spener und Susanne Eleanor Haude, das Geschäft in gemeinsamer Regie.

Die Krise nach dem Tod Johann Heinrich Hartungs spiegelt sich in der geringen Zahl der jährlichen Neuerscheinungen wider. Wenn jetzt bloß vier Titel pro Jahr statt vierzehn wie zuvor erschienen, hing das aber auch mit den widrigen Zeitumständen zusammen. Denn im Siebenjährigen Krieg besetzten die Russen Königsberg. Zwischen 1757 und 1762 gehörte ganz Ostpreußen zum Zarenreich.

Das bedeutete keineswegs, dass eine kulturfeindliche Soldateska das geistige Leben in der preußischen Haupt- und Residenzstadt unterdrückt hätte. Das in der Regel milde und kluge Besatzungsregime erlegte den Bürgern allerdings hohe Kriegskontributionen auf. Vor allem störte die Besatzung die Verbindungen des Königsberger Buchhandels zum übrigen Deutschland. Die Öffnung ins russische Livland und Estland und das übrige Zarenreich konnte den Schaden nicht aufwiegen, weil der neue Markt, zumal im Krieg, nicht so schnell erschlossen werden konnte.

Wie viele andere Königsberger ließ sich auch Kant in seinem Tagesablauf von der Besatzungsmacht nicht stören. So schrieb er 1759 an einen Freund: „Ich meines theils sitze täglich vor dem Ambos meines Lehrpults und führe den schweren Hammer sich selbst ähnlicher Vorlesungen in einerley tacte fort."[74] Mit russischen Offizieren speiste er oft zu Mittag. Am liebsten aber verkehrte er im Palais des russischen Gesandten Heinrich Graf von Keyserling, vor allem wegen dessen geistreicher Gemahlin Caroline, die Mittelpunkt eines großen geselligen Zirkels war.[75]

Der Krieg endete mit den Friedensschlüssen von Paris und Hubertusburg, die Russen verließen Königsberg im Juli 1762. Während das Königsberger Wirtschaftsleben in den ersten Nachkriegsjahren durch mehrere große Stadtbrände betroffen war und unter erhöhten Steuerlasten des preußischen Königs zu leiden hatte, profitierte der Königsberger Buchhandel vom Aufschwung der Albertina. Die Glanzzeit der 1544 gegründeten Universität, die in ihren ersten beiden Jahrhunderten nur den Ausbildungsbedarf an ostpreußischen Beamten, Lehrern, Pfarrern und Ärzten erfüllte, ist heute in erster Linie mit dem Namen Kant verbunden. Doch hatten auch andere ihren Anteil daran, etwa der Professor für Poesie Johann Gotthelf Lindner, der Staatswirtschaftler Christian Jakob Kraus, der Pharmazeut Karl Gottfried Hagen oder der Theologe und Mathematiker Johann Schulz. Mit durchschnittlich etwa 300 eingeschriebenen Studenten pro Jahr belegte Königsberg zwischen 1700 und 1790 den 7. Platz unter den 31 deutschen Universitäten. Insgesamt gab

Fünf Jahre lang gehörte Königsberg zu Russland.

es in Deutschland damals 6.000 bis 8.500 Studenten mit stark rückläufiger Tendenz zur Jahrhundertwende hin. Die bestfrequentierten Universitäten waren Halle und Jena mit fast 1.000 Studenten.[76]

Die Erstlingsschrift von Johann Georg Hamann macht Furore.

Ein Buch, das unter der Ägide von Woltersdorf bzw. Hanna Hartung herausgekommen ist, verdient besondere Beachtung. Die kleine Schrift *Sokratische Denkwürdigkeiten für die lange Weile des Publicums* von Johann Georg Hamann machte Furore, und seine Wirkung dauert bis heute an.[77] Das kleinformatige Buch mit nur 64 Seiten erschien im Dezember 1759, wie stets bei diesem Autor anonym und mit dem fingierten Druckort „Amsterdam", was sonst nur bei Schriften, die man vor der Zensur verstecken wollte, vorkam. Das Manuskript hatte die Zensur aber passiert. Sätze wie der folgende werden dem Zensor gefallen haben: „Der Glaube ist kein Werk der Vernunft und kann daher auch keinem Angrif derselben unterliegen; weil Glauben so wenig durch Gründe geschieht, als Schmecken und Sehen." Hamann kritisierte den reinen Vernunftglauben der Aufklärung und damit indirekt seinen Freund Kant. Er trat dafür ein, Gottes Schöpfung sinnlich wahrzunehmen und Geschichte und Sprache in die Reflexion einzubeziehen. Der Text hat u. a. auf Herder, Goethe und die Vertreter des Sturm und Drang großen Eindruck gemacht: „Man ahndete hier einen tiefdenkenden gründlichen Mann", resümiert Goethe in *Dichtung und Wahrheit*, „der mit der offenbaren Welt und Literatur genau bekannt, doch auch noch etwas Geheimes, Unerforschliches gelten ließ, und sich darüber auf eine ganz eigene Weise aussprach."[78] Hamann war selber verwundert über die Angabe des Druckorts, die vielleicht auf eine Absprache zwischen dem Drucker in Halle, wohl Johann Jacob Curt, und der Verlegerin zurückging oder aber bloß eine Mystifikation war. Das Büchlein war schon zu Hamanns Lebzeiten eine gesuchte Rarität. Er hat sich erst zwölf Jahre später als Autor zu erkennen gegeben.[79] Doch Hamann wollte sich nicht dauerhaft an Hartung binden. Sein „Gevatter und Freund" war der junge Johann Jakob Kanter.

JOHANN JAKOB KANTER

// Mit dem Auftritt Johann Jakob Kanters zog ein neuer Geist in den Königsberger Buchhandel ein. In den Jahren zwischen 1760 und 1780 lief er allen Konkurrenten den Rang ab. Der 22-jährige Buchhändler beantragte bei der Zarin Elisaveta Petrovna ein Privileg, das er rasch und anstandslos, rechtzeitig zum Weihnachtsgeschäft 1760, erhielt. Er etablierte sich in der väterlichen Buchdruckerei in der Altstädtischen Langgasse im sogenannten Hahnschen Haus. Der Vater hatte das Gesangbuch *Neue Sammlung 701 Alter und Neuer Lieder, die in denen Preussischen Kirchen gesungen werden* von Johann Jacob Quandt in mehr als 80.000 Exemplaren verkauft und allein damit den Grundstock für den Wohlstand seiner Familie gelegt.[80]

Acht Jahre später zog Johann Jakob Kanter in das geräumige Kämmereigebäude um, das nach dem verheerenden Stadtbrand von 1764 an der Stelle des ehemaligen Löbenicht'schen Rathauses in der Krummen Grube erbaut worden war. In die Beletage im ersten Stock legte er seine Privaträume, vermietete die Räume des Dachgeschosses und richtete im Parterre ein elegantes Geschäftslokal ein. Kant wohnte etwa zwischen 1768 und 1777 bei Kanter unter dem Dach und hielt, wie damals Usus, dort auch seine Vorlesungen ab. Ihn vertrieb schließlich ein nervöser Hahn in der Nachbarschaft, der so häufig und ohrenbetäubend krähte, dass er sich beim Denken gestört fühlte.[81]

In seinem Laden ließ Kanter zwölf Büsten antiker Persönlichkeiten wie Pindar, Cäsar, Tacitus oder Plutarch aufstellen, die auf einem Untersatz von drei goldenen Büchern standen. Für sein Comptoir ließ er Portraits in Öl malen: König Friedrich II., Friedrich Samuel Bock, Theodor Gottlieb von Hippel, Immanuel Kant, Johann Gotthelf Lindner, Moses

Im „Hahnschen Haus" in der Altstädtischen Langgasse, Ecke Schmiedestraße, führte bereits Kanters Vater Philipp Christoph Kanter seit 1751 einen eigenen Betrieb als Buchbinder, Schriftgießer und Buchdrucker.

Kanters Buchhandlung (später die von Gräfe und Unzer) in einem Holzmodell – Eingang mit dem Adler über der Tür auf der rechten Seite.

Mendelssohn, Karl Wilhelm Ramler, Johann Gottlieb Willamov – alles lebende Zeitgenossen. Mendelssohn war Jude. Hippel war erst 29 Jahre alt, Willamov 32 Jahre. Der Mieter aus dem oberen Stock, Kant, war noch nicht einmal ordentlicher Professor und hatte seine Kritiken noch gar nicht geschrieben. Trotzdem war der Buchhändler bereits von seiner Bedeutung überzeugt.

Ein derart gewähltes Interieur mit Portraits, Sitzmöbeln und Pulten zum Lesen und Schreiben war bis dato im deutschen Buchhandel unbekannt. Der Geschäftsraum diente nicht nur dem Verkauf, sondern auch der Kommunikation der Kunden untereinander. Zwar fehlte immer noch ein Ofen, aber der Unterschied zur Schlichtheit der Gewölbe aus der Zeit um 1700 war eklatant.

Das Kant-Gemälde von Johann Gottlieb Becker aus dem Laden Kanters (1768): Es war lange im Besitz von Gräfe und Unzer und wurde 1980 an das Deutsche Literaturarchiv Marbach/N. abgegeben.

Kanter sah es gern, daß die Gelehrten seinen Laden als Museum betrachteten und wie in ihrem eigenen Hause sich gehabten. Sie schrieben hier Briefe, selbst wenn es sich nicht um literarische Angelegenheiten handelte, und Kanter beförderte sie sorgfältig, wie er auch sonst mit Hingebung und Aufopferung ihre Interessen gleich den seinen wahrnahm. Um eilf Uhr versammelten sich täglich die gelehrten Notabilitäten und verhandelten mit einander über die Bewegung im Reich der Geister. Das politische Element der Unterhaltung war damals noch kaum bemerkbar. Die Kunden kannten die Fächer, wo die Novitäten für sie aufgetischt waren, und wußten im Bücherladen wie in ihrer Studirstube Bescheid. (…) Gelehrte, wie Hamann, empfingen Bücher in großen Partien zugeschickt und es lag, wenigstens bei ihm, keine eigennützige Absicht im Hintergrunde.[82]

Kanter ließ sogar im Vorlesungsverzeichnis der Universität bekannt machen, dass auch Studenten eingeladen seien, die Rezensionsorgane bei ihm gratis zu lesen und sich mit den Neuerscheinungen an Büchern vertraut zu machen.[83] Immer montags und freitags brachte die fahrende Post die neuen Lieferungen: Auch erschienen an diesen Tagen um 10 Uhr die von Kanter herausgegebenen *Königsbergschen Gelehrten und Politischen Zeitungen*. Ab 1765 gliederte Kanter seinem Geschäft noch eine Leihbibliothek an, die erste in der Stadt. Es kam in dieser Zeit in Mode, dass Buchhändler Bücher nicht nur zum Verkauf, sondern auch zur Ausleihe anboten. In Gießen etwa gründete der Buchhändler Johann Philipp Krieger eine Leihbibliothek.[84]

In Kanters Verlag erschienen jedes Jahr durchschnittlich acht neue Bücher, die sich in ihrer Art von dem Programm Hartungs kaum unterschieden. Vielleicht waren sie etwas weniger auf das akademische Publikum berechnet. Bei Kanter sind Hamanns *Kreuzzüge des Philologen* (1762) erschienen, die Erstlingsschrift des jungen Herder *Am Sarge der Jungfer Maria Magdalena Kanter* (1764), eine Predigt und ein Poem auf die Verwandte Kanters sowie einzelne Schriften von Kant (z. B. *Beobachtungen über das Gefühl des Schönen und Erhabenen,* 1764). Der kühne Verleger wagte sich auch an groß angelegte Werke mit vielen Kupfertafeln heran wie eine deutsche Ausgabe der *Descriptions des arts et métiers,* von der er 10 Bände herausbrachte. Zuweilen litt Kanter unter poetischen Anwandlungen, „die ihn alle paar Wochen auf Reimjagd" führten, wie Hippel sich ausdrückte.[85] Seine Verse streute er in verschiedene eigene Publikationen ein.

Der Adler aus Kanters Laden, für Gräfe und Unzer leicht modifiziert.

Als Blickfang über dem Eingang seines Ladens wurde ein Adler aus Holz „von abscheulicher Größe" (Hippel)[86] angebracht, der in seinen Klauen außer der Posaune ein aufgeschlagenes Buch hielt mit den Worten: „Deo, Regi, Populo" (für Gott, König, Volk). Der Adler war ein übliches Symbol für königlich privilegierte Geschäfte in Preußen und diente über viele Jahrzehnte auch als Emblem für Gräfe und Unzer. Er fand schließlich im Hausmuseum einen würdigen Abstellplatz.

Eine Buchhandlung als Treffpunkt und Ort der Kommunikation – das erinnert mehr an wohleingerichtete Lesegesellschaften, wie sie sich zur gleichen Zeit in ganz Deutschland, Königsberg nicht ausgenommen,[87] etablierten, als an ein nüchternes Ladenlokal mit Theke und Regalen. Bei Kanter verkehrten Autoren wie Friedrich Samuel Bock, Wilhelm Crichton, Karl Heinrich Graun, Theodor Gottlieb von Hippel, Immanuel Kant, Christian Jakob Kraus, Johann Friedrich Lauson, Johann Gotthelf Lindner, Johann Georg Scheffner, Johann August Stark, Sebastian Friedrich Trescho. Hamann war so gut wie immer da, ebenso wie Herder, der in der Phase, als Hartknoch Buchhandelsgehilfe bei Kanter war, im Laden mit aushalf und sozusagen ein Buchhandelspraktikum absolvierte. Während sich in Paris die Enzyklopädisten im Café de la Régence trafen, kam die gebildete Welt Königsbergs in Kanters Buchladen zusammen. Kein Wunder, dass die frühere Gewohnheit, Dienstboten mit der Besorgung von Buchbestellungen zu beauftragen, unüblich wurde. Ein wenig später sollen auch die Buchhandlungen von Hartknoch in Riga, Novikov in Moskau und Gröll in Warschau in ähnlicher Weise Treffpunktcharakter gehabt haben.[88]

Die Verlagsbuchhandlung allein hätte wohl kaum ausgereicht, um solch ein komfortables und großzügiges Ladengeschäft und den eigenen aufwendigen Lebensstil mit stets zahlreichen Gästen am Mittagstisch zu finanzieren. Doch Kanter war mit Leib und Seele Unternehmer, und sein umtriebiger Geschäftssinn blickte weit über Königsberg hinaus: Sein wichtigstes Verlagsobjekt waren die von ihm 1764 gegründeten *Königsbergschen Gelehrten und Politischen Zeitungen*, ein bedeutendes Blatt, dessen erster Redakteur, aber nur wenige Wochen lang, Hamann gewesen war. Es wurde sofort als Konkurrenzunternehmen zu den beiden Hartungschen Blättern empfunden und gab zu mancherlei Streit Anlass.

Kanter errichtete Filialen seiner Verlagsbuchhandlung in Elbing und Mitau, kurzfristig auch in Berlin, ging eine Kooperation mit Hartknoch in Riga ein, war Lotteriedirektor, baute in Marienwerder eine Druckerei auf und in Trutenau eine Schriftgießerei, eine Papiermühle sowie eine Pressspanfabrik. Eine ähnliche Vision, sämtliche Zweige des druckgrafischen Gewerbes in seiner Hand zu vereinigen, entwickelte ein wenig später auch der Verleger Johann Justin Bertuch in Weimar mit seinem „Industrie-Comptoir" oder Johann Friedrich Cotta mit seinen weitgespannten Unternehmungen. Kanter, Bertuch und Cotta gehörten zum Typus des modernen Unternehmers, der große, z. T. geliehene Kapitalien einsetzt, um außergewöhnliche Projekte zu verwirklichen.[89]

Aber es kam der Tag, wo Kanter seine Verbindlichkeiten nicht mehr bedienen konnte. Dass auch die Verlagsbuchhandlung in Schieflage war, wurde sichtbar, als er ab 1778 die Messe nicht mehr besuchte. Immerhin konnte er das Buchgeschäft 1781 noch für knapp 9.000 Taler verkaufen. Über seine übrigen weitverzweigten Unternehmungen wurde nach seinem Tod 1786 das Konkursverfahren eröffnet.

Hamann findet in einem Brief an Friedrich Heinrich Jacobi warmherzige Worte für ihn:

Mein alter Verleger, Gevatter Kanter ist auch den 18 [April 1786] eingeschlafen. Ich sah ihn am Gr.-Donnerstag zum letzten mal und lief noch ihm zu Gefallen ungern in den Hartungschen Buchladen nach der Weisheit Morgenröthe [oder Reinhard Morgensterns Epilog an meine lieben Brüder Freymäurer, von Johann August Stark, 1786], die er noch zu lesen lüstern gemacht wurde, damit aber schwerl. fertig geworden. (...) Er war einer der außerordentlichsten Menschen und desperatesten Unternehmer, der ebenso leichtfertig andere als sich selbst aufzuopfern im stande war – Quiescat in pace![90]

Johann Jakob Kanter

Auch die späteren Besitzer des Kanterschen Geschäfts, Goebbels und Unzer und Gräfe und Unzer, ließen die Einrichtung äußerlich unverändert bestehen. Sie spürten, dass die elegante Buchhandlung ihre Aura bewahrt hatte. Noch 1932 erinnerte der damalige Inhaber Bernhard Koch in seiner Ansprache zum 100. Namenstag der Firma an Kanters Vermächtnis,[91] obwohl eine direkte geschäftliche Verbindung zu ihm nicht bestand. Aber Kanter hatte bewirkt, dass sich in den Gemütern von Kunden und Nachwelt das Ideal der Buchhandlung als eines weltoffenen Kommunikationsorts festsetzte. Es zeigte seine Wirkung bis zum Untergang Königsbergs.

Johann Gottfried Herder, 1785.

Immanuel Kant, ca. 1790.

Johann Georg Hamann, ca. 1780.

Theodor Gottlieb Hippel, ca. 1780.

Geistesgrößen bei Kanter: Herder, Kant, Hamann, Hippel.

1766
—
1797

"

BUCHHANDEL ALS GESCHÄFT

Unter der Geschäftsführung des Sohnes von Johann Heinrich Hartung konsolidieren sich die verschiedenen Geschäftszweige Sortiment, Verlag und Druckerei zunächst. Eine kurze Zeit sieht es so aus, als würde Gottlieb Leberecht Hartung das Buchgeschäft in Stadt und Provinz vollkommen dominieren können. In seinem Verlag erscheint ein epochemachendes philosophisches Werk: Johann Gottlieb Fichtes Versuch einer „Critik aller Offenbarung" – allerdings unter seltsamen Umständen. Doch auf die Veränderungen im Buchmarkt, vor allem die Abkehr vom Tauschhandel, hat Hartung offensichtlich nicht die richtigen Antworten. Zudem avanciert Friedrich Nicolovius zum Lieblingsbuchhändler der Königsberger.

KAMPF UM DIE VORMACHTSTELLUNG

„Als Hanna Hartungs dritter Gemahl Zeise 1766 starb, war der neunzehnjährige Sohn Gottlieb Leberecht gerade so weit, die Geschäftsleitung zu übernehmen. Es dauerte allerdings noch eine Weile, bis er das Unternehmen auch als sein Eigentum betrachten durfte: Die Mutter übertrug ihm die Verlagsbuchhandlung 1774, die Druckerei erst 1789.[92] Dennoch führte er das Geschäft die folgenden 31 Jahre auf eine neue Höhe. Laut Dreher zeigte er sich „gerade in seinen jüngeren Jahren nach jeder Richtung hin als ein umsichtiger und rühriger Geschäftsmann".[93]

Die Betonung liegt auf dem Begriff Geschäftsmann. Offensichtlich vereinigte Gottlieb Leberecht Hartung einige widersprüchliche Charaktereigenschaften in seiner Person. Einerseits muss er eine großzügige und freundliche Seite gehabt haben. Die Familiensaga berichtet, dass er ein opulentes Haus geführt und Geselligkeit geliebt, aber auch weitherzig „Tausende von Thalern nach Cur- und Lifland verborgt" habe, die am Ende verloren gewesen seien.[94] Andererseits zeigte er sich stets streitbar, wenn es um seinen Vorteil ging. So beklagte er sich Anfang der siebziger Jahre beim König wegen angeblicher Beeinträchtigung seiner Rechte als Drucker in Marienwerder durch Kanter,[95] wandte sich 1780 an die Regierung gegen ein weiteres Buchhändlerprivileg in der Stadt – de facto gegen einen zweiten Buchhändler neben ihm –, führte 1788 gegen den Kaufmann Wagner Beschwerde „wegen unzulässigen Bücherhandels" oder verweigerte 1792 in einem unkollegialen Akt dem neuen Konkurrenten Nicolovius das Recht, in der Hartungschen Zeitung Bücheranzeigen aufzugeben. Mit seiner Braut aus Tilsit hatte Hartung zunächst Glück, denn sie war reich und schön,[96] und ein Jahr nach der Hochzeit 1780 wurde bereits die väterliche Erbschaft fällig.[97] Aber später lebte Sophia Christina Hartung, geborene Burckhardt, getrennt von ihrem Ehegatten. Nach seinem Tod sprach sie in einem Geschäftsschreiben nüchtern von ihrem „Mann", verbesserte aber die zunächst ohne ein schmückendes Adjektiv dastehende Bezeichnung in die Wendung vom „nun unvergeßlich bleibenden Mann", was immer noch nicht auf eine starke Gefühlsbindung hindeutet.[98]

Als Ende der siebziger Jahre die Verkaufsabsicht Kanters bekannt wurde, gab es mehrere Interessenten: Friedrich David Wagner, sein ehemaliger Gehilfe, und Carl Gottlob Dengel bemühten sich gemeinsam um den Erwerb. Hamann versuchte seinen Freund Hartknoch in Riga zu bewegen mitzubieten.[99] Auf keinen Fall sollte die Buchhandlung Kanters an Hartung fallen. Denn werde der Buchhandel erst Hartungs Monopol,

> *so ist es hier aus für alle die durch Kanters Gutherzigkeit und wirkl. Großmuth oder Gleichgiltigkeit in Verwaltung eigner u fremder Güter verwöhnt worden sind zu einem Freytisch u offenen Tafel in seinem Buchladen.*[100]

Den Zuschlag erhielten Wagner und Dengel. Hartung war mit Kanter nicht einig geworden. Vielleicht glaubte er auch, in den Nachfolgern Wagner und Dengel keine ernsthaften Konkurrenten zu haben. Denn gegenüber den kapitalschwachen Neulingen verfügte er über das Machtmittel seiner beiden Zeitungen, in denen er jederzeit zu inserieren vermochte. Er konnte es darauf ankommen lassen und sich gegebenenfalls einen Preiskampf leisten.

Hartung unterliegt im Bieterwettstreit um das Geschäft Kanters.

Wie Hamann berichtete, kostete das Buch von Johann Karl Wilhelm Möhsen: *Geschichte der Wissenschaften in der Mark Brandenburg* (1781) bei Nicolai in Berlin dreieindrittel Taler, bei Hartung aber nur drei Taler. Mit solchen Preisnachlässen setzte er Wagner und Dengel unter Druck. Hamann kommentiert:

> *Sein [Hartungs] Katalog, deßen Hälfte aus heruntergesetzten Büchern besteht, ist schon lange fertig gewesen und sein Gut [von der Messe in Leipzig] ist zu Lande angekommen. Man möchte beynahe sagen, daß Hartung jetzt K.[anter] und W.[agner] den alten Hartung spielt. Sie können leicht denken daß unser durch K.[anters] übertriebene Gefälligkeit verwöhntes Publicum an seines Nachfolgers hartleibigen Laune wenig Geschmack findet.*[101]

Die jungen Buchhändler, die nun in Kanters Ladengeschäft saßen, machten den Fehler, den Kunden gegenüber zu wenig konziliant aufzutreten. Hamann beklagte, dass sie ihm nicht einmal einen Leipziger Messkatalog mitgebracht hätten.[102]

Gottlieb Leberecht Hartungs Verlagsbuchhandlung war auch ohne die Druckerei größer als die von Dengel und Wagner. In seinem Geschäft waren drei Gesellen und zwei weitere Helfer tätig.[103] Das waren genauso viele Personen, wie sie auch Friedrich Nicolai in Berlin beschäftigte. Von der Frühjahrsmesse 1784 in Leipzig bekam Dengel – der

Hartungs Verlagsbuchhandlung ist gleichwohl die größte in Königsberg.

Kompagnon Wagner war schon bald wieder ausgeschieden – drei Ballen Bücher per Landfracht und sechs per Seefracht über Lübeck geliefert, Hartung aber fünf Ballen über Land und sieben zu Wasser. Das entspricht etwa 1.950 Exemplaren neuer Bücher für Dengel und 2.600 für Hartung. Von ihrem Bestellvolumen her gehörte Hartungs Buchhandlung zu den oberen 10 Prozent der 550 bis 600 damals bestehenden Buchhandlungen in Deutschland.[104]

Im Jahr 1787 musste Dengel Konkurs anmelden. 1788 erwarb Hartung vom Magistrat der Stadt Kanters ehemaliges Haus, also den Neubau an der Stelle des Löbenicht'schen Rathauses, auch die Ladeneinrichtung und Teile des Bücherlagers. Dann verlegte er seinen ganzen Betrieb einschließlich der Druckerei in das neue Lokal und sah aus wie der Sieger auf ganzer Linie: der einzig übrig gebliebene Königsberger Buchhändler. Doch es dauerte nicht lange, bis ein neuer Konkurrent auftrat, der nicht so leicht aus dem Felde zu schlagen war wie Wagner und Dengel: Friedrich Nicolovius (1768–1836). Nicolovius war bei Hartknoch in Riga ausgebildet worden und hatte über diesen sozusagen noch Kantersche Gene in den Knochen. Der Zweiundzwanzigjährige eröffnete 1790 in seiner Heimatstadt eine Verlagsbuchhandlung. Sein Laden im „Haus des Kanzlers" in der Junkerstraße – in der unmittelbaren Nachbarschaft Kants – wurde bald wieder zum angesagten Treffpunkt Königsbergs wie zwanzig Jahre zuvor das Lokal Kanters. Bei Hartung, über dessen Eingangstür jetzt der riesige Adler Kanters prangte, wurde es still.

Friedrich Nicolovius ist der eigentliche Erbe Kanters.

W. Bergius, ein Schwiegersohn von Nicolovius, schildert die Atmosphäre der neuen Buchhandlung aus späterer Sicht folgendermaßen:

Sein Laden, welcher aufs reichhaltigste mit allen ältern und neuern Schriften versorgt war, in welchem keine Neuigkeit des In- und Auslandes fehlte, wurde gewöhnlich von den literarischen Nobilitäten Königsbergs, in den Stunden gegen Mittag besucht und bildete dann gleichsam den Mittelpunkt des geistigen Verkehrs in dieser Stadt. Noch viele erinnern sich gerne dieser literarischen Zusammenkünfte, in welchen Alles, was Literatur und Politik darbot, oft mit großem Eifer besprochen wurde und von wo aus sich wieder die neuesten Nachrichten und Resultate der Besprechungen derselben durch alle gebildeten Kreise verbreiteten.[105]

Der Bericht zeigt, welche Funktion Buchhandlungen wie die von Nicolovius auch als Nachrichtenbörse und Debattierclub haben konnten. Sie waren Orte bürgerlicher Öffentlichkeit.

Kampf um die Vormachtstellung

Auch als Verleger hat Nicolovius Hartung gewaltig Konkurrenz gemacht, weil er ihm geistig überlegen war und mit seinen Autoren auf Augenhöhe verkehrte. Viele Gelehrte und Schriftsteller, die schon bei Hartung publiziert hatten, wie Ludwig von Baczko, Karl Gottfried Hagen, Karl Ehregott Mangelsdorf oder Johann Daniel Metzger wechselten nun zu dem jungen Verleger. Sogar von Hartung begonnene mehrbändige Werke wurden bei Nicolovius fortgesetzt wie etwa Johann Schultz' *Prüfung der Kantischen Critik* (1789). Nicolovius hatte früher Vorlesungen bei Kant gehört. Nachdem Hartknoch 1789 gestorben war, ließ Kant seine *Religion innerhalb der Grenzen der bloßen Vernunft* und zwölf weitere Werke bei Nicolovius erscheinen. Von außerhalb Königsbergs stießen

Stadtplan von 1809. In der Mitte die Pregelinsel (Kneiphof).

Friedrich Graf zu Stolberg, Johann Heinrich Voss, August von Kotzebue und Friedrich Maximilian Klinger als Autoren zu seinem Verlag.

Das anfangs glanzvolle Unternehmen von Nicolovius konnte sich bis 1818 halten. Aber die Napoleonischen Kriege, der wirtschaftliche Niedergang Preußens nach dem Frieden von Tilsit, Geldmangel und Fehlinvestitionen führten letztlich zum Verkauf an die Gebrüder Borntraeger, deren Firma noch heute als Imprint der E. Schweizerbart'schen Verlagsbuchhandlung in Stuttgart existiert.

Hartung hat im Wettbewerb mit Nicolovius sehr viel Federn lassen müssen. Der Einschätzung des Buchhändlerkollegen Lagarde zufolge – der Hugenotte François Theodore de Lagarde war in Königsberg geboren, betrieb sein Geschäft aber in Berlin – hatte Hartung anfangs auf einen Preiswettbewerb mit Nicolovius gesetzt. Aber, so prophezeite er schon 1790, wenn Hartung diese Politik fortsetze, bewiese er nur, dass er die Zeichen der Zeit nicht erkannt habe. Auf Dauer würde er nicht bestehen können.[106] Doch zunächst konnte sich Hartung auf seinen Verlag stützen, der einen sturmfesten Eindruck machte.

EIN WEIT GESPANNTES VERLAGSANGEBOT

Beinahe wäre es Hartung sogar gelungen, Kants *Critik der reinen Vernunft* in seinem Hause zu verlegen. Kant schwankte eine Weile, welchem Verleger er das Werk mit „seinen zerstörenden, weltzermahlenden Gedanken" (Heinrich Heine) anvertrauen sollte. So schrieb Johann Georg Hamann am 18. August 1780 aus Königsberg an seinen Rigaer Freund Hartknoch: „Kant arbeitet in rechtem Ernst, neulich war er ungewiß, ob er Ihnen oder Hartung sein Werk geben sollte." Kant wird es schwergefallen sein, sich gegen Hartung zu entscheiden, auf den er als Buchhändler vor Ort angewiesen war. Über Hartung erhielt Kant z. B. seine Honorare ausgezahlt, die er von der *Allgemeinen Literaturzeitung* in Jena für Rezensionen erhielt.[107]

Vier Wochen später meldete Hamann: „Prof. Kant wird auch Termin halten u diesen Michaelis sein Mst. vollenden. Er balancirt zwischen Ihnen u Hartung, und wünschte sehr den Druck hiesigen Orts." Durch seinen Königsberger Freund alarmiert, wandte sich Hartknoch daraufhin direkt an Kant. Nun schien sich die Waage zu seinen Gunsten zu neigen, denn Hamann teilte am 8. Oktober mit: „Ihr Grund, daß Sie vorzügl. im Stande wären den Absatz zu verbreiten, war ein vortrefl. argumentum ad hominem, und ich wünsche, daß Sie die Braut davon tragen mögen." Am 19. Oktober sprach Hamann gegenüber Herder bereits von der Entscheidung zugunsten Hartknochs als einer Tatsache. Kant hatte sich offensichtlich von den besseren Vertriebsmöglichkeiten des Rigaer Verlegers überzeugen lassen. Er haderte dann noch etwas mit Hartknochs Präferenz für einen Drucker in Halle statt in Berlin, war aber letztlich mit Hartknoch sehr zufrieden. Nach der Jubilate-Messe im Mai 1781 wurden die ersten Exemplare der „Kritik" ausgeliefert und stießen in Königsberg und anderswo auf großes Interesse. Kanter bestellte gleich 50 Exemplare für seine Buchhandlung, obwohl er gerade dabei war, sie aufzugeben.[108]

Kanter bestellt gleich 50 Exemplare von Kants „Critik der reinen Vernunft".

Auch wenn dieses Jahrhundertwerk nicht bei Hartung erscheinen konnte, war er doch ein überregional bekannter Verleger. Er brachte jedes Jahr etwa zwölf Neuerscheinungen heraus, was eine erhebliche Produktionsleistung war. Diese Zahl versetzte ihn nicht unter die Großen der Branche (Reich, Weygand in Leipzig etc.), die um 1780 zwischen 30 bis 40 Titel pro Jahr herausbrachten, aber in ein Mittelfeld, zu dem etwa auch Friedrich Nicolai in Berlin, Franz Varrentrapp in Frankfurt oder Johann Friedrich Gleditsch in Leipzig gehörten. Im Jahr 1789 wird in seinem Impressum für das Lustspiel *Prellerei über Prellerei* des Schauspielers und Bühnenautors Christoph Sigismund Grüner neben Königsberg auch Riga als Verlagsort genannt.[109] Die zusätzliche Ortsangabe galt offensichtlich für Bücher mit besonderem Interesse für die Bewohner des Baltikums. Ob tatsächlich eine Dependance dahinterstand, ist nicht zu ermitteln.

Einige der langfristig erfolgreichen oder wissenschaftsgeschichtlich bedeutenden Titel Hartungs aus den verschiedenen Sachgebieten seien im Folgenden hervorgehoben.

Hartung verlegt für die Geschichte Preußens wichtige Werke.

Auf dem Gebiet der Geschichte stechen Ludwig von Baczkos (1756–1823) sechsbändige *Geschichte Preußens*[110] und sein *Versuch einer Geschichte und Beschreibung der Stadt Königsberg*[111] hervor. Der hart um seinen Lebensunterhalt ringende Autor war Katholik, weshalb er keine Professur an der Universität bekam, und hatte im 21. Lebensjahr sein Augenlicht verloren. Sein ungewöhnliches Leben schildert er selbst in einer Autobiographie, die 1824 posthum in Kommission bei August Wilhelm Unzer erschienen ist, d. h. von Unzer nur vertrieben wurde.

Ähnlich bedeutend sind die Arbeiten von Georg Christoph Pisanski (1725–1790), u. a. die vielzitierte *Aeltere Geschichte vom ersten Beginnen gelehrter Kenntnisse in Preußen an bis zum Anfange des siebzehnten*

Im Verlagsprogramm finden sich zahlreiche medizinische und naturwissenschaftliche Veröffentlichungen.

Jahrhunderts.[112] Sie wurde 1791 posthum mit einem Abriss seines Lebens von Ludwig Ernst von Borowski herausgegeben; eine komplette Publikation seines umfangreichen Manuskripts erfolgte erst 1886.

Des Weiteren hat Hartung zahlreiche medizinische Werke verlegt. Zu seinen Autoren gehörten z. B. der Physiologe und Gerichtsmediziner Johann Daniel Metzger (1739–1805), der Arzt und Regierungsrat Christoph Friedrich Elsner (1749–1820) oder der Anatom und Pharmakologe Christoph Gottlieb Büttner (1708–1776). Letzterer veröffentlichte bei Hartung nicht weniger als dreizehn Werke: Monografien, Fallstudien und Lehrbücher, darunter etwa seine *Seltene Wahrnehmung, eines an der Zunge, seit 24 Jahren, aus dem Munde hervorgehangenen Fleischgewächses von Neuntehalb Loth, welches den 14. Nov. und 6. Dec. des 1769. Jahres bey einer Sieben und Zwanzigjährigen Soldatentochter glücklich abgenommen und geheilet worden.*[113] Karl Gottfried Hagen (1749–1829) gilt als Begründer der wissenschaftlichen Pharmazie und experimentellen Chemie. Sein *Lehrbuch der Apothekerkunst,*[114] im Alter von 29 Jahren verfasst, erschien in acht Auflagen und wurde in vier Sprachen übersetzt. Hagen wurde als anregender Gesprächspartner gerne zu Kants Tischgesellschaft gezogen.

Hartung dokumentiert eine Kontroverse mit der jüdischen Gemeinde.

Georg David Kypke (1724–1779), ein weiteres Mitglied von Kants Freundeskreis, hatte bereits bei Johann Heinrich Hartung den Essay von John Locke ediert. Er war Professor für orientalische Sprachen und zugleich mit der Aufsicht über die Synagoge betraut. In dieser Eigenschaft geriet er in einen Streit mit der Königsberger jüdischen Gemeinde über das Beten des Alenu-Gebetes, das von König Friedrich I. als verleumderisch gegenüber dem Christentum verboten worden war. Moses Mendelssohn verteidigte die Gemeinde mit dem Hinweis, dass das Gebet aus der Zeit vor dem Christentum stamme und sich daher nicht auf dieses beziehen könne. Die Kontroverse ist in dem Buch *Aufsätze über jüdische Gebete und Festfeiern* dokumentiert.[115] Nachfolger Kypkes wurde Johann Gottfried Hasse (1759–1805), der bei Hartung sein Sprachlehrbuch *Lectiones Syro-Arabico-Samaritano-Aethiopicae*[116] herausbrachte, das zu einer Herausforderung für die damit befassten Setzer wurde und die Leistungsfähigkeit des Verlags belegt.

Der Theologe Theodor Christoph Lilienthal (1717–1783), Sohn des schon für Eckart tätigen Michael Lilienthal, schrieb ein monumentales Werk in nicht weniger als sechzehn Bänden mit verschiedenen Teilbänden und z. T. in mehreren überarbeiteten Auflagen (1750 ff.): *Die gute Sache der in der hl. Schrift Alten und Neuen Testaments enthaltenen göttlichen Offenbarungen.*[117] Darin suchte er die Wahrheit der Bibel gegen den Rationalismus der lutherischen Orthodoxie zu verteidigen.

Ein für Herder wichtiger Lehrer war Sebastian Friedrich Trescho (1733–1804), damals Diakon in Mohrungen. Er war, für die ostpreußische Geistlichkeit damals durchaus typisch, Pietist und Aufklärer zugleich und veröffentlichte eine *Sterbe-Bibel*[118]. Als Gegenstück dazu entstand, angeblich auf Wunsch des Fräulein von Klettenberg zu Frankfurt a. M. (Goethes „schöner Seele"), *Die Kunst Glücklich zu leben.*[119]

Belletristische Veröffentlichungen gab es in Hartungs Verlagsangebot nur wenige, etwa die barocke *Asiatische Banise oder Blutiges doch muthiges Pegu*, die Eckart schon 1728 aufgelegt und öfter nachgedruckt hatte.[120] Der junge Baczko steuerte leicht lesbare Prosa oder Libretti bei, etwa den Briefroman *Die akademischen Freunde*,[121] den zweiteiligen Roman *Müller der Menschenverächter und seine fünf Töchter*,[122] oder das Libretto der Komischen Oper *Rinaldo und Alcina* der Komponistin Maria Theresia von Paradis.[123] Die Königlich Deutsche Gesellschaft in Königsberg veröffentlichte ihre *Abhandlungen und Poesien.*[124] Auch der Almanach *Preußische Blumenlese*[125] ist in diesem Zusammenhang zu erwähnen. Die Gedichtanthologie – ein „Neujahrgeschenk für unsre Mitbürger", das aber keineswegs umsonst war, sondern drei gute Groschen kostete – war bereits 1775 einmal bei Kanter erschienen und kam nun mit anderen Herausgebern bei Hartung heraus: dreimal zwischen 1780 und 1782 sowie 1793. Während sich die Schwerpunkte des Buchmarkts in der zweiten Hälfte des 18. Jahrhunderts massiv zugunsten der Schönen Literatur verschoben – im Jahr 1740 waren ihr sechs Prozent aller Neuerscheinungen, im Jahr 1800 mehr als 21 Prozent zuzurechnen –,[126] trug Hartung diesem Trend nur mit einzelnen Titeln Rechnung.

Auch schöne Literatur taucht im Verlagsprogramm auf.

Äußerst zahlreich dagegen waren die Edikte des Königs, deren Druck und Verbreitung er als „Hofbuchdrucker" nun einmal zu besorgen hatte. Das gleiche gilt für die vielen Verlautbarungen der Albertina. Ein Herzensanliegen indes wird für Hartung die Neuausgabe des *Gesangbuchs für Freimäurer* (1787)[127] gewesen sein, nachdem bereits 1772 eine erste Auflage bei Kanter erschienen war. Hartung war fünfundzwanzig Jahre lang eifriges Mitglied der Loge „Zu den drei Kronen", zu der viele seiner Autoren, aber auch Unternehmer, Beamte, Militärs sowie seine Buchhändlerkollegen Johann Friedrich Hartknoch, Johann Jakob Kanter und Karl Gottlieb Dengel gehörten. Unter den Autoren des Liederbuchs waren der Jurist und Schriftsteller Johann Georg Scheffner (1736–1820), der Theologe Johann Schulz (1739–1805) und der Schriftsteller und Stadtpräsident Theodor Gottlieb von Hippel (1741–1796). Alle drei gehörten zu den regelmäßigen Tischgenossen Kants, der selber kein Freimaurer war.

Neben den Büchern und den beiden Zeitungen erschienen bei Hartung auch wissenschaftliche und populärwissenschaftliche Zeitschriften[128] wie *Der Preußische Sammler* (1773/74)[129], das sehr beachtliche *Preussische Magazin zum Unterricht und Vergnügen* (1783) von Baczko,[130] die *Medicinisch-gerichtliche Bibliothek* (1784/87)[131] – die Fortsetzung davon hieß *Bibliothek für Physiker* (1787/89) –,[132] das *Magazin für die biblisch-orientalische Literatur und gesammte Philologie* (1788/89),[133] das *Raisonnirende Bücherverzeichnis* (1782/84)[134] bzw. als Fortsetzung die *Kritischen Blätter* (1793/1794).[135] Die Zeitschriften waren, wie damals üblich, nicht sehr langlebig, weil sie oft von einer einzelnen Person und ihrer Arbeitskraft abhingen.

Kant zensiert eine Zeitschrift, für die er auch als Autor tätig war.

Alle Publikationen einschließlich der Periodika unterlagen der Vorzensur. Vor dem Druck musste eine Genehmigung der zuständigen Fakultät der Universität eingeholt werden. Im Fall des *Raisonnirenden Bücherverzeichnisses* bzw. seiner Fortsetzung war im Wintersemester 1794/95 Immanuel Kant zum 7. Mal Dekan der Philosophischen Fakultät und musste die Buchbesprechungen auf Verbotenes prüfen. Da er schon im Laden Kanters gerne die Neuerscheinungen durchgesehen hatte, wird er diese Aufgabe nicht ungern übernommen haben. Ob er etwas beanstandet hat, ist nicht mehr zu ermitteln. Immerhin bekam er als Zensor für seine Mühe zwei Taler und zwölf Groschen.[136] Kurios bleibt, dass er 1783 für dieselbe Zeitschrift auch als Autor tätig war.

Zuständig für die Zensur war die Universität, in deren Stadt die Publikation gedruckt werden sollte. Hartung hat, obwohl er selbst Drucker war, viele Bücher bei Gebauer in Halle herstellen lassen.[137] Gründe dafür waren nicht etwa die Annahme, dass dort weniger streng zensiert würde, oder die Überlastung seines eigenen Betriebs mit Druckaufträgen, sondern die viel geringeren Transportkosten von Halle zur Leipziger Messe. So bewirkte die als Drehscheibe eines explodierenden deutschen Buchmarkts immer dominanter werdende Leipziger Messe im 18. Jahrhundert auch das Aufblühen des Druckereigewerbes in Halle, Weißenfels, Jena, Rudolstadt, Schleusingen etc.

Zusammenfassend lässt sich sagen, dass Hartung, wie es seine Amtstitel verlangten, in erster Linie Verleger für Hof und Universität war. Sein Programm wandte sich aber auch an ein allgemeines Publikum. Dass in der Auswahl der Bücher seine Persönlichkeit sichtbar geworden wäre, lässt sich jedoch nicht behaupten. Im 18. Jahrhundert druckte der Verleger, was an ihn herangetragen wurde. Bei Hartung ist auch nicht erkennbar, dass er sich für andere Aspekte seines Berufs leidenschaftlich engagiert hätte, etwa für die Buchausstattung, für die Typographie oder gegen die Zensur. So blieb es dabei, dass fast ausschließlich Königsberger Autoren, die zum Teil durchaus einen überregionalen Ruf besaßen, in seinem Verlag publiziert haben. Anders als bei Nicolovius stieß kaum jemand von außen dazu. Sucht man nach dem gemeinsamen Merkmal, dem die meisten Autoren ihre Aufnahme in den Verlag verdankten, dann ist vor allem ihre Zugehörigkeit zu zwei Institutionen auffällig: zur Universität und zum Freimaurertum. Beide Bezirke überschnitten sich häufig und waren dann in der Regel erkennbar vom Geist der Aufklärung geprägt. Nur einmal verirrte sich doch ein Schriftsteller aus anderen Weltgegenden zu Hartung: ein neunundzwanzigjähriger Hauslehrer aus der Oberlausitz.

FICHTES VERZÖGERTE OFFENBARUNG

Als Johann Gottlieb Fichte im Sommer 1791 in Königsberg eintraf, um bei Kant Vorlesungen zu hören und mit ihm in Kontakt zu treten, ist er reich an Gedanken, aber arm an Mitteln. Inspiriert von der persönlichen Begegnung mit dem verehrten Meister, brachte der 29-jährige junge Mann seine Gedanken über die göttliche Offenbarung in sechs Wochen zu Papier. Kaum aus seiner Schreibklausur wieder erwacht, wurde ihm klar, dass seine Geldmittel zu Ende gegangen waren und für die Weiterreise nicht hinreichten. Da Fichte in der Stadt sonst kaum Bekannte hatte, fragte er bei Kant brieflich an, ob er ihm Geld leihen könne – „gegen Verpfändung meiner Ehre".[138]

Kant ließ Fichte zu sich kommen und lehnte die Bitte ab – jedoch nicht ohne einen Gegenvorschlag zu machen. Der Kandidat der Theologie, der noch nie etwas veröffentlicht hatte, sollte sein Manuskript, das den Titel *Versuch einer Critik aller Offenbarung* trug,[139] bei Hartung drucken lassen und auf diese Weise seine finanzielle Lage verbessern. Kant schrieb auch gleich an den Prediger Ludwig Ernst von Borowski (1740–1831), einen Autor und Schwager Hartungs, und bat um Unterstützung. Gleichzeitig musste er Borowski gegenüber jedoch einräumen, dass er nur Zeit gehabt habe, das Manuskript „bis S. 8 zu lesen, weil ich durch so viel andere Abhaltungen beständig unterbrochen werde; aber, so weit ich gekommen bin, finde ich es gut gearbeitet".[140]

Hartung war nicht nur einverstanden, sondern glaubte, „wunder welch ein Werk an sich gekauft zu haben".[141] Welches Festhonorar er gezahlt hat, ist unbekannt. Aber die Enttäuschung folgte auf dem Fuße: Der Zensor verbot die Veröffentlichung. Weil in Halle gedruckt werden sollte, war der Dekan der dortigen Theologischen Fakultät zuständig. Erst drei Jahre zuvor war in Preußen das Wöllnersche Religionsedikt in Kraft getreten, das die Aufsicht des preußischen Staates über Religionssachen verschärft hatte. Doch der Theologe Fichte wollte gar kein religionskritisches Werk schreiben, sondern nur den Nachweis führen, wie die christliche Offenbarung unter den Voraussetzungen der Kantschen Philosophie (durch das Wort „Critik" im Titel signalisiert) als möglich und wirklich zu denken sei. Aber Kants Philosophie hatte unter den Strenggläubigen eben einen fatalen Ruf.

Fichtes Manuskript scheitert in der Zensur.

Am 2. Februar 1792 antwortete Kant auf die besorgte Frage Fichtes, ob er sein Manuskript vielleicht durch Veränderungen retten könne, klar und deutlich mit „Nein!"[142] Fichte, inzwischen Hauslehrer auf einem Gut in Westpreußen, wusste nicht, wie es weitergehen soll, zumal er aus Königsberg von seinem Verleger gar keinen Bescheid erhielt: „Hat etwa Hrr. Hartung Ursache böse auf mich zu sein, oder so zu thun?"[143] Seine Vermutung war: „Vielleicht, daß Hrr. Hartung etwas kocht, was ich nicht wißen soll."[144]

Tatsächlich hatte Hartung etwas ausgeheckt. Nachdem er die Mitteilung erhalten hatte, dass nach einem Dekanatswechsel in Halle der neue Dekan Georg Christian Knapp die Druckgenehmigung für Fichtes Manuskript doch erteilt habe, ließ er das Werk in aller Eile in drei verschiedenen Fassungen ausdrucken:

Vier Varianten der Erstauflage von Fichtes Buch sind in Umlauf.

- In einem ersten Teil der Auflage fehlten auf dem Titelblatt der Name des Autors und die Vorrede.
- Ein zweiter Teil der Auflage zeigte das gleiche Titelblatt, doch um die Vorrede ergänzt.
- Ein dritter Teil der ersten Auflage enthielt Fichtes vollen Namen und seine Vorrede.
- Darüber hinaus tauchte noch ein Nachdruck auf, der weder Autor, Ort, Verleger noch Vorrede aufwies, aber sonst zeilen- und seitengleich mit der ersten Variante ist.

Es waren also vier Versionen der Erstauflage im Umlauf.[145]

Zu vermuten ist, dass Hartung die Exemplare der dritten Variante (mit Namen und Vorrede) für sein eigenes Sortiment bestimmt hatte, weil in Königsberg die Autorschaft Fichtes bekannt war. Die anonyme erste Variante wird er auf der Leipziger Messe 1792 angeboten haben. Sie ist aber offensichtlich nicht ganz fertig geworden und wurde daher um eine kuriose Mitteilung des Verlegers ergänzt: Man könne einstweilen nur die erste Abteilung liefern, aber bis Mitte Juli käme der Rest einschließlich des Registers. Hartung schob dem Autor und seinem anschwellenden Manuskript die Schuld für die unvollständige Lieferung in die Schuhe. Tatsächlich aber hatte Fichte sein Manuskript schon im Oktober 1791 übergeben und nicht mehr erweitert.

In der 2. Auflage ließ Hartung eine weitere unaufrichtige Entschuldigung folgen: Jetzt spielte ein nicht näher bezeichnetes Missgeschick die Hauptrolle: „Diese Vorrede, und das ächte vom Verfasser mit seinem Namen unterschriebene Titelblatt wurden durch ein Versehen nicht in der Ostermesse, wohl aber späterhin ausgegeben", heißt es in der Fußnote des Verlegers.[146]

Handelte es sich wirklich um einen Lapsus? Viel wahrscheinlicher ist, dass Hartung auf ein profitables Versteckspiel um den Autor aus war. Er spekulierte mit dem anonym erschienenen Buch darauf, alle Welt werde es als das lang erwartete religionsphilosophische Werk von Kant betrachten und entsprechend aufmerksam registrieren. Tatsächlich publizierte Kant seine *Religion innerhalb der Grenzen der bloßen Vernunft* erst 1793. Der Effekt trat sofort ein. Die ersten Leser waren sich sicher: „Jeder der nur die kleinsten derjenigen Schriften gelesen, durch welche der Philosoph von Königsberg sich unsterbliche Verdienste um die Menschheit erworben hat, wird sogleich den erhabenen Verfasser jenes Werkes erkennen", ist etwa im Intelligenzblatt der *Allgemeinen Literatur-Zeitung* am 30. Juni 1792 zu lesen.

Das Versteckspiel um den Autor Fichte geht für Hartung auf.

Fichte entschuldigte sich bei Kant und beteuerte, die Verwechslung nicht provoziert zu haben, sondern selber von der anonymen Ausgabe überrascht worden zu sein. Kant ließ daraufhin in der vielgelesenen *Allgemeinen Literatur-Zeitung* eine Richtigstellung einrücken und verweist darin auf Fichte als denjenigen, dem die Ehre des Autors gebühre, nicht ohne ihn in einem Nebensatz als „geschickten Mann" zu titulieren. (Ob er das Buch inzwischen zu Ende gelesen hat, verrät er nicht.) Die Rezensenten, die das Werk in der falschen Annahme begrüßt hatten, es handele sich um die vierte „Kritik" Kants, priesen es jetzt erst recht, um sich keine Blöße zu geben. So wurde Fichte berühmt und erhielt 1794 einen Lehrstuhl für Philosophie an der Universität Jena. Auch sein gewiefter Verleger hatte einen Volltreffer gelandet. Die erste Auflage war schon nach einem halben Jahr vergriffen.

DIE SACHE MIT DEM PÄCKCHEN

„ Im Frühjahr 1795 – die dritte polnische Teilung und damit die Aufhebung der Existenz Polens war gerade besiegelt – erreichte Hartung ein Brief aus Thüringen. Absender: Friedrich Schiller.

Jena den 2 März. 95. Montag.

Entschuldigen Sie, hochgeehrtester Herr, daß ich, als ein Unbekannter, so unbescheiden bin, Sie mit einem Auftrage zu belästigen. Ich war in Verlegenheit beyfolgendes Paquet an H. Prof. Kant in deßelben Hände zu bringen, ohne ihm die Unkosten eines größern Postgeldes zu machen, als die Kleinigkeit werth seyn mag, weil die Briefe von hier aus nach Königsberg nur eine kleine Strecke weit frankiert werden können. Da Sie nun wahrscheinlich mit H. Cotta in Tübingen, meinem dermaligen Verleger, in Geschäften stehen, so glaubte ich, daß ich mich am beßten an Sie wenden könnte, um Sie zu bitten die Auslage für dieses und künftige Paquete die ich vielleicht nach Königsberg zu schicken hätte, zu machen, und dann in Leipzig H. Cotta in meinem Nahmen in Rechnung zu bringen. Mißbilligen Sie diese Auskunft nicht, so werde ich so frey seyn in künftig vorkommenden Fällen auf die nehmliche Art zu verfahren.
Mit Vergnügen erbiete ich mich zu jedem Gegendienst und verharre mit aller Werthschätzung
Dero
ergebenster Diener
Schiller
Professor in Jena [147]

Das Päckchen enthielt die ersten beiden Hefte von Schillers neugegründeter Zeitschrift *Die Horen* (Verleger war Cotta) und einen auf den 1. März datierten Brief an Kant, mit dem Schiller um einen Beitrag Kants für die Zeitschrift warb. Auf die Idee, diese Sendung über den Buchhändler laufen zu lassen, hatte ihn wahrscheinlich Johann Gottlieb Fichte, der inzwischen Schillers Jenaer Kollege war, gebracht, denn auch Fichte schickte Kant seine Werke über Hartung. Trotzdem fragt man sich, warum der Absender das Päckchen nicht einfach „frankieren" konnte. Tatsächlich war das nur bis zur jeweiligen Landesgrenze möglich. Für den Rest der Strecke musste der Empfänger das Porto entrichten. Schon für einen gewöhnlichen Brief nach Königsberg – neuerdings nicht mehr über polnisches Hoheitsgebiet – musste man von Sachsen aus etwa mit siebeneinhalb Gr. rechnen; das Päckchen konnte dann genauso viel Porto kosten wie die 16 Groschen, die im Buchladen für ein Heft der *Horen* zu zahlen waren.

Die Buchhändler waren erfahren in allen Versand- und Überweisungsgeschäften und erledigten für ihre guten Kunden oder Autoren gerne den Freundschaftsdienst, wie Schiller ihn hier erbat. Das diplomatische Antwortschreiben Kants an Schiller vom 30. März 1795 zeigt, dass das Geschenk auch richtig in seine Hände gelangt ist: „Die Briefe über die ästhetische Menschenerziehung finde ich vortrefflich und werde sie studiren, um Ihnen meine Gedanken hierüber dereinst mittheilen zu können."[148] Das *Dereinst* trat aber nie ein, eine Mitarbeit an den *Horen* erfolgte ebensowenig. Kant arbeitete gerade intensiv an seiner Schrift *Zum ewigen Frieden*. Schiller hatte also Glück bei Hartung, nicht aber bei Kant.

Anderen als Kant gegenüber erwies sich Hartung viel weniger gefällig. Namentlich Hamann machte schlechte Erfahrungen mit ihm. Daher bezeichnete er ihn in einem Brief an Herder als „Esel Hartung".[149] Das kam so: Herder hatte auf der Herbstmesse in Leipzig über Hartknoch und Hartung ein Päckchen für Hamann befördern lassen wollen. Hamann wunderte sich, dass nichts in seine Hände gelangte. Schließlich suchte er am 27. Dezember 1779 den Laden Hartungs selber auf. Die Szene beschrieb er in einem Brief an Herder:

> *Hartung gestand mir wirkl. ein klein Päckchen zu haben, und noch oben ein, daß ihm die Bestellung deßelben von Hartknoch war empfohlen worden. Sie können leicht denken wie ich kochte – aber vor Freuden des wiedergefundnen Schaafs mich zähmte.*[150]

In seinem Zorn schrieb er auch an Hartknoch:

> *Mein zweyter Anlaß Ihnen zu schreiben war, wegen der unverantwortl. Grobheit Hartungs, dem ich wünschte Ihre ganze Empfindlichkeit merken zu laßen. Ein Päckchen von unserm Herder, das er mir selbst gestand von Ihnen empfohlen zu seyn, hat sich*

Friedrich Schiller. Ölgemälde von Ludovike Simanowiz ca. 1793/1794.

> *von der Meße an im Buchladen umgetrieben u läge vielleicht noch da, wenn ich nicht durch einen Wink aus Weimar wegen eines andern Päckchen worinn ein Exempl. des Gesangbuchs nebst einem Alphab. Thibetano des Georgi [Buch über Tibet, 1762 in Rom erschienen] enthalten seyn soll, bekümmert gewesen und deshalb am letzten Weynachtsfeyertage selbst angesprochen wäre. ... Außer dem Päckchen von Herder müßen sich noch andere Dinge dort umtreiben z. E. von Kleuker.[151] Auch Kreutzfeld hat einen Lumpenbrief von Voß ... wegen seiner Odyßee erst diesen Monath erhalten.[152]*

Noch anderthalb Jahre später schimpfte er in einem Brief an den Theologen Johann Friedrich Kleuker: „Eine Unverschämtheit u Unordnung, die man sich kaum vorstellen kann."[153] Herder versprach, nie wieder ein Päckchen über Hartung laufen zu lassen.[154] Herder, Hamann und andere hatten an Hartungs Dienstfertigkeit durchaus etwas auszusetzen.

Man darf aber auch ein bisschen Mitleid mit den armen Buchhändlern haben, wenn man von den nicht enden wollenden geschäftsfremden Bitten hört. Dauernd sollten sie irgendetwas spedieren, „beyfolgendes Paquet" in andere Hände bringen oder Gelder auszahlen. Selbst 50 Jahre später ist noch von anderen Verlegern zu hören, dass sie für ihre Autoren (Georg Reimer für August Wilhelm Schlegel) ein halbes oder ganzes Dutzend Spickgänse oder (für Schleiermacher) Lotterielose, Tuch, Wolle, Cognac oder „ein Paar casimierte Beinkleider nebst Schneiderlohn" zu besorgen hatten.[155] Hartung schien es leid gewesen zu sein, den Mittelsmann zu spielen. Aber statt die Wünsche abzulehnen, torpedierte er sie. Wenn Hamann Gottlieb Leberecht Hartung nicht leiden konnte, beruhte dies offensichtlich auf Gegenseitigkeit. In seinen Briefen finden sich zahllose Spötteleien über seine Persönlichkeit und die Art, wie er den Buchhandel betrieb. Sein bissigstes Urteil über ihn lautet: „Geld ohne Kopf".[156]

ACHILLESFERSE SORTIMENT

> Im Jahr 1781, als Wagner und Dengel gerade ihren Laden eröffneten, gab Hartung ein *Verzeichnis einer Handbibliothek der nützlichsten, besten deutschen Bücher zum Vergnügen und Unterricht, wie auch der brauchbarsten Ausgaben der klassischen Autoren* heraus:[157] einen Aus-

wahlkatalog für die Kunden seiner Buchhandlung mit 92 Seiten Umfang und nach Sachgruppen angelegt. Es war kein kompendiöses Verzeichnis, das mit dem seines Vaters und Eckarts von 1746 vergleichbar gewesen wäre, sondern eine auf raschen Abverkauf angelegte Zusammenstellung. Zwar bildete die Theologie immer noch die stärkste Einzelabteilung des Angebots, aber wenn man die „Gedichte", „Schauspiele" und „Romane" zusammennahm, überflügelte die Belletristik alle anderen Sachgruppen. Erstmals gab es sogar eine Rubrik für Kinderliteratur („Schriften von der Erziehung, und zur Unterhaltung für Kinder"). Daraus wird deutlich: Hartung hat sich mit dem Sortiment – viel stärker als mit seinem Verlag – für ein breites Stadtpublikum geöffnet.

Natürlich war der anspruchsvolle Vielleser Hamann, der im Hauptberuf Zollinspektor war, aber viel Zeit zum Lesen hatte, mit dem Umfang des Angebots unzufrieden. Er fand es lückenhaft und zu wenig tief gestaffelt: „In Hartungs Katalog steht nichts, und was noch steht, ist schon vergriffen."[158] „Stellen Sie sich einmal vor", klagt er einmal, „daß Semmler nicht einmal in unseren Buchläden gewesen ist außer den wenigen Exemplaren, die der Kanzler von Korff zur Subscription gesammelt. Das Exempl. das ich gelesen, brachte ein Reisender aus Berl.[in] mit."[159] Es geht um den Hallenser Theologen Johann Salomo Semler, der gerade mit Lessing den „Fragmentenstreit" um die *Zwecke Jesu und seiner Jünger* austrug. Die Kontroverse wurde überall in Deutschland mit Spannung verfolgt. In den Königsberger Buchläden waren die Texte anscheinend nicht vorrätig.

Der Kommissionsbuchhandel etabliert sich

Was Hamann bei seinem Lamento nicht erwähnt, ist die Möglichkeit, den Titel zu bestellen. Der Vorgang dauerte freilich ein paar Wochen, aber seit Eckarts Zeiten war er einfacher und preiswerter geworden. Zu verdanken ist dies dem Kommissionsbuchhandel, der sich inzwischen fest etabliert hatte.

Wenn Hartung ein fehlendes Buch besorgen wollte, war der Ablauf folgender: Er notierte seine Wünsche – beispielsweise Siegmund Jakob Baumgartens *Unterricht von Auslegung der heil. Schrift* (1759) – auf einer Liste und sandte sie an seinen Kommissionär Caspar Fritsch in Leipzig.[160] Fritsch gehörte der Buchhändlerdynastie an, mit der schon Eckart in Verbindung gestanden hatte.

Fritsch zerschnitt die Liste in einzelne Schnipsel und ließ sie ein paar Tage liegen, um noch weitere Bestellungen anderer Buchhandlungen

Der Kommissionär vermittelt Buchbestellungen für Hartungs Sortiment.

für denselben Verleger (in diesem Fall: für Gebauer in Halle) abzuwarten. Dann leitete er das Kuvert mit den gesammelten Zetteln an Gebauer weiter. Das verlangte Buch wurde jedoch nicht direkt nach Königsberg gesandt, sondern wiederum „d[urch] Hrn Fritsch", also über den Kommissionär in Leipzig. Da bei Fritsch auch verschiedene Bestellungen Hartungs bei anderen Kollegen einliefen, sammelte er sie und ließ die eingetroffenen ungebundenen Bücher, in einem „Ballen" zusammengestellt, nach Königsberg abgehen. Durch die Bündelung wurden die Porto- und Transportkosten erheblich reduziert. Ein wesentlicher Teil des Sortimentsgeschäfts spielte sich jetzt schon zwischen den Messeterminen ab, organisiert von Zwischenbuchhändlern wie Fritsch. Schließlich kam es dazu, dass sie das Leipziger Lager ihrer Kommittenten, der auswärtigen Verleger, immer selbständiger verwalteten.[161]

Auf der Messe treffen sich die Buchhändler jetzt hauptsächlich zur Abrechnung.

Durch die Kommissionäre veränderte auch die Messe ihren Charakter. Man traf sich jetzt eher zur Abrechnung untereinander und kaum noch zum physischen Tausch von Büchern. Am Rande der Messe entfaltete sich auch das gesellige Leben. Etwa fünftausend Fremde strömten während der Ostermesse, die eine allgemeine Messe und keine reine Buchmesse war, in die sächsische Metropole.[162] Die großen Leipziger Buchhändler luden ihre Zunftgenossen, die oft auch ihre Kommittenten waren, gern zu Tische. „Gestern habe ich den Abend mit Lübecks und Hartung bei Frege verbracht und mit diesen Freunden eine Partie l'hombre [Kartenspiel, M.K.] gespielt", heißt es in einem Briefwechsel des Jahres 1788.[163] Christian Gottlob Frege war kein Buchhändler, sondern Bankier, was für Hartung noch wichtiger war.

Nettohandel gewinnt an Bedeutung

Ursache für den Wandel der Handelsform waren die immanenten Widersprüche des Tauschhandels: die schweren Transporte immer größerer Mengen an Neuerscheinungen zu zwei Terminen pro Jahr nach Leipzig und eventuell sogar noch nach Frankfurt/M. Hinzu kam die Unmöglichkeit, die Druckerzeugnisse nach ihrer inneren Qualität, nach ihren unterschiedlich hohen Produktionskosten oder ihren Absatzchancen zu bewerten, wenn das bloße Papier die Verrechnungseinheit bildete. Auch die Bedürfnisse des Lesepublikums differenzierten sich: Während der Norden sehr stark an belletristischer Literatur interessiert war, wurden im Süden immer noch lateinische Titel geistlichen Inhalts verkauft. Kurzum: Die Zeit des Tauschhandels, an dem im Buchhandel wie in keiner anderen Branche lange festgehalten wurde, war abgelaufen.

Achillesferse Sortiment

Das Signal für eine neue Handelsform hatte der Leipziger Verleger Philipp Erasmus Reich auf der Ostermesse 1760 in Leipzig gegeben. Er setzte ein neues Zahlungsverfahren in Kraft: Von nun an sollten die Verlagswerke seiner Weidmannschen Buchhandlung, einer der größten in Deutschland, nach dem Reichskurs bar bezahlt werden, und das bei einem äußerst niedrigen Rabatt für die kaufenden Buchhändler. Die Empörung über die Mitteilung war besonders unter den süddeutschen Buchhändlern groß. Dennoch gewann der Nettohandel – bei einem Regelrabatt von einem Drittel des Ladenpreises – zunächst in Norddeutschland allmählich die Oberhand. Wenn aber nicht mehr getauscht werden musste, konnten sich auch ein Verleger ohne Sortiment und ein Sortimenter ohne Verlag etablieren. Georg Joachim Göschen in Leipzig war einer der ersten und bedeutendsten reinen Verleger (1785), Friedrich Perthes in Hamburg der erste reine Sortimenter großen Stils (1796) mit fertig gebundenen Büchern in den Regalen, den neuesten Journalen zur Ansicht, Sitzmöglichkeiten für die Kunden, Schaufensterauslagen und vermutlich sogar einem Ofen.

Die Einführung des Nettohandels trifft auf Widerstand.

Für die Reichsbuchhändler, d. h. die süddeutschen Buchhändler sowie die aus der deutschsprachigen Schweiz und aus dem Habsburger Reich, brachte die Leipziger Messe eine noch weitere Anfahrt mit sich als nach Frankfurt. Sie verzichteten immer öfter auf die Reise, zumal sie mit der Barzahlungspolitik der Platzhirsche nicht einverstanden waren. „Nettohandel" im Norden und „Reichsbuchhandel" im Süden standen sich also gegenüber. Auf die nunmehr eingetretene Spaltung reagierten die Reichsbuchhändler entweder anarchistisch: mit unrechtmäßigen Nachdrucken, oder besonnen: mit der Fortsetzung des Tauschsystems, solange es ging, aber jetzt nicht mehr über die Messe, sondern beschränkt auf ausgewählte Partnerbuchhandlungen in direktem Verkehr.

Unaufhörliches Wachstum der Buchproduktion

Die Buchproduktion wuchs unaufhörlich. Zwischen 1771 und 1800 verdoppelte sich die Zahl der in den Messkatalogen angezeigten neuen Bücher auf 4.000. Unter dem Zwang, diese Mengen auch abzusetzen, setzte sich in Deutschland eine mittlere Variante der beiden Handelsformen durch, der Konditionshandel: Im Prinzip wurde bar abgerechnet, aber die unverkaufte Ware konnte großzügig „remittiert" werden. Das Risiko lastete dabei nicht so stark auf dem Sortimenter wie beim reinen Nettohandel.[164]

Hat Hartung die Zeichen der Zeit richtig erkannt?

Das Buchgeschäft kapitalisierte sich also in der zweiten Hälfte des 18. Jahrhunderts, und es ist die Frage, ob Gottlieb Leberecht Hartung die Zeichen der Zeit richtig erkannt hat. Sein wichtigstes Standbein war die Druckerei mit den beiden Periodika, der Königsberger Zeitung und dem Anzeigenblatt. Auch als Verleger hat er eine starke Stellung gehabt: Zwischen 1774 und 1797 sind unter seiner Ägide 283 Werke gediegener Qualität erschienen. Niemand hatte bis dato in Königsberg mehr Bücher und Zeitschriften publiziert.[165] In dieser Rolle war Hartung auch Kanter überlegen, weil er nicht so sprunghaft, sondern nüchtern bis zur Ungefälligkeit gegenüber seinen Autoren agierte.

Hartungs Achillesferse war sein Sortimentsgeschäft. Kanter und später Nicolovius wurden vom Publikum geliebt, weil sie auf seine Wünsche eingegangen sind. War Hartung vielleicht noch zu sehr auf die alte Buchhändlerwelt fixiert, als schon längst eine kluge Auswahl und die Rücksicht auf Kundenwünsche verlangt war? Hat er am Prinzip der „Vorrathskammer nützlicher Bücher", das noch Eckarts Erfolgsgeheimnis war, allzu lange festgehalten, ohne genügend aus dem Lager abzuverkaufen? Hat er bemerkt, dass die Kunden immer mehr an Novitäten, auch an Journalen interessiert waren und ältere Werke zunehmend in darauf spezialisierten Antiquariaten gesucht haben?

Zwar wurde der Gesamtwert seines Vermögens bei seinem Tod 1797 auf 54.000 Reichstaler taxiert. Dieser Summe aber standen Schulden in fast gleicher Höhe gegenüber, einschließlich der 26.000 Taler, die seiner Witwe gehörten. Auch der Bankier Frege, mit dem Hartung während der Leipziger Messe wohl nicht zufällig gerne Karten gespielt hatte, präsentierte seine Forderungen, genauer gesagt: Er erwirkte beim Rat der Stadt ein Verbot, dass der Kommissionär Fritsch den Erben irgendetwas aus der Hartungschen Masse zugutekommen lassen dürfe. Ihm war Hartung 2.021 Taler schuldig geblieben.[166]

Die wiederholten Insolvenzen schwächen die Stellung des Königsberger Buchhandels.

Ein Konkursverfahren wurde eingeleitet – nach Kanter und Dengel die dritte Insolvenz eines Königsberger Buchhändlers innerhalb weniger Jahre. Daran könnte zum Teil auch die neue Handelsform schuld gewesen sein, denn der Sortimenter brauchte im Nettohandel sehr viel mehr Kapital als früher. Auch seine Gewinnspanne war geringer als im Tauschhandel. Erst der Konditionshandel mit seinem Remissionsrecht, von dem Goebbels und Unzer profitieren sollten, führte zu einer Entspannung, die aber durch die Napoleonischen Kriege wiederum durchkreuzt wurde.

Der Standort Königsberg verliert an Bedeutung

Im 18. Jahrhundert war Königsberg der Brückenkopf des Buch- und Verlagshandels im Ostseeraum mit Verbindungen nach Lübeck, Danzig, Riga, Reval, Kopenhagen, Stockholm, Warschau und St. Petersburg.[167] Zu verdanken war dies in erster Linie den unternehmerisch agierenden Verlagsbuchhändlern Christoph Gottfried Eckart, der Familie Hartung, Johann Jakob Kanter und Friedrich Nicolovius. Ihre buchhändlerischen Netzwerke reichten trotz der langen Wege auch in die Zentren des Reichs und führten dazu, dass die Buchproduktion Königsberger Autoren in Deutschland zugänglich und bekannt war, gelegentlich sogar Autoren von weit her ihre Werke in Königsberg erscheinen ließen.

Doch für die künftige Entwicklung des Buchhandels erwies sich die Lage Königsbergs als Problem. Die Ausstrahlung der Stadt in den Osten verlor an Kraft, ohne dass sie sich im Süden und Westen hätte kompensieren lassen. Der Einwohnerzahl nach war Berlin um 1800 schon mehr als dreimal so groß wie Königsberg. Das wirtschaftlich-technische, politische und intellektuelle Zentrum des Königreiches hatte sich an die Spree verlagert. Königsberg war in der zweiten Hälfte des 18. Jahrhunderts, wie der Kulturhistoriker Joseph Kohnen feststellt,[168] selbst für deutsche Verhältnisse keine mondäne Weltstadt und weder mit Hamburg noch Leipzig, Dresden, München, Frankfurt a. M. oder Warschau und Wien zu vergleichen. Die alte Residenzstadt am Pregel wurde nach dem Ende des „Königsberger Jahrhunderts" das, was die Berliner herablassend „Provinz" nannten.

17
98
———
18
31

//

ALLE MITTAG SEHR GUTE SUPPE

Nach dem Tod Gottlieb Leberecht Hartungs behält seine Frau die Druckerei, verkauft aber Sortiment und Verlag an die Buchhändler Johann Philipp Goebbels und August Wilhelm Unzer. Die beiden neuen Inhaber realisieren ein vielfältiges Verlagsprogramm. Sie schrecken nicht einmal vor Schauerromanen zurück und veröffentlichen ein „Preußisches Kochbuch für Frauenzimmer". Aber auch die beiden letzten Bücher, die Kant zu seinen Lebzeiten erscheinen lässt, kommen bei Goebbels und Unzer heraus. Vor allem Unzer erweist sich als geschickter Verlagsbuchhändler, der seine Kundenbeziehungen bis weit ins Baltikum, in die protestantischen Teile Polens und nach Russland ausdehnt. Außerdem ist er Gründungsmitglied des Börsenvereins der deutschen Buchhändler.

1798 — 1831

ZWISCHEN KOCHBUCH UND KANT

„Als das Konkursverfahren über das Unternehmen Gottlieb Leberecht Hartungs eröffnet wurde, entschloss sich Sophia Christina Hartung, die Immobilie zu behalten und nur die Druckerei mit der Zeitung weiter zu betreiben, aber alles andere zu verkaufen. So kam es, dass sie, die Schwiegertochter der vielgeprüften Hanna Hartung, bloß mit Hilfe eines Faktors volle zwanzig Jahre lang Zeitung und Druckerei leitete, bis ihr Sohn George Friedrich 1817 alt genug für die Geschäftsführung war. Was den Verlag und das Sortiment anging, beauftragte sie den Buchhandelsgehilfen Johann Philipp Goebbels (vermutlich 1759–1816), einen akademisch gebildeten Buchhändler aus Mainz, der schon seit 1785 für Hartung tätig war, einstweilen mit deren Leitung. Rückwirkend zum 1. April 1798 verkaufte sie das Geschäft an Goebbels und August Wilhelm Unzer aus Chemnitz (1770–1847) für 12.000 Reichstaler. Die Zahlungskonditionen waren günstig: Nur 2.000 Taler waren sofort zu zahlen. An Miete für den Laden und die daran anstoßenden Büchermagazine mussten die neuen Besitzer jährlich 200 Taler aufbringen.[169]

Die beiden neuen Inhaber beginnen mit viel Schwung.

Goebbels' und Unzers Geschäft vereinigte die beiden wichtigsten Königsberger Traditionsstränge in sich, den Kanter'schen und den Eckart/Hartung'schen. Von Kanter übernahmen sie das Geschäftslokal mit dem Adler über der Tür, von Hartung den „Büchervorrath" und die Kunden. Da die Druckerei von nun an nicht mehr zum Geschäft gehörte, hatten sie keine privilegierte Stellung als Hof- und Universitätsdrucker mehr und konnten umso freier agieren. Unzer hatte den Buchhandel in Leipzig erlernt, bei Vieweg in Braunschweig und auch schon einmal bei Hartung gearbeitet. Vermutlich ist er auf Goebbels' Bitten nach Königsberg zurückgekehrt.

Die beiden Geschäftspartner begannen mit viel Schwung und verlegten gleich im ersten vollen Geschäftsjahr zehn neue Bücher. Die erste Publikation war eine Zeichenlehre, in der viel vom Begriff des Schönen, von Nachahmung und Vorbildern, von Anatomie, Osteologie und mathematischer Zeichnung die Rede war. Das Buch *Ueber theoretische und praktische Zeichenkunst,*[170] das ohne Verfasserangabe erschien, sollte auch Dilettanten mit den theoretischen Grundlagen der Zeichenkunst vertraut machen und dazu anleiten, sich praktisch zu üben.

Außerdem erschienen zwei Kinder- und Jugendbücher. Das eine war ein Vorlesebuch: *Das goldene Büchelchen für Kinder von drei bis sechs*

Jahren von Johann Georg Müchler,[171] dem mit Moses Mendelssohn befreundeten Schriftsteller, Pädagogen und Geistlichen aus Berlin. Es enthielt anspruchsvolle Geschichten, die geeignet waren, die Fantasie der Kleinsten zu beschäftigen und zu bilden. Die meisten begannen mit der märchenhaften Eröffnungsfloskel „Es war einmal". Nachdem Christian Felix Weiße schon 1775 in Leipzig die erste Kinderzeitschrift *Der Kinderfreund* herausgegeben hatte und Bertuchs *Bilderbuch für Kinder* seit 1790 Auflagenerfolge feierte, passte das Werk gut in eine Zeit, die die Kindheit als eigenständige Lebensphase entdeckt hatte. Das andere Buch von Goebbels und Unzer hieß *Traits d'histoire, tirés de divers auteurs pour servir d'explication aux estampes de l'histoire universelle pour les enfants,* war von dem Historiker Johann Matthias Schroekh verfasst und stellte eine Art Lehrbuch zur Geschichte dar, nebenbei auch zum Französischlernen.[172]

Goebbels und Unzer brachten des Weiteren eine deutsche Ausgabe von Briefen, die Jean-Jacques Rousseau an seine Freunde gerichtet hat, sowie zwei praktische Bücher heraus: Der *Populäre Unterricht für den Bürger und Landmann über das Gemeinnützigste und Wissenswürdigste aus der Oekonomie und Fabrikenwissenschaft* von Johann Wilhelm Hermanni,[173] eines im westfälischen Soest ansässigen Theologen, und das Buch des später einflussreichen Staatswissenschaftlers Johann Gottfried Hoffmann: *Die Berechnung und Benutzung des Bauholzes zum Gebrauche der Forstmänner, Holzhändler und Bauherrn.*[174] Überhaupt kam den angewandten Wissenschaften (Land- und Forstwirtschaft, Militär- und Ingenieurwesen) in den folgenden Jahren ein hoher Stellenwert im Verlagsprogramm zu. Es ging um Kartoffelanbau, Konstruktion von Mühlen, Nutzhölzer und Kriegstaktik.

Drei Neuerscheinungen sind in der Traditionslinie von Eckart und Hartung zu sehen: Für Wilhelm Gottlieb Martin Jensens Liederbuch *Funfzehn Deutsche Lieder*[175] gab es eine Reihe von Vorläufern, etwa die *Kleinen Lieder für kleine Mädchen*[176] oder die *Kleinen Lieder für kleine Jungen.*[177] Zwei weitere Titel waren Produkte der klassischen Universitätsdisziplinen, wie sie auch von den Vorgängern publiziert wurden: Johann Daniel Metzgers *Neue vermischte medicinische Schriften*[178] sowie Ernst Horns *Über die Wirkungen des Lichts auf den lebenden menschlichen Körper, mit Ausnahme des Sehens.*[179]

Völlig aus dem Rahmen aber fällt ein Schauerroman von Johann Andreas Karl Hildebrandt im Geschmack der Zeit: *Augusta du Port oder Geschichte einer Unglücklichen.*[180] Mit diesem Band eröffnete der Halberstädter Schriftsteller eine Serie von mehr als einhundert ähnlichen Geschichten (allerdings sind nur drei weitere bei Goebbels und Unzer erschienen).[181] Das Buch muss sehr erfolgreich gewesen sein, denn fortan

Mit Schauerromanen wird ein großer Leserkreis anvisiert.

firmierte Hildebrandt auf den Titelblättern seiner Bücher als „Verfasser der Augusta du Port". Schon das Titelkupfer lässt erahnen, was in dieser Geschichte alles auf die Leser zukommt: Der auf dem Sofa von Müdigkeit übermannte Vater, ein Bein auf einem Schemelchen ausgestreckt, verschläft den Auftritt des feschen Liebhabers seiner Tochter.

Das Lehrbuch der Zeichenkunst, die beiden Kinder- und Jugendbücher und der Schauerroman signalisieren einen neuen, musisch-literarischen Schwerpunkt der Verlagsbuchhandlung, der in den kommenden Jahren ausgebaut werden sollte. Sie künden von einer neuen Zeit, die auf die Vorlieben breiter Leserkreise Rücksicht nimmt.

Wenn Goebbels und Unzer sich auch um eine Schrift von Immanuel Kant für ihren Verlag bemühten, darf das als Bekenntnis zu den besten Königsberger Traditionen verstanden werden. Im Jahr 1802 erschien *Immanuel Kants physische Geographie in zwei Bänden.*[182] Obwohl die Herausgabe mit Zustimmung des Philosophen erfolgte, der sich, nunmehr 78 Jahre alt, nicht mehr selber um den Druck seiner älteren Manuskripte kümmern wollte, hat die Kant-Philologie an dieser Edition von Friedrich Theodor Rink einiges auszusetzen. Zwei Jahre später veröffentlichte derselbe Herausgeber bei Goebbels und Unzer die bis dato unbekannte, nicht vollendete Abhandlung Kants zu der Frage *Welches sind die wirklichen Fortschritte, die die Metaphysik seit Leibnitzens und Wolf's Zeiten in Deutschland gemacht hat?*[183] Das Erscheinen dieses Werks fiel beinahe mit dem Hinscheiden des Philosophen zusammen. Kant starb am 12. Februar 1804. Am 28. Februar wurde er beerdigt. Darauf reagierten Goebbels und Unzer sofort und brachten *Die Todtenfeyer Kants* von Ernst Böckel heraus, eine minutiöse Schilderung der Begräbniszeremonien.

Auch zwei Titel von Kant erscheinen noch zu seinen Lebzeiten bei Goebbels und Unzer.

> *An dem zum Begräbnisse bestimmten Tage waren schon um zwölf Uhr, mithin beynahe drey Stunden vor dem Anfange des Zuges, die Straßen mit einer zahllosen Menschenmenge angefüllt; doch bewiesen alle durch ihr ruhiges und der Trauerfeyerlichkeit angemessenes Verhalten die Achtung, welche sie auch der entseelten Hülle des im Leben durch Lehre und Beyspiel ausgezeichneten Mannes schuldig waren. [...] Ein Militair-Detachement eröffnete den Zug und erleichterte das Fortrücken durch die Straßen, welche von theilnehmenden oder neugierigen Zuschauern wimmelte. Der Wache folgte der erste General-Marschall ... Dann folgte der Sarg, mit schwarzem Manchester beschlagen und mit schwarzen Franzen und Quasten geziert. Das Hauptwappen war eine einfache Todtenurne, mit vergoldetem Deckel und Fuße.*

Der eigentliche Körper derselben war oval erhaben, in der Farbe des Serpentinsteins lakirt und bis zum Spiegelglanze geschliffen. Auf diesem dunkeln Grunde stand, in edel geschwungenen goldenen Buchstaben, was der Sarg enthielt: Cineres mortales immortalis Kantii. (Anm. Böckel: Das heißt: Sterbliche Überreste des unsterblichen Kant.)[184]

Die große Anteilnahme der Bevölkerung am Tode Kants bezeugt, dass dieses Ereignis als Ende einer Epoche empfunden wurde.

Als ob sie sich vorgenommen hätten, den Fehler ihrer Vorgänger nicht zu wiederholen, Werke eines großen Philosophen zu unterschätzen, widmeten Goebbels und Unzer, später Unzer allein, den Nachfolgern auf Kants Lehrstuhl alle Aufmerksamkeit. Zunächst gerieten sie an den überaus fleißigen Wilhelm Traugott Krug (1770–1842), der dicke Kompendien publizierte und noch während seiner späteren Leipziger Lehrtätigkeit Manuskripte zur Publikation nach Königsberg sandte.

Auf Krug folgte Johann Friedrich Herbart (1776–1841), der einen ausgezeichneten Ruf als Pädagoge, Psychologe und Philosoph hatte und von 1809 an 24 Jahre lang in Königsberg lehrte. Sein *Lehrbuch zur Einleitung in die Philosophie* (1813),[185] das *Lehrbuch zur Psychologie* (1816),[186] die *Psychologie als Wissenschaft* (1824/25)[187] und seine *Metaphysik* (1829)[188] erschienen bei Unzer und sind noch heute in anderen Ausgaben greifbar. Neben seinem Amt als Universitätsprofessor erprobte sich Herbart auch als praktischer Pädagoge, indem er zehn Knaben in sein Haus aufnahm, die er durch seine Frau und andere Mitarbeiter betreuen ließ und auch selber unterrichtete. Außerdem gehörte er, von Wilhelm von Humboldt geschätzt, der wissenschaftlichen Deputation, die die Preußische Sektion für Kultus und Unterricht zu beraten hatte, und dem ostpreußischen Provinzialschulkollegium an.

Als später der 28jährige Karl Rosenkranz (1805–1878) Herbarts Nachfolger wurde, stand Unzer bzw. Gräfe und Unzer für die Veröffentlichung auch seiner Schriften bereit. Von seinen 65 Büchern sind aber nur sechs kleinere in den beiden Verlagen erschienen. Rosenkranz betrachtete Hegel als Vollender und Überwinder Kants, aber er scheute sich nicht, die erste Gesamtausgabe von Kants Werken anzuregen und mit Wilhelm Schubert zusammen herauszugeben – allerdings bei Voss in Leipzig. Für ein so schwergewichtiges Unternehmen hielt er den Königsberger Verlag doch wohl nicht für die richtige Adresse.

Neben dem Verlagsprogramm wurde die Sortimentsbuchhandlung mit gleichermaßen viel Schwung begonnen und schon bald mit mehr

Mit dem Tode Kants am 12. Februar 1804 endet eine Epoche.

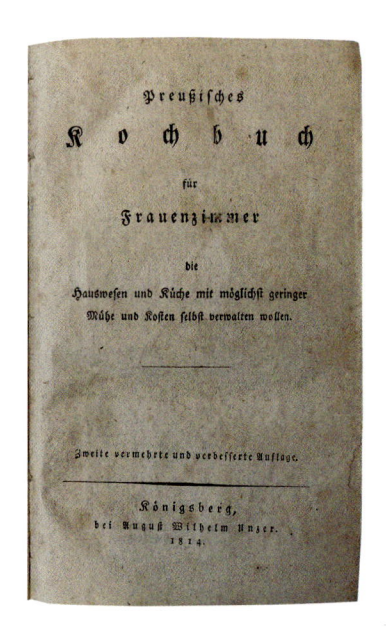

Das Kochbuch verkaufte sich besser als die Philosophie. 1814 erschien eine 2. Auflage.

Herzblut betrieben als der Verlag. In der Anfangszeit erschien alle halbe Jahre ein Verkaufskatalog, von dem sich einer erhalten hat.[189] Er verzeichnet auf 84 Seiten etwa 1000 Titel: die „brauchbarsten alten Bücher in allen Wissenschaften und Sprachen" sowie die Neuerscheinungen der zweiten Hälfte des Jahres 1799. Die Fachgebiete erstrecken sich von „1. Ästhetik" über „10. Mathematik" bis – auf den vorletzten Platz vor den „vermischten Schriften" abgerutscht – „19. Theologie". Das ist nicht mehr die traditionelle akademische Aufteilung und Rangordnung der Fachgebiete. Als Kuriosität sei vermerkt, dass Goebbels und Unzer auch eine Reihe von Zeichen-, Stick- und Strickbüchern anzeigten, Vorformen der heutigen Ratgeberliteratur.

Die größte Gruppe bildete die belletristische Literatur, von der Romane allein fünf Seiten einnahmen. Da fanden sich alle Trivialromane der Zeit, die sich das breite Lesepublikum, aber auch die Akademiker für ihre Nebenstunden nur wünschen konnten. Die von den Zeitgenossen beklagte Lesesucht war nun auch in der Buchhandlung von Goebbels und Unzer greifbar, die sich ja auch schon als Verleger in das populäre Genre vorgewagt hatten. Die Titel der Bücher sprechen für sich:

- *Albertine von Galicien oder das Gespenst in der Todtengruft*
- *Carolo Carolini der Räuberhauptmann, ein Gegenstück zu Rin. Rinaldini* von C. T. Jünger
- *Clärchens Geständnisse – Seitenstück zu Röschens Geheimnissen von demselben Verfasser*
- *Hulda, das schöne Wasserfräulein.* Vom Verf. des Rinaldo Rinaldini

In der Rubrik „Romane" wurde fast nie der Verfasser des Buches angegeben, nur manchmal indirekt mit einem bekannten Vorläufer-Werk angedeutet (z. B. „Verf. des Rinaldo Rinaldini" – das ist Christian August Vulpius). Zur Ehre von Goebbels und Unzer sei aber hinzugefügt, dass auch der *Don Quijote*, Ludwig Tiecks *Romantische Erzählungen* oder Schillers *Don Carlos* vorrätig waren. Nie zuvor hatte die Belletristik auf dem deutschen Buchmarkt einen höheren Anteil an der Gesamtproduktion als in den Jahren um 1800, nämlich ein Drittel.[190] Goebbels und Unzer konnten sich neben der Verlagsbuchhandlung von Nicolovius mehr als behaupten. Die beiden Partner wurden zwischen 1799 und 1805 mit rund 620 Talern Hauptlieferanten der Universitätsbibliothek. Nicolovius dagegen lieferte nur Bücher für etwa 225 Taler,[191] obwohl er den Titel „Universitätsbuchhändler" führte. Goebbels schied im November 1808 mit einer Abfindung von 5.000 Talern aus dem Geschäft aus. Vielleicht wollte er die Kredite loswerden, die er für den Kauf aufgenommen hatte, oder die Zeitumstände ließen ihn an der Zukunft des Geschäfts zweifeln. Da Unzer seinen Kompagnon in Raten auszahlen durfte, verpflichtete er sich, das Warenlager mit 16.000 Talern gegen Feuer zu versichern.[192] Die Summe lag um 4.000 Taler höher als der Kaufpreis zehn Jahre zuvor.

Tatsächlich fiel der Zeitpunkt des Ausscheidens von Goebbels in eine Phase des Niedergangs des deutschen Buchhandels. Von 1805 bis 1807 sank die Buchproduktion in Deutschland infolge der Napoleonischen Kriege um mehr als ein Viertel von knapp 4.200 auf nur noch etwa 3.000 Neuerscheinungen (Tiefstand 1813: 2.300 Neuerscheinungen). Firmenpleiten waren an der Tagesordnung. Erst nach dem Wiener Kongress sollte es wieder bergauf gehen.

Preußen hatte nach dem Separatfrieden von Basel 1795 lange Zeit gehofft, als neutrale Macht nicht mehr in die Kämpfe mit Frankreich hineingezogen zu werden. Aber nach immer neuen Demütigungen erklärte König Friedrich III. von Preußen Frankreich am 9. Oktober 1806 doch den Krieg und kassierte zusammen mit den Verbündeten gleich die verheerende Niederlage bei Jena und Auerstedt. Daraufhin zog Napoleon am 27. Oktober 1806 triumphal in Berlin ein, während das Königspaar die Stadt fluchtartig verließ und in Preußens alte Haupt- und Residenzstadt Königsberg einzog. Als auch dort die Lage nicht mehr sicher war, ging die Flucht weiter nach Memel. Napoleon setzte nach. Es kam zu zwei äußerst blutigen Schlachten in der Nähe von Königsberg: zuerst bei Preußisch-Eylau, dann bei Friedland, die mit einer Niederlage der verbündeten russisch-preußischen Truppen endeten und Russland aus dem Bündnis mit Preußen ausscheiden ließen. Am 9. Juli 1807 mussten die Verlierer den deklassierenden Frieden von Tilsit akzeptieren. Einen Tag später traf Napoleon in Königsberg ein. Die Stadt wurde besetzt und musste, unbeschadet sonstiger Entschädigungsforderungen an Preußen, die ungeheure Summe von 20 Mio. Francs an die Sieger zahlen, was etwa 5 Mio. Talern entsprach. Erst im Jahr 1901 waren die letzten Kriegsanleihen getilgt – so groß war die Belastung für die Einwohnerschaft.[193]

Es gelang Unzer, der sein Geschäft zwischen 1808 und 1831 alleine führte, den Kopf nicht nur über Wasser zu halten, sondern seinen Buchhandel weit in die ostpreußische Provinz und ins Baltikum, sogar bis nach Minsk und Moskau auszudehnen. Der Versandhandel auf Rechnung spielte vermutlich die Hauptrolle im Geschäft mit Büchern und

> Den Königsberger Buchhandel trifft Preußens Unglück in besonderem Maße, da mit dem Frieden von Tilsit die in der Ersten Teilung Polens 1772 eroberten Gebiete dem neuen Herzogtum Warschau einverleibt wurden. Folglich fällt der Absatzmarkt im preußischen Polen weg.

– zunehmend – mit Musikalien. Er nahm diesen Geschäftszweig sogar mit in den Namen auf und firmierte als „Sortiments-Buch- und Musikalienhandlung." Mit Recht spricht Forstreuter der Unzerschen Firma mehr als bloß lokale Bedeutung zu: Sie sei als ostpreußische Provinzialbuchhandlung anzusehen.[194]

Wie hart die Zeiten waren, lehrt ein heute verlorenes Rechnungsbuch, das die Lieferungen und Schuldner im Einzelnen nachweist und noch von Forstreuter und Dikreiter ausgewertet werden konnte. So hatte Unzer Kunden in Kurland oder in St. Petersburg, Tilsit oder Polen, die ihn um mehr als 1.000 Taler prellten. Andere ließen ihre Rechnungen in Kriegszeiten unfreiwillig offen, wie Unzer in Randbemerkungen notiert: „im Kriege gefallen", „blieb im Kriege", „kam nach Sibirien", „spurlos verschwunden", „im Kriege verschollen". Trotz der Verluste finden sich in dem Buch auch skurril-komische Marginalien wie „Herr Greis (Schauspieler) hielt Zahlung für Sünde", „wurde unsichtbar und kam nicht wieder", „starb als großer Betrugskünstler", „betrug vornehm und entwich".[195] Die Eintragungen kennzeichnen August Wilhelm Unzer als gelassenen, gutmütigen und humorvollen Menschen. Obwohl er selber Darlehen bedurfte, um über die Runden zu kommen, räumte er seinen Kunden Kredite in beträchtlicher Höhe ein. Dies geschah weniger aus Menschenfreundlichkeit als aus der Überlegung heraus, dass er in der weiten, wenig kapitalkräftigen Provinz, in der er agierte, sonst wohl überhaupt keine Bücher hätte verkaufen können. Im Übrigen kamen die Kredite oft so zustande, dass er in großem Umfang Bücher „pro novitate" zur Ansicht an seine weit entfernten Kunden versandte, aber weder Ware noch Geld zurückerhielt.

SIEBENUNDZWANZIG ZENTNER REMISSIONSWARE

> Im Jahr 1817 bekam die Buchhändlerfamilie Unzer Besuch von Ferdinand Schwetschke (1798–1843), dem Sohn eines Buchhändlerkollegen aus Halle/Saale. Der junge Mann sollte als Einjährig-Freiwilliger den Militärdienst in Königsberg absolvieren und auf Wunsch seines Vaters in Unzers Geschäft aushelfen. Dafür durfte er bei Unzers wohnen. Seine Lehrzeit als Buchhändler hatte er schon hinter sich. Unzer hatte gerade wieder eine seiner häufigen Krankheiten überstanden und freute sich über die Hilfe des jungen Mannes. Es war die arbeits-

Siebenundzwanzig Zentner Remissionsware

reiche Zeit um Ostern, in der die Leipziger Jubilate-Messe vorbereitet werden musste. Der Buchhandel fasste nach dem Ende der kriegerischen Auseinandersetzungen wieder Tritt. Drei Wochen nach seiner Ankunft schrieb Ferdinand zum zweiten Mal nach Hause an seinen Vater Carl August Schwetschke. Aus diesem Brief, der nur einer von mehreren ist, sei ausführlich zitiert, weil er eine schöne Innenansicht des Unzerschen Geschäfts- und Familienlebens bietet:

Königsberg, den 13. April 1817

Dein Brief, mein theuerster Vater! vom 24ten März, den ich den 3ten dieses [Monats] richtig erhielt, machte mir unbeschreibliche Freude. ... Mit Herrn Unzer beßerte es sich bei meiner Ankunft so schnell, daß nunmehr die bestimmte Aussicht da ist, daß er wird zur Meße reisen können. Er denkt aber erst Ende der Jub.[ilate-] Woche in Leipzig einzutreffen. Heute über 14 Tage ist Jub. [3. Sonntag nach Ostern] da bist du wahrscheinlich schon da und der Meßtrubel nimmt seinen Anfang. Als ich ankam, fand ich alle sehr zurück in Hinsicht der Meßarbeiten. An Remittiren war noch nicht gedacht, ebenso wenig hatte Herr U. an's Aufrechnen der Conti kommen können. Ich kam also in den größten Plack hinein. Die erste Woche verging unter den Vorarbeiten, Aufräumen usw. Palmsonntag wurden die Krebse [Remittenden] ausgelegt und nun wurde gearbeitet von Morgens früh bis Abends spät und den 2ten Osterfeyertag standen 27 Zentner fix und fertig da und wurden dem Fuhrmann übergeben. Glücklicherweise gelang es mir den Wunsch des Hrn. Unzers zu erfüllen und vom Exerciren auf 14 Tage dispensirt zu werden, ich konnte also noch thätig mithelfen. Nunmehr sind wir so ziemlich klar u. ich assistire Hrn. U. beym Aufrechnen. Unterdem habe ich das Lager und den Handverkauf unter mir, welcher letztere hier sehr stark ist, habe die Verschreibungen aufzusuchen und was dergl. mehr ist. Borntraeger und Winkler arbeiten im Comptoir, und H. Eberhard und ich als dessen Substitut

Leipzig entwickelte sich durch Anbahnung eigener Handelsverbindungen nach allen Richtungen zu einem der bedeutendsten Handelsplätze Europas. Zu Beginn des 19. Jh. fand das Messetreiben noch auf dem Leipziger Markt statt.

Schwetschke bewundert Räumlichkeiten und Umfang des Unzerschen Geschäfts.

sind im Laden. Unser Local ist prächtig, und sogar der WHB [Waisenhaus-Buchhandlung] bey uns weit vorzuziehen; daß die Geschäfte dem Local angemessen sind versteht sich, sie sind von mehr Belang als irgend die einer andern deutschen Buchhandlung (Hahns vielleicht ausgenommen) seyn können. Das einzige Ungewohnte hier im Handel ist das Geld, indeß auch damit findet es sich leicht. Häuslich habe ich mich nun schon recht gut eingerichtet. Ich wohne, wie schon gemeldet mit Borntraeger zusammen. Meine Wäsche usw. ist gut placirt in einer Commode. Meine Kleider hängen auch gut. Die Militaria, Säbel Tasche, Czako, Mütze, Gewehr usw. sind sehr mahlerisch an den Wänden herum aufgehangen. Meine Equipirung habe ich nunmehr vollständig, blos das Tornister fehlt noch. Von meinem Fenster aus sehe ich den Pregel der mit Schiffen bedeckt ist, es gehen sogar die größten Dreymaster bis mitten in die Stadt. Uebrigens hat die Freundlichkeit mit der mich hier alle behandeln ehr zu als abgenommen, vorzüglich kann ich Mdme Unzers Güte nicht genug rühmen, sie ist in jeder Hinsicht eine vortreffliche Frau, und ich glaube sie nicht mehr loben zu können, als wenn ich sage, daß sie Dir liebe Mutter in jeder Hinsicht gleich ist; vor allem hat sie es gern wenn die Tischgenoßen es sich schmecken laßen, und da habe ich mich denn Gott sey Dank schon zu Hause mit Ruhm bedeckt. Wir eßen hier sehr gut. Alle Mittag sehr gute Suppe, in der Regel Fleisch dazu, und Gemüse und Fleisch hinterdrein; des Abends gewöhnlich Suppe, Fleischspeise aber immer, diese gute Kost schlägt denn auch gut an und ich bin schon ä bißel fett geworden. Die viele Arbeit bis jetzt hat mich natürlich verhindert die Stadt usw. kennen zu lernen.[196]

Abgesehen von dem Einblick ins persönliche Erleben bis hin zur Speisenfolge am Mittagstisch erlaubt der Brief auch Rückschlüsse auf den Geschäftsbetrieb Unzers. Wenn eine Fracht von 27 Zentnern für die Remission vorbereitet werden musste – der Konditionshandel sah ja die Rückgabe unverkaufter Ware vor –, entspricht das ungefähr 3.500 Büchern, ein Indiz für den sehr beträchtlichen Warenumschlag.

Dass das Packen an einem Sonn- oder Feiertag bewerkstelligt wurde, hatte seinen Sinn: Einen großen Remittenden-Ballen vorzubereiten, aufzubauen, zu verschnüren und einzunähen, war eine schwierige Arbeit, für die man keine Kunden als Zuschauer brauchen konnte. Das ganze Personal, Prinzipal, Gehilfen, Lehrlinge und Hausknechte, war daran be-

Siebenundzwanzig Zentner Remissionsware

teiligt.¹⁹⁷ Es dauerte noch lange, bis für das Verpacken Kisten und Kartons zur Verfügung standen.

Nicht nur die Ladeneinrichtung aus der Zeit Kanters mit den Büsten und Ölgemälden machten auf Ferdinand Schwetschke großen Eindruck, sondern auch der Umfang der geschäftlichen Aktivitäten. Seine Behauptung, dass die Geschäfte „von mehr Belang als die irgendeiner anderen deutschen Buchhandlung" seien, darf man vielleicht nicht auf die Goldwaage legen. Aber er kannte die größten Leipziger Buchhandlungen und die Hahnsche Buchhandlung Hannover/Leipzig aus eigener Anschauung, und dass die Waisenhaus-Buchhandlung in Halle ein leistungsstarkes und imposantes Geschäft betrieb, bestätigen auch andere Zeitgenossen. Unter den drei Gehilfen Unzers begegnen wir u. a. Ludwig Borntraeger (1788–1843), der sich ein Jahr später zusammen mit seinem Bruder Friedrich selbständig machte und die Buchhandlung von Nicolovius erwarb. Die Zusammenarbeit zwischen Unzer und Borntraeger gestaltete sich später denn auch weitaus freundlicher als zwischen Gottlieb Leberecht Hartung und Friedrich Nicolovius. Die Bücheranzeigen beider Firmen erschienen entweder gemeinsam oder sie ergänzten sich, aber zeigten nie dieselben Titel an.¹⁹⁸ Auch zu den Hartungs bestand ein freundnachbarliches Verhältnis.

Die Buchhandlungsgehilfen und Lehrlinge, die oft keine Königsberger waren, wohnten und aßen, wie damals üblich, im Hause des Prinzipals. Es lag in der Münchenhofstraße 10, dem Ladengeschäft gegenüber. Zu Weihnachten, so wird erzählt, erhielten sie von Caroline Unzer, der Gattin des Prinzipals, einen „leichten Schafspelz" geschenkt, weil das Geschäftslokal nicht beheizbar war.¹⁹⁹ Sie wurden von ihr wie Familienmitglieder behandelt und mit Suppe und Fleisch bewirtet, was den jungen Hallenser so ins Schwärmen brachte. Einige Jahre später wurde Ferdinand Schwetschke übrigens Teilhaber der Firma C. A. Schwetschke & Sohn und Vorstandsmitglied des neugegründeten Börsenvereins der deutschen Buchhändler.

Wilhelm August Unzer wirkt in den Briefen Schwetschkes wie eine liebenswürdige Figur aus der Welt des Biedermeier. Ein Kollege titulierte ihn einmal als den „freundlichen, dicken, kleinen Unzer".²⁰⁰ Aber man sollte ihn nicht unterschätzen. Ihm ist es gelungen, seine Verlagsbuchhandlung heil durch komplizierte politische Zeitumstände und Liquiditätsengpässe zu manövrieren. Oft war das nur möglich, indem er seine Außenstände durch Bankkredite überbrückte, um auf der Messe überhaupt Einkäufe tätigen zu können.²⁰¹ Auch in der Branche spielte er eine wichtige Rolle und war 1817 im „Wahlausschuss der Teutschen Buch-

> Buchhandlungsgehilfen und Lehrlinge werden wie Familienmitglieder behandelt.

August Wilhelm Unzer in einem Gemälde von Friedrich Hahn.

händler" vertreten.[202] Am 30. April 1825 unterzeichnete er in Leipzig als eines von 99 Gründungsmitgliedern die erste „Börsenordnung", das Gründungsdokument des Börsenvereins der deutschen Buchhändler. Bis heute ist das Unternehmen Mitglied des Branchenverbands.

Sein Verlagsprogramm nach dem Ausscheiden von Goebbels enthielt wenig Sensationelles. Die Initiative zu neuen Veröffentlichungen scheint, wie es damals der Regelfall war, auch in seinem Fall nicht vom Verleger, sondern von den Autoren ausgegangen zu sein. Vergeblich sucht man bei ihm etwa die Bücher der damals in Königsberg lebenden Literaten und Dichter: Ernst Moritz Arndt, Achim von Arnim, E.T.A. Hoffmann, Heinrich von Kleist oder Zacharias Werner. Wenn auffallend viele Bücher Unzers „auf Kosten des Verfassers" erschienen, zeigt das an, dass seine Kapitaldecke dünn, aber seine Unternehmungslust ungebrochen war. Sogar Herbart hat sich nicht davon abschrecken lassen, Bücher bei Unzer in Kommission zu geben und das Risiko selber zu tragen.

Trotzdem hat er als Verleger seine Verdienste, etwa bei der Herausgabe der Schriften auf dem Gebiet der Theologie oder der Rechtswissenschaft. Neben zahlreichen Erbauungsschriften erschien bei Unzer auch der bedeutende vielbändige *Biblische Commentar über sämmtliche Schriften des Neuen Testaments*.[203] Ein bemerkenswerter Autor war der Privatdozent der hebräischen Archäologie Joseph Levin Saalschütz, der in Unzer einen engagierten Verleger fand. Saalschütz war der erste Jude, der 1824 von der Albertina zum Dr. phil. promoviert wurde, aber nie den verdienten Lehrstuhl erhalten hat. 1844 kam – nunmehr bei Gräfe und Unzer – seine Schrift *Zur Versöhnung der Confessionen, oder Judenthum und Christenthum, in ihrem Streit und Einklang* heraus.[204] Sie gehört in den Kontext des Kampfes um die rechtliche Gleichstellung der Juden, die in Königsberg schon weiter vorangekommen war als im übrigen Preußen, wo die Städteordnung von 1810 entsprechende Regelungen vorsah. In Königsberg wurden Juden geradezu gedrängt, das Bürgerrecht zu beantragen, wenn sie die Voraussetzungen erfüllten.[205] Unzers Autor Julius Abegg zum Beispiel beeinflusste mit seinen Abhandlungen viele Strafgesetzbücher deutscher Einzelstaaten.[206] Im Dezember 1831 gab August Wilhelm Unzer bekannt, dass er seine „Sortiments-Buch- und Musikalienhandlung" zum 1. Januar 1832 an seinen Sohn Johann Otto und seinen Schwiegersohn Heinrich Eduard Gräfe verkauft habe. Aber „um mich nicht ausser aller Thätigkeit gesetzt und jeder angenehmen

Siebenundzwanzig Zentner Remissionsware

literarischen Verbindung entbunden zu sehen, behalte ich mein Verlagsgeschäft einstweilen noch bei und werde solches unter meinem Namen noch so lange betreiben, als Gesundheit und Kräfte es mir erlauben."[207] Unzers Kräfte reichten noch für die ganzen 1830er-Jahre, in denen sein Verlag auf den vorgezeichneten Bahnen sehr aktiv war. Danach hat er sich weitgehend zurückgezogen; er starb am 1. Januar 1847 im Alter von 76 Jahren. Unter seinem Sohn bzw. dessen Nachfolger bestand der Verlag August Wilhelm Unzer noch bis 1878 neben der Buchhandlung.

Im 18. Jahrhundert wäre die Trennung von Verlag und Buchhandlung kaum durchführbar gewesen, denn im Verlag stellte der Buchhändler die Tauschobjekte her, die er für sein Sortiment brauchte. Im 19. Jahrhundert aber gab es diesen organischen Zusammenhang nicht mehr. Geschäftlich ließen sich die beiden Bereiche problemlos auseinanderhalten. Oft ergaben sich Synergieeffekte, aber mehr auch nicht. Je mehr Firmen sich entweder auf den einen oder anderen Geschäftszweig spezialisierten, umso deutlicher traten auch ihre spezifischen Interessen hervor. Das zeigte sich auch in der Gründung eigener Verbände, z. B. des „Berliner Verlegervereins" (1838) oder des „Vereins der deutschen Sortimentsbuchhändler" (1863). Nur der „Börsenverein der deutschen Buchhändler" (1825) versucht bis heute, die Gesamtinteressen des Buchhandels zu vertreten. Johann Otto Unzer und Heinrich Eduard Gräfe glaubten jedenfalls, nicht ohne eine eigene Bücherproduktion auszukommen. Denn eher noch als mit dem Sortiment konnte man damals mit dem Verlegen von Büchern und Zeitschriften Geld verdienen. Es war die Zeit zahlreicher Innovationen im druckgrafischen Gewerbe (Schnellpresse, dampfgetriebene Papiermaschine, Entwicklung des Holzschliffverfahrens, Lithografie, Holz- und Stahlstich usw.), die die Herstellung von Drucksachen verbilligten. „Der Verlagshandel ist jetzt der einzige Weg, auf dem man im Buchhandel noch zu etwas gelangen kann; freilich auch ein sehr schlüpfriger, auf dem schon mancher zu Falle gekommen", schrieb Gustav Hempel 1841 an einen Kollegen.[208] Der Buchhandelshistoriker Johann Goldfriedrich konnte diesen Umstand anhand einer Kalkulation *en detail* belegen.[209] Wohl aus diesem Grunde etablierten Gräfe und Unzer bei Geschäftsübernahme auch einen neuen Verlag – parallel zu dem von August Wilhelm Unzer.

Im 19. Jahrhundert kommt es immer öfter zur Trennung von Verlag und Sortiment.

$$\frac{\begin{array}{c}18\\32\end{array}}{\begin{array}{c}19\\01\end{array}}$$

DAS SORTIMENT GEWINNT DIE OBERHAND

August Wilhelm Unzer überträgt sein Geschäft 1832 seinem Sohn Johann Otto und seinem Schwiegersohn Heinrich Eduard Gräfe. Damit wird der Name Gräfe und Unzer aus der Taufe gehoben. Doch der Vater behält den Verlagszweig in seiner Hand. Von da an wiederholt sich die Trennung der beiden Sparten bei Gräfe und Unzer mehrfach. Die beiden Junioren möchten ebenfalls Bücher herausgeben und stehen nun in freundschaftlicher Konkurrenz mit dem Unzerschen Verlag. Das Sortiment erweist sich im Laufe der Zeit als das wichtigere Geschäftsfeld, aber an die Umsätze und die geistige Ausstrahlung zu Zeiten Eckarts und Hartungs kann die Verlagsbuchhandlung nicht mehr anknüpfen. Als sie nach dem Tod von Gräfe 1867 immer schneller die Besitzer wechselt, hängt ihre Existenz am seidenen Faden.

DER NAMENSTAG DER FIRMA GRÄFE UND UNZER

„Die beiden Junioren Heinrich Eduard Gräfe (1799–1867) und Johann Otto Unzer (ca. 1801–1871) ließen der Ankündigung ihres Vaters bzw. Schwiegervaters ein eigenes Geschäftsrundschreiben an die „geehrten Herren Collegen" folgen. Sie hofften darauf, dass „das ihm in einer langen Reihe von Jahren geschenkte Vertrauen" auf sie übergehen werde. Auch die Regierung erteilte die entsprechende Konzession am 26. März 1832 anstandslos, nachdem der Polizeipräsident bescheinigt hatte, ihr Betragen sei stets tadellos gewesen und ihre Vermögensverhältnisse seien „günstig".[210] Der Verkauf erfolgte ohne Aktiva und Passiva.

Wenn der 20. Juli 1722 sozusagen der Geburtstag der heutigen Firma Gräfe und Unzer ist, dann ist der 1. Januar 1832 ihr Namenstag. Er war einhundert Jahre später Anlass für eine Feierstunde im Schauspielhaus zu Königsberg.[211]

Anders als sein Kompagnon Johann Otto Unzer, der schon 1847 wieder aus dem Geschäft ausscheiden und sich danach ausschließlich um den Verlag August Wilhelm Unzer kümmern sollte, war der Hamburger Heinrich Eduard Gräfe kein unbeschriebenes Blatt im Buchhandel. Mit vierzehn Jahren trat er als Lehrling in die Campe'sche Schulbuchhandlung Braunschweig ein und befreundete sich dort mit Eduard Vieweg und Heinrich Brockhaus. Im Jahr 1819 kam er als Gehilfe zu Unzer und lernte dort dessen Tochter Minna kennen, mit der er sich verlobte. Aber die künftige Familie bedurfte einer soliden Existenzgrundlage. Daher ging er zunächst wieder nach Leipzig, wo er sich 1825 selbständig machte, indem er die Kommissionsbuchhandlung Gräfe gründete. Angesehene Buchhändler wie August Campe in Hamburg, Vieweg und die Schulbuchhandlung in Braunschweig sowie Unzer in Königsberg übertrugen ihm ihre Kommissionsgeschäfte. Als Unzer ihn aber schon 1827 dringend bat, mit Aussicht auf seine Nachfolge nach Königsberg zurückzukehren, verkaufte er sein Geschäft schon nach zwei Jahren an die Brüder Friedrich und Heinrich Brockhaus. Gräfe ist somit Stammvater der heutigen Verlagsauslieferung Brockhaus/Commission in Kornwestheim.

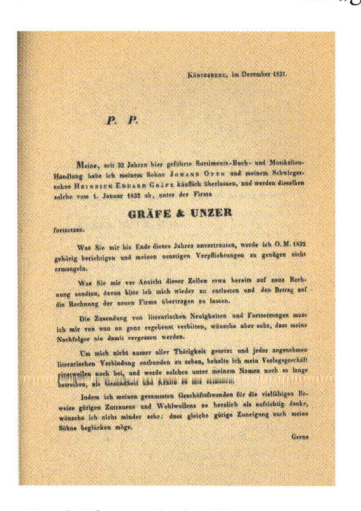

Geschäftsrundschreiben vom Dezember 1831.

Portrait Heinrich Eduard Gräfe, ca. 1860.

Schon August Wilhelm Unzer hatte, wie erwähnt, mit den Musikalien einen neuen Schwerpunkt des Sortiments etabliert. Der wurde nun zielstrebig ausgebaut. Gab es in Königsberg, der Geburtsstadt des Komponisten und Hofkapellmeisters Johann Friedrich Reichardt (1752–1814), schon von 1767 an öffentliche Aufführungen von Opern und Konzerten, so fand die Stadt in den 1830er Jahren Anschluss an die großstädtisch-bürgerliche Musikkultur. 1835 und 1837 wurden hier ostpreußische Musikfeste gefeiert, Franz Liszt erhielt die Ehrendoktorwürde der Albertina, Richard Wagner wirkte kurze Zeit als Kapellmeister der Königsberger Oper.

Vor diesem Hintergrund war es eine plausible Entscheidung der neuen Inhaber, schon gleich nach der Geschäftsübernahme mit der Herausgabe eines jährlichen Sonderkatalogs der Musikalien zu beginnen. Vielleicht geht dies auf die Initiative von Otto Unzer zurück, der aktives Mitglied der Musikalischen Akademie war.[212] Das Verzeichnis von 1837 hat sich erhalten.[213] Die 44 Seiten mit mehr als 600 Einträgen bieten ein getreues und in seiner sehr differenzierten Gliederung tiefenscharfes Abbild der deutschen Gesamtproduktion an Musikalien und der Leistungsfähigkeit des Gräfe- und Unzer'schen Sortiments. Die beiden Inhaber verlegten auch selber Musikliteratur, etwa *Ueber des Fürsten Anton Radziwill Kompositionen zu Göthe's Faust*[214] oder *Cäsar Lengerkes Liederbuch.*[215]

Die auffallende Liebe der Königsberger zur Musik erklärt Karl Rosenkranz in seinen in Danzig erschienenen *Königsberger Skizzen* 1842 mit dem schönen Gedanken, dass „ihr Ton gesellig stimmt", und er charakterisiert die offene Atmosphäre Königsbergs so:

> *Die eigentlich gebildete Gesellschaft trifft sich fast überall in den größeren Cirkeln als die nämliche wieder. Die Kreise, welche ihr Centrum in einer sehr entschiedenen äußeren Stellung haben, öffnen sich mehr gegen einander, schwanken in einander hinüber. Dadurch ergibt sich eine allgemeine Freundlichkeit der Stände gegen einander, die höchst wohlthuend und für Königsberg eine ehrenvolle Auszeichnung ist.*[216]

Das heißt aber nicht, dass die politische Stimmung in der Stadt in den unruhigen Vormärzjahren besonders duldsam und friedlich gewesen wäre. Im Gegenteil. Der Königsberger Arzt Johann Jacoby richtete 1841 seine berühmten *Vier Fragen beantwortet von einem Ostpreußen* an

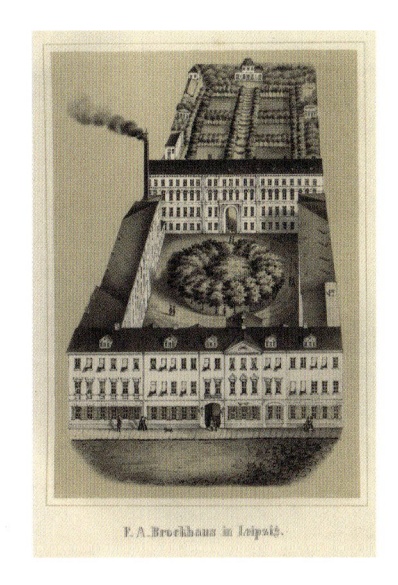

F. A. Brockhaus, Leipzig 1856.

König Friedrich Wilhelm IV. und wurde dafür in erster Gerichtsinstanz zu zweieinhalb Jahren Festungshaft verurteilt (aber in zweiter Instanz freigesprochen). Die Königsberger Universität verlieh zwei Professoren der gemaßregelten „Göttinger Sieben" die Ehrendoktorwürde und bekam die Missbilligung der Regierung zu spüren. Der liberale Polizeipräsident Bruno Abegg, ein Vetter des bekannten Strafrechtlers, wurde 1845 aus seinem Amt entlassen. Der Rechtsprofessor Eduard Simson, später Präsident der Frankfurter Nationalversammlung und erster Präsident des Reichsgerichts in Leipzig, musste wegen seiner Kritik an der Maßnahme einen besonderen Verweis entgegennehmen. Am 8. August 1845 versammelten sich 5.000 Bürger auf Initiative der verbotenen „Bürgergesellschaft" und ließen die Rebellen Johann Jacoby, Karl Ludwig Heinrich, Ludwig Walesrode und Martin Otto Ballo hochleben. Zwischen der *Königsberger Hartungschen Zeitung* mit dem Redakteur Friedrich August Witt und der *Rheinischen Zeitung* mit dem Redakteur Moses Hess und dem Autor Karl Marx fand ein Austausch von Artikeln statt. In ganz Deutschland galten die beiden Zeitungen als Blätter der Opposition.[217]

Unruhiger Vormärz in Königsberg.

Die Zeitverhältnisse spiegeln sich auch im Verlagsprogramm von Gräfe und Unzer wider, wenn auch in bescheidenem Umfang. So wird etwa auf die Affäre des entlassenen Hochschullehrers Julius Rupp, des Gründers einer der ersten freien evangelischen Gemeinden, Bezug genommen.[218] Revolutionsideen kommen in der Broschüre *Gedanken über die socialen Zustände und Verhältnisse der Landbewohner und vornehmlich die der Arbeiter*[219] zum Ausdruck, ebenso wie in der anonymen Schrift *Bauerngespräche über König und Regierung, Volk und Revolution*.[220] Darin lassen die drei Protagonisten die Unruhen am 18. März 1848 in Berlin Revue passieren, kritisieren das Verhalten des Königs, tadeln das Vorgehen des Militärs und fordern Pressefreiheit.

Eines der ersten großen Verlagsprojekte von Gräfe und Unzer war die *Fauna Prussica* von Christian Gottlieb Lorek, eines Königsberger Schulmanns, mit 129 ganzseitigen Farbtafeln der Säugetiere, Vögel, Amphibien und Fische „Preussens",[221] dem eine *Flora Prussica* an die Seite gestellt wurde.[222] Überhaupt bildeten Veröffentlichungen von Gymnasiallehrern und Schulbehörden einen Schwerpunkt des Verlags. Dabei kamen durchaus auch innovative pädagogische Konzepte zur Sprache, etwa in den Veröffentlichungen des Königsberger Schuldirektors Friedrich August Gotthold *Ueber den Schulunterricht in Gesprächsform*[223] oder im *Ideal des Gymnasiums*,[224] ein Buch, das durchgängig in Kleinschreibung gesetzt war. Von ähnlich großer Bedeutung war bei Gräfe und Unzer die Landwirtschaft – nicht verwunderlich, denn kein deutscher

Landesteil war so stark agrarisch geprägt wie Ostpreußen. Der Verein zur Beförderung der Landwirtschaft ließ hier bis 1848 elf Jahrgänge seiner *Verhandlungen*[225] erscheinen. Der Reformverein war von dem Mediziner und Landwirt William Motherby gegründet worden, der in seinen jungen Jahren wie auch sein Vater regelmäßiger Tischgenosse Kants gewesen war. Er war es auch, der die Anregung zu dem alljährlich in Königsberg zelebrierten „Bohnenmahl" gegeben hat, das jeweils am 22. April, dem Geburtstag des Philosophen, gefeiert wurde.

H. E. GRÄFE ALLEIN IN DER STADT DER REINEN VERNUNFT

Im Jahr 1847 zog sich Johann Otto Unzer zurück, weil er sich ausschließlich der Fortführung des väterlichen Verlags von August Wilhelm Unzer widmen wollte. Somit war Heinrich Eduard Gräfe Alleininhaber der Firma. Sein zweitgeborener Sohn Lucas, der zwischen 1849 und 1854 die Lehrzeit bei seinem Vater absolvierte, berichtete nicht ohne ironischen Zungenschlag, dass sich sein Vater während der Revolution in Königsberg der Bürgerwehr angeschlossen habe:

> *Alte Herren fingen an zu turnen; ich sehe noch meinen 50-jährigen Vater und seine Bekannten in weißer Turnkleidung nach dem Turnsaal ziehen, um sich dort zu betätigen und dann mit einer weißen Binde um den Arm nachts irgendwo Wache zu stehen. … Die Stadt der reinen Vernunft hat sehr rasch die unruhigen Tage überwunden.*

Gräfe stand also auf Seiten der Achtundvierziger. Betrat man aber die Buchhandlung mit dem Adler über der Tür, war man in einer Welt, in der die Zeit stehen geblieben war. Lucas Gräfe (1835–1921) verdanken wir eine malerische Beschreibung von Kanters altem Geschäftslokal:

> *Da sehe ich nun den alten Laden, von außen kaum als Buchladen erkennbar, denn es war keinerlei Auslage vorhanden. … Wir … stehen in einem großen hohen Raum mit seinen etwa vierzig Schritt langen Seitenflügeln das große Kontor einschließend, das die Kasse, Buchhaltung und die auswärtigen Expeditionen enthält. Dieses Kontor besaß einen schönen Kachelofen, heute,*

wenn er noch vorhanden wäre, vielleicht der Gegenstand eines Kunstgewerbe-Museums. Der Raum war also auch im Winter schön erwärmt, aber der Laden wurde nicht geheizt; ein kleiner eiserner Ofen wurde erst in den letzten Jahren meines Dortseins angeschafft. Es war oft im Winter recht kalt und ungemütlich, dabei zu schreiben. Wir standen alle in dicken Flauschröcken an unsern Pulten, eine Mütze auf dem Kopfe und mit warmen Pulswärmern an den Händen. Ab und zu konnte man ja auch ins Kontor treten, um sich etwas zu erwärmen, da bei strenger Kälte dort meistens etwas Warmbier zur Verfügung stand. ... Die Einrichtung des Geschäftslokals war so einfach wie möglich, z. B. war kein Stuhl vorhanden, um jemand zum Sitzen einzuladen. Abends versuchten ein Messingleuchter mit Talglicht und Lichtputzschere auf jedem Pult und im Vorderraum eine Öllampe, die an einem Stricke an die Decke hinaufgezogen wurde, ... etwas Helligkeit zu verbreiten. Unser Hauptlager bestand aus alten rohen Büchern, noch aus dem früheren Tauschverkehr herrührend, endlose und hohe Wände füllend in den das Kontor flankierenden langen Flügeln des Lokals.[226]

Die Ausstattung mit Büsten und Bildern wird gar nicht mehr hervorgehoben. Nur der schöne Ofen im Kontor, dem für Kunden nicht zugänglichen Teil des Geschäfts, findet Erwähnung. Bestimmend ist für den Lehrling der Eindruck des großen, alten Bücherlagers, gespeist aus Eckarts und Hartungs Zeiten. Lucas Gräfe erinnert sich, noch ein vollständiges Exemplar von Goethes *Kunst und Altertum* und die meisten Einzeldrucke von Lessings Schriften vorgefunden zu haben. Es gereicht der Buchhandlung zur Ehre, dass sie ihre alte wissenschaftliche Überlieferung, zumal in rohen Bogen, pflegte, aber es wird ihren ökonomischen Erfolg nicht unbedingt befördert haben.

Ein nennenswertes Lager mit gebundenen Schriften gab es noch nicht. Gräfe beschäftigte vor Ort drei Buchbinder. Das Barsortiment L. Zander in Leipzig begann erst 1852 mit dem Versand fertig gebundener Bücher an Buchhändler, und es dauerte noch bis in die 1860er-Jahre, als Fr. Volckmar das Geschäft Zanders übernahm, dass sich diese Lieferform durchsetzte. Dazu trugen die verbesserten Verkehrsverhältnisse entscheidend bei. 1853 wurde zum Beispiel die Eisenbahnverbindung zwischen Königsberg und Berlin in Betrieb genommen.

Der Sohn Lucas, der später Inhaber einer angesehenen Buchhandlung in Hamburg wurde, gibt auch Auskunft über den Kundenkreis

Gräfes. Er erinnert sich in erster Linie an Professoren, Studenten sowie Lehrer und Kinder, die Schulbücher kauften. Schöne Literatur, Unterhaltungsschriften, Jugendschriften wurden nicht nachgefragt und waren nur spärlich vorhanden. Die Buchhandlung war nach seinem Zeugnis also nicht mehr wie bei Kanter und Nicolovius Treffpunkt der eleganten Welt oder der politisch interessierten Bürger, sondern zog im Wesentlichen ein gelehrtes Publikum an, aus dem ein paar besondere Köpfe hervorstachen. Lucas Gräfe erinnert sich:

> *Ich nenne nur den Philosophen Rosenkranz, den Theologen Bernh. Weiß, den Botaniker [Ernst] Meyer, den Zoologen [Ernst Gustav] Zaddach, [Paul] Merkel, den Herausgeber der Lex Salica, den Physiologen [Hermann] Helmholtz, den Juristen [Friedrich Daniel] Sanio, Ferdinand Gregorovius und die Direktoren der Gymnasien. … Eins dieser Originale kam niemals ins Geschäft, aber ich mußte oft zu ihm in die Wohnung gehen, denn es war ein guter, aber sehr anspruchsvoller Kunde. Ich fand ihn dann stets an seinem Pulte stehend im vollen Negligé, in einer weißen Schlafjacke, in Unterhosen und weißen Filzschuhen. Er war mir sehr gewogen, und deshalb mußte ich immer zu ihm gehen. Auf der Straße beim Ausgehen hatte er stets einen Schluck Wasser im Munde, um keine rauhe Luft einzuatmen. Das wußten auch alle seine Bekannten und deshalb ließ man ihn auf der Straße in Ruhe; er war Direktor eines Gymnasiums, ein sehr gelehrtes Haus; von seiner Frau lebte er getrennt, wechselte aber mit ihr die zärtlichsten Briefe.*[227]

Diesem Bericht zufolge gehörten die interessantesten Gelehrten und Schriftsteller Königsbergs zu Gräfe und Unzers Kunden. Wie damals üblich, wurden ihnen gerne auch Bücher nach Hause geliefert. Aber anders als im 18. Jahrhundert waren sie nicht zugleich Autoren des eigenen Verlags. Von Weiß, Meyer, Helmholtz und Sanio ist jeweils nur eine Gelegenheitsschrift bei Gräfe und Unzer erschienen, von Zaddach, Merkel oder Gregorovius gar nichts. Die *Idyllen vom Baltischen Ufer* (1856) von Gregorovius kamen erst in den Jahren ab 1939 in mehreren Auflagen bei Gräfe und Unzer und später bei Elwert-Gräfe und Unzer heraus.

Diese wenig rühmliche Feststellung besagt, dass der Verlagszweig Gräfes auf ein niedriges Niveau abgesunken war. Das bestätigen die finanziellen Kennzahlen: Der Verlag stand Ende der 1850er-Jahre für 700 Taler Umsatz p. a., das Sortiment jedoch für 20.000 bis 24.000.[228]

Das Ungleichgewicht mag zum Teil mit dem von Gräfes ehemaligem Kompagnon fortgeführten Verlag August Wilhelm Unzers zu tun haben, der mit seinen wissenschaftlichen Büchern durchaus noch überregionale Bedeutung hatte.

Die Buchhandlung Gräfe und Unzer hatte von August Wilhelm Unzer den weitläufigen Kundenkreis in der Provinz Ostpreußen und darüber hinaus übernommen. Alle zwei bis drei Jahre machte Heinrich Eduard Gräfe per Postkutsche eine Rundreise in die meist kleinen Städte, um die Kundschaft zu besuchen: Schulen, Pastoren, Gutsbesitzer, Buchbinder. Dabei wurden alte Beziehungen aufgefrischt, aber auch Geld eingetrieben. Denn aus einem heute verlorenen Rechnungsbuch ist bekannt, dass Gräfe etwa im Jahr 1854 Außenstände in Höhe von 12.000 Taler hatte und, wie Unzer vierzig Jahre zuvor, dadurch selber in finanzielle Nöte geriet. Er musste jedes Jahr 5.000 bis 7.000 Taler Kredit aufnehmen, konnte ihn aber in der Regel im Laufe des Jahres wieder abbezahlen.

Die 1850er und 1860er-Jahre waren für Gräfe schwieriger als die ersten beiden Jahrzehnte seines Wirkens. Der Gesamtumsatz lag in den besten Jahren (1846) mit 41.000 Talern fast doppelt so hoch wie 1859. Wohl deshalb ließ sich Gräfe, um die Kunden in der Provinz besser bedienen zu können, auf ein Experiment ein: Er erwarb 1853 das Sortimentsgeschäft von Zermelo in Tilsit, gab es aber schon nach vier Jahren wegen eigener Kränklichkeit wieder auf.[229] Als die Hartungsche Druckerei sich ausdehnen wollte, musste Gräfe 1864 den Kanter'schen Laden räumen und neue Geschäftsräume suchen. Lucas Gräfe hatte das alte Geschäftslokal immer schon als etwas verstaubt und ärmlich empfunden, nachdem er die glanzvolle Buchhandlung von Perthes, Besser & Mauke in Hamburg kennengelernt hatte: In dem stattlichen Hause an der Ecke vom Jungfernstieg und Bleichen sei alles auf größerem Fuße eingerichtet, „alles hell und sauber in Haus und Geschäft", und die polierten Regale wären aus Mahagoni gefertigt.[230] Daher begrüßte er es, dass sich sein Vater in der Junkerstraße 17, einer der neuen Hauptgeschäftsstraßen, modern einrichten musste.

Aber die Konkurrenzsituation unter den mittlerweile zwölf Buchhandlungen und vier Antiquariaten in Königsberg[231] hatte sich in wenigen Jahren verschärft. Einer der Buchhändlerkollegen, Jean Henri Bon, probierte ungewöhnliche Vertriebsmethoden aus: So verkaufte er die

Geschäftshaus Junkerstr. 17.

Hildburghäuser Pracht-Pfennig-Bibel in 28 Lieferungen zu jeweils äußerst günstigen 2 1/2 Silbergroschen pro Lieferung.[232]

Neue Käuferschichten anzusprechen, hatte der kränkliche Gräfe nicht mehr die Kraft oder die rechte Unternehmungslust. Er war ein Mann des traditionellen Buchhandels. Seine großen Erfahrungen im Metier und seine rastlose Tätigkeit reichten nicht aus, um ein Leben ohne Sorgen führen zu können. Er, der später von Gicht geplagt, in seiner Freizeit lieber malte als turnte, gönnte sich während der Sommermonate immerhin einen regelmäßigen Aufenthalt im Seebad Cranz. Dort starb er am 22. August 1867, und sein ältester Sohn Heinrich Wilhelm Gräfe (1828–1887) trat in seine Fußstapfen.

Die Entwicklung der Firma stagniert.

SCHNELLE EIGENTÜMERWECHSEL

„Spätere Festtagsreden und Firmenchroniken von Gräfe und Unzer verraten stets eine gewisse Verlegenheit, was das 19. Jahrhundert und insbesondere die Zeit nach 1832 angeht. Besonders lakonisch fiel die Selbstdarstellung der Firma im Jahr 1934 aus: „Ohne bedeutende Ereignisse ging das Jahrhundert zu Ende, an dessen Ausgang Hugo Pollakowsky Inhaber der Firma war. Ihm war es vorbehalten, die Firma in das neue, das aufwärtsdrängende Jahrhundert hinüberzuführen."[233] Und schon war man in der Gegenwart angelangt.

Auch der heutige Historiker vermag diese Epoche nicht aus dem toten Winkel hervorzuholen. Ihm fehlen sämtliche mit dem Firmenarchiv untergegangenen Quellen, die von der Stellung der Verlagsbuchhandlung in ihrem sozialen Umfeld, ihren Konflikten innerhalb der Buchbranche oder den Mühen des Alltagsgeschäfts hätten Auskunft geben können.

Aus der Perspektive des späteren Hauses der Bücher konnte man dieser Zeit tatsächlich kaum mehr als Desinteresse entgegenbringen. Der Sortimentshandel kam im Verlauf des 19. Jahrhunderts nicht recht vom Fleck, auch der Verlag verlor seine einstige Ausstrahlung. Aus Gräfe und Unzer wurde in der zweiten Jahrhunderthälfte ein kapitalschwaches Geschäft mit zwei Angestellten und einem Lehrling, das sich nicht mehr wie noch zu Unzers Zeiten weit in die Provinz ausdehnte, sondern sein Publikum nur mehr in der Stadt Königsberg suchte – mit dem Sortiment wie mit dem Verlag. Ursachen für die Stagnation der Firma nach der Jahrhundertmitte waren keineswegs allein fehlender Geschäftssinn oder mangelnder Wagemut der handelnden Personen. Der wichtigere Faktor waren die schwieriger gewordenen Zeitumstände. Anders als es der frühindustrielle Aufschwung in Deutschland erwarten lassen könnte, befand sich der Buchhandel zwischen 1848 und 1880 in einer neuen Krise. Es wurden deutlich weniger Bücher produziert als vor der Revolution von 1848. Erst im Jahr 1879 erreichte die Zahl der Novitäten mit gut 14.000 Titeln wieder das Niveau des Jahres 1843, dem Jahr mit der bislang höchsten Produktionsziffer.[234]

Die Rahmenbedingungen für den Buchhandel werden Mitte des 19. Jahrhunderts herausfordernd.

Ein anderer Aspekt der Krise war die verschärfte Konkurrenzsituation. Im selben Zeitraum stieg die Zahl der Sortimentsbuchhandlungen im Deutschen Reich stark an – sie nahm um 280 Prozent auf 3.375 Betriebe im Jahr 1880 zu. Ursache dafür war die Gewerbefreiheit, die es seit 1871 jedermann im Deutschen Reich erlaubte, eine Buchhandlung zu eröffnen. Konzessionen oder Privilegien gehörten der Vergangenheit an. Allein in Ostpreußen kam jetzt auf 26.000 Einwohner eine Buchhandlung, während die Relation im Jahr 1855 noch bei 76.500 Einwohnern gelegen hatte.[235] Überdies vertrieben im benachbarten Ausland zahlreiche Buchhandlungen deutsche Bücher, z. B. in St. Petersburg 31, in Riga 13 und in Warschau 16 Betriebe. Das zeigt an, dass sich der einstmals erfolgreiche Versandhandel nach Russland, Estland oder in die protestantischen Gebiete Polens von Königsberg aus nicht mehr lohnte. Und unübersehbar verlor nach der Reichsgründung die Provinz jede Attraktivität gegenüber der boomenden Weltstadt Berlin, wo nun eine dynamische, ungleich modernere Verlagslandschaft entstand.

Auch der Aufstieg des modernen Antiquariats, des Kolportagevertriebs, der Warenhäuser mit ihren Buchabteilungen und vor allem der kommerziellen Leihbibliotheken machte den Sortimentern zu schaffen. Um überhaupt Umsatz zu machen, boten sie Privatkunden, die die Buchhandlung selten persönlich betraten, aber fleißig mit Ansichtssendungen beliefert wurden, immer höhere Rabatte, die kaum ihre Kosten decken konnten. Die Nicolaische Buchhandlung in Berlin gab mehr als 25 Prozent Rabatt, sodass Buchkäufer aus ganz Deutschland dort bestellten.[236] Jetzt war es nicht mehr der Nachdruck, der, wie hundert Jahre zuvor, den Buchhandel fast zerrissen hätte, sondern die „Schleuderei", die seine Grundlagen zu zerstören drohte.

Gegen die Praxis der Rabattierung formierte sich schon seit den fünfziger Jahren Widerstand, mit dem auch Lucas Gräfe im väterlichen Laden Bekanntschaft machte:

Schnelle Eigentümerwechsel

Es war ungefähr in den Jahren 1853 oder 1854, da kam ein polnischer Jude ins Geschäft und verlangte das damals viel gebrauchte Lehrbuch der Pathologie und Therapie von Canstatt. Das Werk war vollständig vorhanden, mit Ausnahme eines kleinen Teils. Es war ein Gegenstand von ca. 60 Talern, und ich war stolz, ein so glattes Bargeschäft machen zu können, indem ich den verlangten Rabatt von 5 % bewilligte. Der Jude ging dann weiter und fand anderswo den fehlenden Teil, verlangte da aber auch die eigentlich nicht erlaubten 5 %. Dieses mein Verbrechen wurde natürlich von den lieben Kollegen zu einem Angriff auf meinen Vater benutzt, dem Schleuderei vorgeworfen wurde.[236a]

Erst mit der „Krönerschen Reform" von 1887 gelang es dem Börsenverein, den vom Verleger festgesetzten Ladenpreis als verbindlich durchzusetzen. In jedem Fall hatte der klassische Sortimentsbuchhandel in dieser Zeit einen schweren Stand, zumal das Buch bei den Lesern zunehmend im Wettbewerb mit Zeitung und Zeitschrift stand.

Heinrich Wilhelm Gräfe hatte bereits 1857, als sein Vater erstmals ernsthaft krank war, die Prokura übertragen bekommen. Vorher hatte er wie sein Bruder Lucas bei seinem Vater gelernt und als Buchhändlergehilfe in Hamburg, Venedig, Triest und Wien gearbeitet.[237] Erst im Oktober 1869 wurde er offiziell Alleininhaber. Vier Jahre später verlegte er den Standort von Gräfe und Unzer erneut: Von der Junkerstraße in ein Haus am Paradeplatz 7.

Er schloss einen Mietvertrag, keinen Kaufvertrag ab. Dennoch war der Umzug ein Wagnis, denn hier hatte noch gar kein anderes Geschäftslokal aufgemacht. Der Laden konnte nur betreten werden, wenn man einen eingezäunten Garten durchschritten hatte. Andererseits entwickelte sich hier bald ein neues innerstädtisches Zentrum: Das Theater lag in der Nachbarschaft ebenso wie das neue Domizil der Universität. So erwies sich der Ort nicht sofort, aber nach einiger Zeit bis zum Untergang Königsbergs als der geografisch und mental richtige Platz für Gräfe und Unzer – „gegenüber der Universität", wie es im Briefkopf der Geschäftsschreiben nicht ohne Doppelsinn hieß. Doch an der fehlenden Profitabilität, der starken Kreditabhängigkeit des Geschäfts und seinem wenig innovativen Image änderte sich auch unter Heinrich Wilhelm Gräfe nichts. Es fehlte an Geld wie am Sinn für den Kunden: Pulte, Tische, Stühle, Leitern, Schränke usw. waren veraltet, das gesamte Inventar unzureichend. Das eigene Lager war, anders als Eckarts „Büchervorrath", klein und lückenhaft. Bücher wurden hauptsächlich über den

Barsortimenter besorgt und selten direkt beim Verleger zum günstigeren Nettopreis bestellt. Einer Anzahl von Kunden und Verlagspartnern war „infolge alter Differenzen und des Eigensinns des Besitzers das Konto" gesperrt.[238] Das schwache Geschäft unter Heinrich Wilhelm Gräfe markiert den Tiefpunkt in der Entwicklung der Firma.

Die Kraft des Personals

Das eigentliche Kapital des Unternehmens waren offensichtlich seine Handlungsgehilfen. Denn kaum hatte der Eigentümer die Buchhandlung am 1. Januar 1878 an sie verkauft, da entwickelten Richard Dreher (1852–1920) und Botho Stürz (1844–1891) großen Elan und begannen damit, das verstaubte Ladengeschäft von Gräfe und Unzer zu modernisieren. Gräfe behielt allerdings den Verlagszweig in seiner Hand und bereinigte den Wildwuchs der nebeneinander bestehenden Verlage Gräfe und Unzer, H. W. Gräfe und A. W. Unzer, indem er sie unter der Firma H. W. Gräfe zusammenfasste. 1887 ging alles an Lucas Gräfe in Hamburg über und wurde später weiterverkauft. Damit endet diese Traditionslinie des Verlags von Gräfe und Unzer, die mit einzelnen noch lieferbaren Titeln bis ins 18. Jahrhundert zurückreichte. Die bedeutendsten Königsberger Verlage waren damals Wilh. Koch und die Hartungsche Verlagsdruckerei. Die Gebr. Borntraeger waren mit ihrem Verlag bereits nach Berlin umgesiedelt. Berlin hatte nach der Reichsgründung eine immense Anziehungskraft als Sammlungspunkt der kulturellen Szene. Da konnte Königsberg nicht mehr mithalten. Forstreuter hat recht, wenn er feststellt, dass der Verlagsort Königsberg im 19. Jahrhundert seine im 18. Jahrhundert gewonnene Bedeutung zum großen Teil wieder eingebüßt habe.[239]

Richard Dreher und Botho Stürz riefen 1878 sofort nach Geschäftsübernahme, wie nun schon dreimal geschehen, einen neuen Verlag unter dem Namen Gräfe & Unzer'sche Buch- und Landkartenbuchhandlung (Dreher & Stürz) ins Leben. Es erschienen dort außer Büchern in Kommission viele Kleinschriften, die etwas mit Königsberg zu tun hatten, sowie zahlreiche Schulbücher und didaktische Schriften. Auch eine Fotografie des Beckerschen Kant-Portraits war im Angebot. 1893 war die stattliche Anzahl von 86 eigenen Verlagswerken lieferbar.[240]

Zu den Neuerungen, die die neuen Besitzer einführten, gehörten drei Dinge: die Landkarten-Abteilung, ein Antiquariat sowie eine permanente „Lehrmittel-Ausstellung". Letztere wurde später im Haus der Bücher weiter gepflegt und ausgebaut. Dreher und Stürz profitierten jetzt auch von den günstigeren Rahmenbedingungen für den

Schnelle Eigentümerwechsel

Richard Dreher, ca. 1885. *Botho Stürtz, ca. 1885.* *Hugo Pollakowsky, ca. 1910.*

Sortimentsbuchhandel, die der Börsenverein unter Adolf Kröner durchgesetzt hatte. Doch bereits im Jahr 1893 schied Dreher aus der Buchhandlung wieder aus. Das schon aus den Jahren 1798, 1832 und 1878 bekannte Spiel wiederholte sich zum vierten Male: Verlag und Sortiment wurden getrennt. Dreher behielt den Verlag trotz seines Umzugs nach Berlin bis 1911 bei. In seinen Nebenstunden schrieb er die erste, aus archivalischen Quellen geschöpfte Studie über den Königsberger Buchhandel im 18. Jahrhundert, von der auch diese Arbeit profitiert hat.[241]

Hugo Pollakowsky (1867–1928) und Franz Lipp (†1910) wurden 1893 neue Eigentümer der Buchhandlung, wobei Franz Lipp seinen Anteil nach drei Jahren wieder verkaufte. Pollakowsky, der schon Lehrling bei Gräfe und Unzer gewesen war, hatte seine Gehilfenjahre in Karlsruhe und Dresden verbracht und ein besonderes Interesse für Kunstgeschichte, englische Sprache und den Antiquariatshandel.[242] Er knüpfte neue Verbindungen und schloss Verträge mit Kommissionären auch in London (S. Low, Marston & Co., Lim.) und Paris (Pehrsson) ab, die für eine schnelle Lieferung von ausländischen Neuerscheinungen sorgten.[243] Als er 1902 Otto Paetsch (1878–1927) als zweiten Gesellschafter gewinnen konnte, war die Phase der häufigen Besitzerwechsel endlich vorbei. Auch Paetsch hatte bei Gräfe und Unzer gelernt; seine Gehilfenzeit hatte er in Berlin und Heidelberg absolviert. Wenn er bereits im Alter von 23 Jahren zum Mitgesellschafter berufen wurde, spricht das für seine außerordentliche Tüchtigkeit. In der Tat begann jetzt der Aufstieg der Buchhandlung zu einem Unternehmen.

19
02
———
19
27

„

AUF DEM WEG ZUR GRÖSSTEN BUCHHANDLUNG DEUTSCHLANDS

Wie durch ein Wunder münden die Krisenjahre des späteren 19. Jahrhunderts in eine beispiellose Erfolgsgeschichte der Ära Paetsch. Das Sortiment wird mit seiner vorbildlichen inneren Organisation zu einem Vorzeigebetrieb nicht nur der Stadt Königsberg, sondern der ganzen Buchbranche. Die Ladentheke ist abgeschafft, in den Fachabteilungen kann sich jeder Kunde selbst bedienen und wie in einem Wohnzimmer zu Hause fühlen. Rund 200.000 Bücher sind vorrätig. Fast jeder Wunsch nach einer Neuerscheinung kann sofort befriedigt werden. Leihbibliothek, Antiquariat und Lehrmittelabteilung werden ausgebaut. Der Verlagszweig entwickelt sich von den 1920er-Jahren an zum führenden ostpreußischen Heimatverlag.

GEGENÜBER DER UNIVERSITÄT

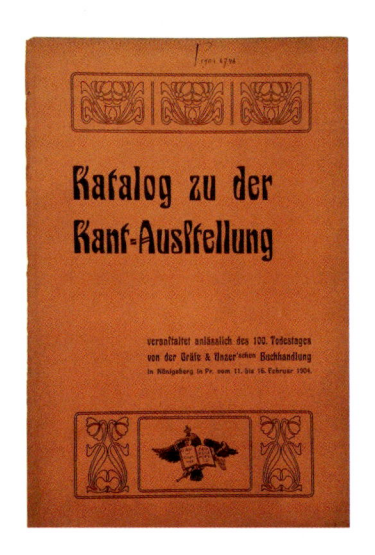

Ausstellungskatalog 1904 – mit gestalterischen Anklängen an den Jugendstil.

„Die breite Öffentlichkeit erfuhr vom neuen Geist der Gräfe und Unzer'schen Buchhandlung erstmals im Jahr 1904, als sie in ihren Räumlichkeiten eine bemerkenswerte Ausstellung samt vierzigseitigem Katalog[244] veranstaltete. Die Ausstellung führte aus Anlass des 100. Todestages von Immanuel Kant die in öffentlichem und privatem Besitz in Königsberg vorhandenen Kant-Bildnisse, Darstellungen seines Freundeskreises, Manuskripte und Ausgaben seiner Werke zusammen. Mehr als die Hälfte der etwa 200 Objekte stammte aus dem Eigenbesitz von Gräfe und Unzer, zu der die damals umfassendste Sammlung von Kant-Portraits gehörte. Prunkstück war das schöne und zugleich älteste Ölportrait von Kant, das Johann Gottlieb Becker 1768 für Johann Jacob Kanters Buchladen gemalt hatte. Dieses Portrait nahmen die neuen Eigentümer Hugo Pollakowsky und Otto Paetsch zum Anlass, um ihr Unternehmen tief in der kulturgeschichtlichen Entwicklung Ostpreußens zu verankern und in Verbindung mit den angesehensten Köpfen des „Königsberger Jahrhunderts" zu bringen: Kant, dem Philosophen, und Kanter, dem Buchhändler. In leichter Geschichtsklitterung, was die Zugehörigkeit Kanters zur eigenen Firma betrifft, schrieben sie im Vorwort:

Einer alten Tradition unserer, der ehemals Kanterschen, jetzt Gräfe und Unzerschen, Buchhandlung folgend, haben die Unterzeichneten es für eine Ehrenschuld der Dankbarkeit gegen den grössten Bürger unserer Vaterstadt gehalten, die auf sie überkommene, in ihrer Art einzig dastehende und wohl auch vollständigste „Sammlung von Kant-Portraits" als einen kostbaren Schatz zu hegen und zu pflegen.

Die verdienstvolle Ausstellung, die viele Besucher anzog, war ein gelungener Marketing-Coup der Buchhandlung, schließlich fiel auf sie etwas vom Glanz der großen Namen, denen die Sympathie des Königsberger Publikums galt.

Gräfe und Unzer beschickte auch andere Ausstellungen mit ausgesuchten Büchern, etwa die Schul- und Hygienische Ausstellung (1904),

Gegenüber der Universität

die Ausstellung „Lebens- und Genussmittel nebst Kochkunst" (1907), „Reit-, Fahr- und Motorsport verbunden mit Luftschifffahrt" (1909), „Jugendpflegearbeit" (1913). Auch die eigene, vierzig Meter lange Schaufenster- und Schaukastenfront wurde immer wieder thematisch gestaltet, etwa zu „Kunst und Theater" oder „Frauenbewegung".[245]

Das Geschäft muss sich zu Anfang des neuen Jahrhunderts rasant entwickelt haben. Bereits 1915, mitten im Krieg, konnten die Inhaber die Chance nutzen, das Eckhaus Theaterstraße/Paradeplatz 6 in unmittelbarer Nachbarschaft käuflich zu erwerben. Zum ersten Mal seit Hartungs Zeiten verfügte die Firma somit wieder über ein eigenes Ladenlokal. Wichtig war, dass sie sich an diesem Standort weiterentwickeln konnte.

Geschäftshaus Paradeplatz 6, ca. 1915.

Otto Paetsch war nach seiner Kriegsteilnahme an der Ostfront – das deutsche Heer hatte im Februar 1915 die Winterschlacht gegen die Russen in Masuren gewonnen – gerade an seinen Arbeitsplatz zurückgekehrt. Sogleich formulierte er die Wünsche der Bauherren und beauftragte den bekannten Architekten Friedrich Lahrs, Professor an der Kunstakademie in Königsberg, der später auch das Kant-Grab am Königsberger Dom neugestaltete, mit der Planung. Die Bauleitung einschließlich der Logistik des Umzugs nahm Paetsch in eigene Hände. Im Oktober 1915 begann der Ausbau der Verkaufsräume, die am 29. Mai 1916 eröffnet werden konnten.

Verkaufsraum im Erdgeschoss. Linke Hälfte mit Personen-Aufzug.

Lesetisch im 1. Stock.

Bücherauslagen im 1. Stock.

Treppenhaus im 1. Stock mit Plastik „Sämann" von Georg Meyer-Steglitz.

Durchblick zur Leihbücherei.

Alle Abbildungen sind aus der Festschrift 1722–1922, 200. Jubiläum.

Es waren nicht die Telefonzelle für die Besucher, die separaten Garderobenräume oder der wöchentlich aktualisierte Aushang der meistverkauften Bücher, die das Publikum am meisten verblüfften. Das Sensationelle war die Abschaffung der Ladentheke, hinter der der

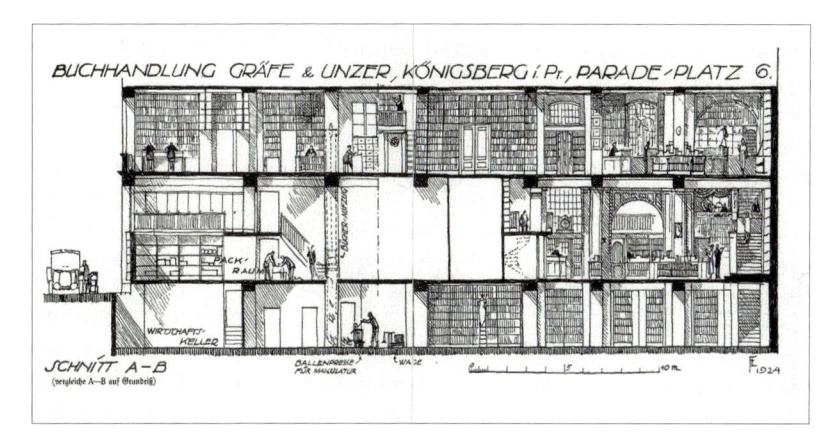

Schnitt, 1924.

Buchhändler früher stand und den Kunden nach seinen Wünschen befragte. Jetzt waren die Barrieren der Ladentische aus dem Geschäft verbannt.[246] Jedermann konnte direkt an die Regale und Auslagen an den Wänden herantreten, Bücher entnehmen und sie anlesen. Es gab Galerien in halber Stockwerkshöhe und überall bequeme Sitzmöbel. Um möglichst viele Bücher zeigen zu können, waren sie in den Regalen in zwei Reihen aufgestellt, die hintere Zeile war etwas erhöht, damit die Bücherrücken erkennbar waren. Um die Säulen herum gruppierten sich Tische mit Auslagen. Auch im Rauminnern waren Regale verteilt, die nur hüfthoch waren und weitere Auslageflächen boten, ohne den Raum allzu sehr zu beengen. Der sichtlich beeindruckte Journalist der *Königsberger Hartungschen Zeitung* bemerkte anlässlich der Eröffnung 1916, eine solche Buchhandlung hätte es bisher in Ostpreußen nicht gegeben und bescheinigte ihr Geschmack, Stil und Zweckmäßigkeit.[247] Tatsächlich gehörte Gräfe und Unzer zu den Vorreitern eines neuen Einrichtungstyps, der andernorts, bei bescheideneren Größen von Lokal und Geschäft, mit den Begriffen „Lesezimmer" oder „Bücherstube" auftrat. Anfang des 20. Jahrhunderts kamen Lese- und Sitzmöglichkeiten und direkter Zugang zu den Büchern in deutschen Buchhandlungen auf. Berühmt war etwa das Lesezimmer

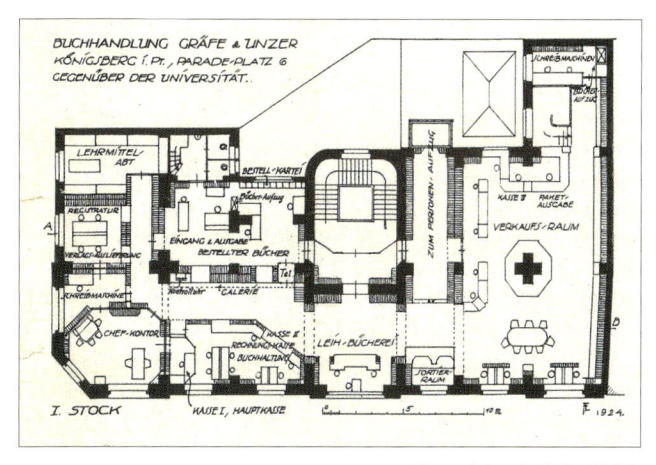

Grundriss 1. OG, 1924.

der Amelang'schen Buchhandlung in Charlottenburg.[248] Während hier der vornehme Saloncharakter vorherrschte, kreierte der Buchhändler und Antiquar Horst Stobbe in München 1912 eine „Bücherstube". Der Kunde sollte sich hier behaglich niederlassen und die Bücher ohne Kaufzwang prüfen können. Er sollte sich wie in einem Wohnzimmer, aber nicht wie in einem Verkaufsladen fühlen. Nach dem Ersten Weltkrieg wird sich diese Form der Ladengestaltung in ganz Deutschland verbreiten.[249]

Wie innovativ Gräfe und Unzer mit ihrer neuen Einrichtung schon 1915 waren, führt Georg Jäger in seinem Standardwerk zur deutschen Buchhandelsgeschichte vor Augen: „Der hier erreichte Stand ist über Jahrzehnte nicht überschritten, ja wahrscheinlich ist ein solch durchdachter und umfassender Geschäftsplan im Deutschen Reich nicht wieder verwirklicht worden."[250] Das Ideal eines gastfreundlichen, anspruchsvollen Buchladens, das Kanter im 18. Jahrhundert aufgestellt hatte, interpretierten Pollakowsky und Paetsch für das beginnende 20. Jahrhundert neu. Resultat war eine Sehenswürdigkeit, die sogar in den Reiseführern zum Besuch empfohlen wurde.

Weitere Um- und Ausbauten folgten in den nächsten Jahren. Das erste Obergeschoss wurde pünktlich zum zweihundertjährigen Firmenjubiläum 1922 fertiggestellt. Generell wurde auf die innere Ausstattung viel Wert gelegt: holzgetäfelte Wände, helle Decken, ein Personenaufzug in die oberen Stockwerke, eigens entworfene Lampen und Uhren, Gemälde und Skulpturen zwischen den Regalen, schöne Fenster, z. T. in verschiedenartig gepresstem Glas. Auf einem Postament am Treppenaufgang war der berühmte „Sämann" von Georg Meyer-Steglitz postiert, der eine Zeitlang als Verlagssignet diente. Licht fiel in alle Ecken und Winkel.[251] Der Einrichtungsstil war gediegen-altdeutsch und sprach mit seinem dunkelbraunen Dekor und seinen Kunstwerken – neben dem prominent aufgehängten Kant-Portrait etwa Abgüssen von Figuren aus dem Naumburger Dom – in erster Linie ein bildungsbürgerliches Publikum an.

Das Rückgrat des Betriebes war das große Bücherlager. Es enthielt die gängige Literatur in größtmöglicher Vollständigkeit. In der Spitze sollen mehr als 300.000 Bücher (eine „Drittelmillion") verfügbar gewesen sein – bei etwa 40.000 bis 50.000 Einzeltiteln.[252] Ein zentraler Zettelkatalog wies jedes Buch nach. Im Jahr 1922 gab es Spezialressorts für Zeitschriften, Bestellungen, Fernexpedition, Buchhaltung, Rechnungskasse, Kartenvertriebsstelle, Lehrmittel, Antiquariat und Leihbibliothek. Knapp fünfzig Angestellte waren tätig.

LEIHBIBLIOTHEK, ANTIQUARIAT, LEHRMITTELABTEILUNG

„Eine Besonderheit von Gräfe und Unzer war die Wissenschaftliche Novitäten-Leihanstalt, die – anders als die Unterhaltungsliteratur führenden Leihbibliotheken der Konkurrenten – populäre wissenschaftliche Literatur anbot. Zielgruppe waren „die vielen, die ernstere Interessen haben, aber nicht imstande sind, sich die teuren Bücher selbst anzuschaffen und die auch aus bestimmten Gründen sich nicht nur auf die immerhin ja begrenzten Bestände der öffentlichen Bibliotheken beschränken wollen."[253] Die Wissenschaftliche Novitäten-Anstalt stand für eine ungewöhnliche Sonderform des kommerziellen Leihbibliothekswesens und füllte die Lücken, die die öffentlichen Bibliotheken der Zeit aus Mangel an Geld nicht schließen konnten.

Die Eigentümlichkeit der wissenschaftlichen Novitäten-Leihanstalt bestand darin, dass die Bücher im Originaleinband ausgegeben wurden. Sonst war es üblich, uniforme Bibliothekseinbände herstellen zu lassen, die besonders strapazierfähig, aber auch besonders hässlich waren. Zwar mussten die so ausgegebenen Bände häufiger erneuert werden, aber schon äußerlich konnte die Wissenschaftliche Novitäten-Anstalt auf diese Weise das Image einer literarischen Suppenküche vermeiden. Pro Band und Tag war 1921 eine Mark an Leihgebühr zu entrichten. Ausgeliehen werden konnten in der Rubrik Philosophie z. B. Werke von Georg Simmel, Oswald Spengler, Otto Weininger, Ulrich v. Wilamowitz-Moellendorff, Wilhelm Windelband oder Max Wundt.

Im Jahr 1890 besaßen von 4.650 Sortimentsbuchhandlungen in Deutschland 40 Prozent auch eine Antiquariatsabteilung.[254] Gräfe und Unzer gehörte dazu. Dreher und Stürtz hatten den Verkauf gebrauchter Bücher nach ihrer Geschäftsübernahme 1878 eingeführt. Für die Kunden war es praktisch: Sie konnten ein gesuchtes Buch entweder im Sortiment oder im Antiquariat erwerben, wie es ihre Ansprüche und ihr Geldbeutel eben erlaubten.

Das Antiquariat von Gräfe und Unzer war weder streng wissenschaftlich noch bibliophil orientiert, sondern bot Werke aus allen Wissensgebieten an. Als besondere Domänen wurden anfangs nur Bücher über Königsberg sowie Königsberger Dissertationen genannt. Später, in

Aus dem Katalog der Leihbücherei 1921.

einem Verzeichnis von 1940, wurden die Spezialgebiete etwas weiter ausgeführt: „Prussica, Philosophie, Naturwissenschaften, Bibliophilie."²⁵⁵ Das Kataloggeschäft spielte in dieser Zeit durchaus eine Rolle. Im Jahr 1939 z. B. werden mehrmals im Jahr „Neuerwerbungen" per Katalog angezeigt. Ein Verzeichnis mit „Prussica" (Literatur über Preußen) ist im selben Jahr als „Nr. 89" gezählt. Es enthält 578 Titel mit sehr knappen bibliographischen Angaben zu Preisen zwischen 30 Pfennig und 75 Reichsmark. Mehrere später bekannte Antiquariatsbuchhändler – Arno Adler (Lübeck), Gustav Schmidt (Berlin) und Helmut Tenner (Würzburg, Heidelberg) – haben bei Gräfe und Unzer in Königsberg gelernt oder zwischenzeitlich gearbeitet.²⁵⁶ Die Antiquariatsabteilung hatte wie das Gesamtunternehmen auch eine Aus- und Fortbildungsfunktion für die Branche.

Die Lehrmittelabteilung trägt wesentlich zum Umsatz bei.

Schon seit 1879 tauchte in den Buchhandelsadressbüchern unter dem Eintrag von Gräfe und Unzer der Hinweis „Permanente Lehrmittelausstellung" auf, oft sogar als einziger Geschäftszweig in Fettschrift hervorgehoben. Kunden waren die ostpreußischen Schulen und Lehranstalten, die mit Apparaten für Physik und Chemie, Anschauungsbildern und Schulwandkarten versorgt wurden. Sogar Schulbänke waren im Angebot. Ein über 200 Seiten umfassender illustrierter Katalog, der an die Schulen versandt wurde, bot einen Überblick über die Reichhaltigkeit dieser Abteilung.

In Zeitungsanzeigen wurden „Physikalische Experimente mit der Voltana-Influenzmaschine" genauso beworben wie die „Dux-Metallbau-Flugzeugkästen", „das zeitgemäße Spielzeug für die Jugend von 10 bis 18 Jahren". Bastel- und Experimentierkästen sollten den Lerneifer von Kindern im häuslichen Umfeld wecken. Auch Holzspielwaren und Gesellschaftsspiele von „Halma" bis „Fang den Hut" wurden annonciert, sodass man sich vorstellen kann, welches Gedränge in der Vorweihnachtszeit gerade in dieser Sektion von Gräfe und Unzer herrschte. Später (1936) heißt es im *Adressbuch des deutschen Buchhandels*: „In fünf Räumen ständige Lehrmittelausstellung".

VERLAG UND BUCHHANDLUNG WIEDER IN EINER HAND

„Obwohl der „Verlag von Gräfe und Unzer" offiziell Richard Dreher gehörte, der ihn bei seinem Ausscheiden aus der Firma 1893 als Eigentümer behalten hatte und bis 1911 fortführte, sind die Neuerscheinungen offensichtlich mit Pollakowsky und Paetsch abgestimmt gewesen. Dafür spricht das Beispiel des *Königsberger Universitätskalenders*, eines Studienführers, der von 1906 bis 1915 erschien. Er wurde „herausgegeben von Gräfe & Unzer unter Mitarbeit von Dr. phil. Gustav Thurau von Pollakowsky und Paetsch".[257] Die beiden Chefs der Buchhandlung fungierten also kurioserweise als Herausgeber für einen Verlag, der ihnen nicht gehörte, aber denselben Namen führte wie ihre Buchhandlung.

Einen solchen Kalender auch für die Universität Königsberg herauszugeben – für Heidelberg, Tübingen und andere Hochschulen gab es dergleichen schon – war eine Geschäftsidee, die dem Sortiment unmittelbar zugutekam. So findet sich im redaktionellen Teil ein Abschnitt „Erleichterung des Bücherbezuges für Studierende", der eine unverblümte Werbung darstellt. Hingewiesen wird auch auf das Novitäten-Lesezimmer des Hauses „gegenüber der Universität", das „den Herren Studierenden eine ruhige Orientierung über den Wert der einzelnen Novitäten des Büchermarktes" erlaube, ferner auf die Möglichkeit der Ratenzahlung, auf das Antiquariat und auf das „Leihinstitut für wissenschaftliche Novitäten".[258]

Im Übrigen unterschieden sich die Publikationen in den Jahren vor dem Ersten Weltkrieg wenig von dem Potpourri, das schon in den Jahrzehnten zuvor für Gräfe-und-Unzer-Titel typisch war. Dreher publizierte das, was ihm angeboten wurde und einen Gewinn, zumindest keinen Verlust verhieß. Ein Ostpreußen- oder Königsberg-Bezug war zwar häufig gegeben, aber von einem profilierten Programm ließ sich noch nicht sprechen. Immer wieder tauchte eine Vielzahl anderer Titel im Programm auf, eine Dissertation über Friedrich Schiller etwa oder ein Fachbuch über die chirurgische Behandlung der Hämorrhoiden.

Nachdem Pollakowsky und Paetsch 1912 den Verlagszweig übernommen und mit der Buchhandlung zusammengeführt hatten, rückte das Thema Ostpreußen deutlicher in den Mittelpunkt. Unter ihrer Verantwortung sind zwischen 1912 und 1927 etwa 120 Titel erschienen, darunter so erfolgreiche wie der Bildband *Das malerische Ostpreußen*[259] oder die 1924 von Oscar Schlicht begründete Reihe *Ostpreußische Landeskunde in Einzeldarstellungen*.[260] Man sah es den Büchern an, dass nun die Verleger bei der Konzeption eines Einzelwerkes oder einer Reihe ein Wort mitgesprochen hatten.

Die ostpreußische Heimatdichterin Frieda Jung war die Star-Autorin des Verlags.

Die Star-Autorin dieser Jahre war die ostpreußische Heimatdichterin Frieda Jung. Sie veröffentlichte im Jahr 1900 bei Gräfe und Unzer ihren ersten Gedichtband,[261] der bis 1927 sensationelle 21 Auflagen erlebte. Zahlreiche weitere Bücher von ihr waren bei Gräfe und Unzer und in anderen Verlagen erfolgreich. Noch heute sind ihre Gedichte lieferbar. Als Frieda Jung 1929 im Alter von 64 Jahren starb, wurde sie so stark verehrt, dass ihr Geburtsort Kiaulkehmen in „Jungort" umbenannt wurde (1935). Der Verlag empfahl die *Gedichte* ausgerechnet den männlichen Kunden mit der heute nur noch kurios klingenden Botschaft:

> *Ein prächtiges Buch für den Weihnachtstisch unserer Frauenwelt, wenigstens all derer, die sich im Strudel unserer modernen Bewegung Innigkeit und Sinnigkeit und alle jenen Eigenschaften bewahrt haben, die wir Männer an einer reinen Frauenseele so hoch schätzen.*[262]

„PIONIERE FÜR DAS DEUTSCHTUM"

Ostpreußen hatte unter den Folgen des Ersten Weltkriegs besonders zu leiden. Das Geringste war, dass Königsberg nach Abdankung der Hohenzollern keine Residenzstadt mehr war. Dieser Status hatte schon lange keine praktische Bedeutung mehr gehabt. Aufgrund des Versailler Friedensvertrags mussten fast ganz Posen und Westpreußen sowie das Memelgebiet abgetreten werden. Damit entfielen wichtige Absatzgebiete für ostpreußische Waren. Die schlimmste Einschränkung für die Bevölkerung bedeutete die Unterbrechung der Verbindung zum Reich. Wer per Eisenbahn nach Berlin reiste, musste das Nadelöhr der Weichselbrücke bei Dirschau/Tczew passieren. Für die Fahrt durch den „polnischen Korridor" wurden Lokomotive und Zugpersonal ausgetauscht und die Waggons verplombt. In Ostpreußen verstärkte sich das Gefühl, auf einer Art Insel, abgetrennt vom Reich zu existieren. Provinz und Stadt wurden während der Weimarer Republik zwar linksdemokratisch regiert, aber die Deutschnationale Volkspartei hatte traditionell eine machtvolle Stellung. In den dreißiger Jahren wurde die NSDAP die stärkste Partei.

In die unruhige Nachkriegszeit fiel das zweihundertjährige Firmenjubiläum, das angesichts der Umstände nicht pompös gefeiert wurde, aber in der Selbstdarstellung der Firma eine zentrale Rolle spielte. Während die bisherigen Jahrestage allesamt sang- und klanglos vorübergegangen waren, besann man sich in einer als krisenhaft empfundenen Zeit mehr als zuvor auf die eigene Geschichte. So hieß es z. B. in einem Katalogvorwort: „… daß wir uns heute nicht weniger als bisher der Pflicht bewußt sind, im strengsten Sinne des Wortes unser im Jahre 1922 zweihundert Jahre bestehendes Geschäft je länger je mehr zu einem Kulturfaktor unserer durch Abtrennung vom Vaterlande in ihrem Deutschtum arg bedrohten Heimat auszugestalten."[263] Es war typisch für die nationale Rhetorik dieser Jahre, dass sogar die Stammväter der Firma, die auch für die litauischen und polnischen Bewohner Ostpreußens Bücher produziert hatten, für die geistige Landesverteidigung in Anspruch genommen wurden. Dabei waren ihre Leitideen „die Ehre Gottes, das Wachstum der Universität und das allgemeine Beste", wie Johann Heinrich Hartung es formuliert hat, aber nicht ein ideologisch aufgeladenes „Deutschtum".

Ein Hausmuseum mit Erinnerungsstücken aus der Verlagsgeschichte wurde eingerichtet. Zu sehen waren etwa das Privileg zum Betrieb einer Buchhandlung, das der preußische König 1722 ausgestellt hatte, der restaurierte hölzerne Adler, der zeitweise auch als Signet des Unternehmens diente, oder mehrere Bildnisse Kants. Zum Jahrestag erschien auch eine kleine Festschrift von Gerhard Menz mit ausführlichem historischem Rückblick.[264]

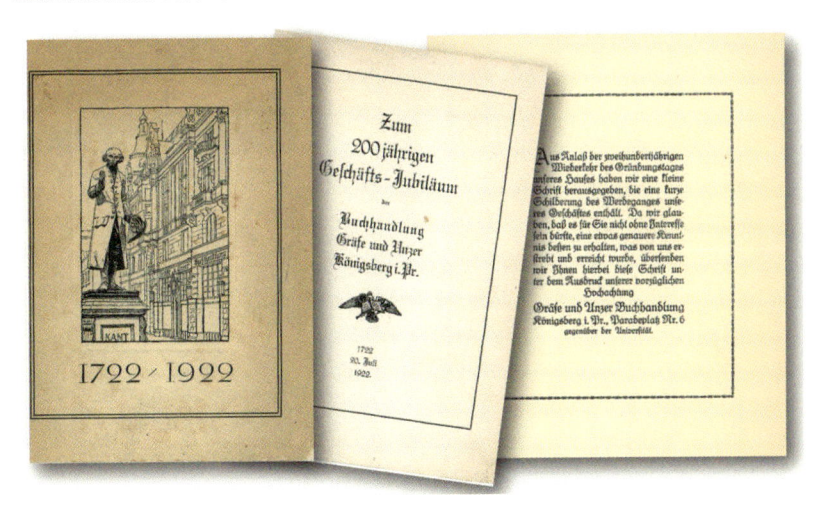

Festschrift 1922.

Zum Jubiläum lud Paetsch seine Buchhändlerkollegen zu einer Tagung nach Königsberg ein. Für diesen Anlass allein hätten sie die weite Reise vermutlich nicht gemacht, aber die gleichzeitig stattfindende Jahresversammlung des Verbandes der Kreis- und Ortsvereine im deutschen Buchhandel verlieh der Einladung ins ferne Ostpreußen Zugkraft. In der Frühjahrssitzung des Verbandes begründete Paetsch in der Rolle des Vorsitzenden des gastgebenden Vereins die Einladung nach Königsberg mit Worten, die das Sitzungsprotokoll so wiedergab:

Heute, meine Herren, möchte ich Sie bitten, Ihre Augen nach dem Osten zu richten, nach meiner Heimat, von der ich Ihnen sagen muß, daß Sie sie nicht mehr als eine landläufige preußische Provinz ansprechen können (Hört, hört!); denn der Rest Ostpreußens, der dem Reich verblieb, ist heute, ob wir es zugeben wollen oder nicht, durch den breiten polnischen Korridor abgetrennt vom Mutterlande, nichts anderes als eine deutsche Kolonie, die einzige deutsche Kolonie und nicht einmal eine gesicherte: sie ist heiß umstrittenes deutsches Land und ihre Zukunft gänzlich ungewiß. Wir sind dort oben seit Jahrhunderten an eine Vorpostenstellung gewöhnt, und wir werden auch jetzt in dieser bittern Zeit unser Bestes daran setzen, deutsch zu bleiben. (Bravo!)[265]

Das 200-jährige Firmenjubiläum und die Buchhändlertagung werden geschickt verbunden.

Otto Paetsch gelang es tatsächlich, seinen Kollegen die Reise nach Königsberg als eine geradezu vaterländische Pflicht ans Herz zu legen. Die Tagung am 9. und 10. September 1922 wurde ein großer Erfolg. Mitten in den Nachkriegswirren und auf dem Höhepunkt der Inflation reisten 300 Buchhandelsvertreter aus ganz Deutschland an. Die „Erinnerungsstunde" an das 200-jährige Jubiläum der eigenen Buchhandlung war ins unmittelbare Vorfeld der Tagung verlegt worden. So erlebten viele auswärtige Kollegen mit, wie hohe Vertreter aus Wissenschaft, Literatur und Kunst der Buchhandlung Glückwünsche überbrachten. Otto Paetsch schlug erneut nationale Töne an: „In feierlicher Stunde trete ich vor Sie, zurückblickend auf eine Generation von Buchhändlern, die für das Deutschtum als treue Pioniere ihre Kraft einsetzten, um Sie willkommen zu heißen."[266] Die Buchbranche insgesamt, bei Anwesenheit des Vorstehers des Börsenvereins und des Direktors der Deutschen Bücherei, schien auf den Erfolg von Gräfe und Unzer stolz zu sein und ihn als Ansporn für die eigene Zunft zu verstehen. Das *Börsenblatt* bezeichnete die Jubelfeier in seinem Bericht als „erhebend".[267] Der nachhaltige Eindruck, den die Tage in Königsberg auf die Teilnehmer gemacht hatten, spiegelte sich ein halbes Jahr später auch im Jahresbericht des Verbandes der Kreis- und Ortsvereine im deutschen Buchhandel wider. Auch in diesem Resümee traten die politischen Motive offen zutage, die bei der Wahl des Tagungsortes mitgespielt hatten:

> *Die Herbst-Versammlung unseres Verbandes in Königsberg am 9. und 19. September 1922 gestaltete sich dank einer bis ins einzelnste durchdachten, großzügigen Vorbereitung durch den Vorstand des Kreisvereins Ost- und Westpreußischer Buchhändler und insbesondere seines tatkräftigen Vorsitzenden, Herrn Otto Paetsch, zu einer eindrucksvollen vaterländischen Kundgebung, wie sie der Buchhandel noch nicht erlebt haben dürfte. Unter opferbereiter, auf einen herzlichen Ton gestimmter Teilnahme der staatlichen und städtischen Behörden, der Vertreter der wissenschaftlichen und literarischen Kreise der Provinz Ostpreußen und der Presse durften wir Feierstunden verleben, die allen Teilnehmern lebenslang unvergeßlich sein werden. Die geschäftlichen Verhandlungen waren umrahmt durch gesellschaftliche Veranstaltungen, bei denen vaterländische Gefühle immer und immer wieder zum Durchbruch und zu erhebendem Ausdruck kamen, und welcher deutsche Buchhändler, der daran teilnehmen durfte, wird neuerdings nicht unserer deutschen Brüder im Memelland gedacht und mit Schmerz und Ingrimm die Leiden mitgefühlt haben, die sie erdulden müssen! In herzlicher Dankbarkeit für die uns erwiesene Gastfreundschaft wollen wir uns an dieser Stelle der unter dem Drucke dauernder Gefahren stehenden Ostpreußen und Memelländer erinnern.*[268]

Viele Buchhändler waren wohl überrascht von der ertragreichen Veranstaltung „in dem sonst durch kommerzielle Kühnheiten nicht eben verwöhnten Nordosten", wie Ludwig Goldstein seine agrarisch geprägte Heimat einmal selbstironisch charakterisiert hat.[269] Aber fast alle wollten ihre Teilnahme an der Versammlung auch als politische Manifestation jenseits von Parteigrenzen verstanden wissen. Ostpreußen war drauf und dran, sich zu einem Mythos zu stilisieren und eben dadurch zu einem angesagten Ausflugsziel zu werden. Ostpreußen „soll in Betracht kommen, wenn der Deutsche ans Reisen denkt", dekretierte etwa auch Thomas Mann.[270]

Noch eine andere Initiative Otto Paetschs war politisch motiviert. Im Jahr 1924 bei Gelegenheit des 200. Kant-Geburtstages konnte er

Otto Paetsch mobilisiert die Buchbranche auch zum 200. Kant-Geburtstag 1924.

1902 — 1927

Buchhändlerkollegen in ganz Deutschland unter Hinweis auf die „durch die Abtrennung vom Mutterlande schwer geschädigte Königsberger Universität" dazu bewegen, Bücher im Wert von 75.000 Mark zu stiften. Damit sollten Lücken in den Seminarbibliotheken und in der Universitätsbibliothek geschlossen werden. Nachdem Otto Paetsch in seiner Funktion als Vorsitzender des Vereins Ost- und Westpreußischer Buchhändler die Gabe bei einer festlichen Sitzung im Stadttheater übergeben hatte, revanchierte sich die Universität und verlieh Paetsch im gleichen Jahr die Ehrenbürgerwürde.[271] Die Republik Österreich ernannte ihn 1925 zum Honorarkonsul.

Im Haus am Paradeplatz hatte Otto Paetsch sein Büro im Obergeschoss. Er besorgte die Außenvertretung von Gräfe und Unzer und bekleidete eine Reihe von berufsständischen Ämtern. Er war Vorsitzender des Ortsvereins Königsberger Buchhändler,[272] Vorsitzender des Vereins Ost- und Westpreußischer Buchhändler und – von 1917 bis 1923 – Vorstandsmitglied des Börsenvereins. Auf den Versammlungen in Leipzig, die traditionell an Kantate, dem 4. Sonntag nach Ostern stattfanden, verteidigte er stets temperamentvoll die Interessen des Sortimentsbuchhandels. So verlangte er die Abschaffung von Ansichtssendungen, eine höhere Spanne zwischen Einkaufs- und Ladenpreis oder in Zeiten der Krise einen Teuerungszuschlag auf den festen Ladenpreis. Die Deutsche Buchhändlergilde hat er 1916 mitbegründet und ihrem Vorstand viele Jahre angehört. Die neue Vereinigung war als Gegengewicht zum Deutschen Verlegerverein gedacht und vertrat die Anliegen der Sortimenter zum Teil kämpferisch. Hugo Pollakowskys Arbeitszimmer lag im Erdgeschoss. Er kümmerte sich um das Ladengeschäft und galt als kundiger Buchhändler alter Schule. Er sei sich nicht zu schade gewesen, sagte sein Kompagnon bei der Verabschiedung in den Ruhestand nach insgesamt 33 Jahren Tätigkeit für Gräfe und Unzer, „selbst den jüngsten Schüler persönlich zu bedienen".[273]

Otto Paetsch, ca. 1924.

Vom 1. Januar 1927 an führte Otto Paetsch die Firma als Alleingesellschafter fort. Es war zugleich sein 25-jähriges Inhaberjubiläum. Aus diesem Anlass überraschte er seine Mitarbeiter am Silvesterabend mit der Ankündigung einer neuen Stiftung, eines Ferien- und Erholungsheims in Rauschen an der Ostseeküste, das im Frühjahr eingeweiht wurde. Sechs Angestellte konnten hier gleichzeitig Urlaub machen. Fünf Jahre zuvor, zum 200-jährigen Firmenjubiläum hatte er bereits ein Reisestipendium gestiftet, das jeweils zwei bewährte Mitarbeiter für eine Erholung in den Bayerischen Alpen in Anspruch nehmen konnten.[274]

„Pioniere für das Deutschtum"

Paetsch arbeitete mit großem persönlichem Engagement nicht nur für den Erfolg seines Unternehmens, sondern auch für das Wohl seiner Mitarbeiter und seiner Heimat. Er verkörperte das Ideal des sozial verantwortlichen Unternehmers und eiferte bewusst oder unbewusst Persönlichkeiten wie Werner von Siemens, August Borsig, Alfred Krupp, August Thyssen und Robert Bosch nach, die auch außerhalb der Werkshallen für ihre Arbeiter und Angestellten sorgten und eine Art Vaterfunktion übernahmen. Dass sie dabei auch im Sinn hatten, die eigenen Mitarbeiter gegen Lockrufe der Sozialisten zu immunisieren, versteht sich.

Anfang 1927 wurden erneut Erweiterung und Umbau des Ladengeschäfts in Angriff genommen. Der Mietvertrag mit externen Mietern wurde aufgelöst und der ehemalige Hof überbaut, um dem eingetretenen Raummangel abzuhelfen. Doch der Bauherr konnte die Einweihung der neuen Räumlichkeiten am 25. November 1927 nicht mehr mitfeiern. Die Veranstaltung wurde zu seiner Gedächtnisfeier. Auf einer Reise anlässlich seiner Silberhochzeit hatte er in den Tiroler Bergen einen Schlaganfall erlitten und war am 14. September 1927 im Alter von 49 Jahren gestorben. Nun musste schneller als geplant ein Nachfolger gefunden werden.

19
28
———
19
44

MIT GEWINN DURCHS TAUSENDJÄHRIGE REICH

Nach dem Tod Paetschs im Jahr 1927 tritt Bernhard Koch das Erbe an und entwickelt das Unternehmen weiter. In der NS-Zeit vermeidet er eine Anbiederung an das Regime. Tatsächlich aber profitiert die Firma wirtschaftlich von ihrem Status als „kriegswichtiger Betrieb". In den dreißiger Jahren sind 160 Mitarbeiter im Haus der Bücher beschäftigt, davon sieben im Verlag. Unter den Verlagsautoren sind viele Vertreterinnen der ostpreußischen Frauendichtung und Schriftsteller, die die Natur und Landschaft Ostpreußens beschreiben. Ihre Werke werden in den Kriegsjahren zum Teil auch in Feldpostausgaben herausgebracht.

1928 — 1944

HAUS DER
200.000 BÜCHER

„ Die Familie Paetsch beauftragte den siebenundzwanzigjährigen Bernhard Koch, der Hildegard, die älteste von drei Töchtern des Ehepaars Otto und Gertrud Paetsch geheiratet hatte, mit der Leitung der Familien-Kommanditgesellschaft. Er hatte bereits ein Jahr bei Gräfe und Unzer gearbeitet und wurde 1928 alleiniger persönlich haftender Gesellschafter. Zuvor verkaufte er die vom Vater ererbte Verlagsbuchhandlung Carl Koch in Nürnberg, die sich auf Schulbücher spezialisiert hatte, und setzte für die Sortimentsbuchhandlung gleichen Namens einen Geschäftsführer ein.[275] Auch als neuer österreichischer Honorarkonsul trat Koch in die Fußstapfen seines Schwiegervaters. Auch wenn er diesen Titel 1938 nach dem „Anschluss" Österreichs wieder verlor, blieb er für seine Mitwelt zeitlebens der „Konsul". Er starb 1970 bei einem Autounfall.

Bernhard Koch, ca. 30er-Jahre.

Nach den Umbaumaßnahmen konnten sich alle Abteilungen der Buchhandlung noch besser entfalten. Am meisten profitierten von den neuen Räumlichkeiten die Lehrmittel-Abteilung, die Jugend- und Kinderbücher und die wissenschaftliche Literatur. Seit 1927 verwendete Gräfe und Unzer noch auf Veranlassung von Otto Paetsch die Eigenbezeichnung „Haus der Bücher". Vom Erfolg kündet eine Postkartenserie mit Innenansichten der Buchhandlung, die als Werbemittel an auswärtige Kongressbesucher verteilt wurde.

Haus der 200.000 Bücher

Haus der Bücher, Paradeplatz 6. Außenansicht mit acht Schaufenstern.

Haus der Bücher mit Lieferwagen, Königsberg i. Pr. 1943.

Jugendschriften-Abteilung mit Kinder-Leseecke.

Verkaufsraum im ersten Stock, Antiquariat und wissenschaftliche Abteilung.

Haus der Bücher, letzte Weihnacht 1943.

Belletristische Abteilung im Erdgeschoss.

1928 — 1944

Ein französischer Besucher, der Königsberg auf den Spuren Kants bereiste, berichtete 1931 euphorisch über die noble Ausstrahlung der Buchhandlung:

Überall Ordnung, überall Methode.

Ich muss gestehen, dass ich, als ich diesen Tempel der Bücher in allen seinen Stockwerken besichtigte, einen starken Eindruck empfangen habe und gleichsam von diesem Kant-Geiste, der dort zu herrschen scheint, durchdrungen wurde. Überall Ordnung, überall Methode; alle diese Bücher füllen, nach Gruppen geordnet, gesonderte Räume mit sehr genauen und leicht sichtbaren Bezeichnungen: Wissenschaften, Literatur, Philosophie, Geschichte, Unterhaltungsliteratur, Studienbücher usw. Ohne die Säle aufzuzählen, in denen ganze Schuleinrichtungen vereint sind: Laboratoriumsgegenstände, Pulte, Bänke, Wandtafeln usw., die neuesten und raffiniertesten Modelle. Bestimmte Räume sind dem Studium gewidmet. Kauft man Bücher hier? Man hat kaum den Eindruck; die Verkäufer, sehr ruhig, sind fast unsichtbar. Brauchen Sie eine Auskunft, sofort kommen sie. Man fühlt sich vielmehr in einer Bibliothek, aus der der gewohnte schematische Bürokratismus verbannt ist. Jedermann kann nach Belieben das Buch, das er braucht, durchsehen, sich an einen Lesetisch setzen, dort solange bleiben, wie er Lust hat, und wieder gehen, nachdem er das Buch an seinen Platz gestellt hat, ohne dass irgendein Angestellter an ihn die geringste Frage gerichtet hat. Aber am reizendsten in diesem riesigen Haus fand ich die den Kindern reservierte Ecke. Ein kleiner Tisch mit niedrigen Beinen; um ihn herum einige Stühlchen. Dicht daneben die Abteilungen für Jugendschriften, lustige Erzählungen, Reisebeschreibungen, Bilderbücher usw. Ganz wie die Großen wählen die Kinder ihre Bücher, setzen sich, lesen ruhig ohne jede Überwachung. Wenn sie fertig sind, stellen sie selbst die Bücher, die sie genommen haben, wieder zurück. Ein bewundernswertes Haus des Friedens und der Wissenschaft, über dem der Schatten des Philosophen der Erkenntnis und der praktischen Vernunft, gegründet auf der Idee der Pflicht, schwebt! Ich habe dort bei meinem Besuche Anschauungsunterricht in Optimismus und Vertrauen erhalten.[276]

Ob Gräfe und Unzer tatsächlich die größte Buchhandlung Europas war, wie die Selbstaussagen in der Ära Koch lauteten, ist nicht sicher. Einerseits wurde schon Ende des 18. Jahrhunderts am Finsbury Square in London der legendäre „Temple of the Muses" von James Lackington eröffnet, dessen zentraler Verkaufstresen so groß gewesen sein soll, dass ihn eine Postkutsche mit vier Pferden hätte umrunden können. Nach eigenen Angaben sollen hier ebenfalls 200.000 Bücher vorrätig gewesen sein. Aber es gibt kein statistisches Jahrbuch mit zuverlässigen Vergleichsdaten von Buchhandlungen aller Herren Länder und Zeiten. Gräfe und Unzer war mit fünf Stockwerken und etwa 2.000 Quadratmetern Verkaufsfläche so groß wie ein mittleres Buchkaufhaus von Hugendubel oder Thalia heute und vermutlich, ja, die größte Lagerbuchhandlung des Kontinents.

In Buchhändlerkreisen kursiere die Ansicht, dass der Betrieb bei Gräfe und Unzer „überorganisiert" sei, berichtet der Prokurist Dikreiter. Er dagegen sah die Erfordernisse, die der gewaltige Geschäftsumfang des Hauses der Bücher mit sich brachte. Die Mitarbeiter würden jeden Tag das *Börsenblatt* und die Verzeichnisse durcharbeiten und die Kunden noch am selben Tag entsprechend ihren Interessensgebieten brieflich über die Neuerscheinungen unterrichten. Darüber hinaus würden Kataloge erstellt und regelmäßig versandt. Vervielfältigungsapparate, Adressiermaschinen etc. seien selbstverständliche Hilfsmittel. Zusätzlich würde in der Tagespresse inseriert. Kunden, die regelmäßig in den Laden kämen, fänden an gewohnten Stellen stets die neuesten Bücher ihrer Interessensgebiete. Die Lesetische böten bequeme Gelegenheit, sich etwas in Ruhe ansehen zu können, ohne dass die Kunden zum Kauf gedrängt würden. An der Kasse würde eine nach Abteilungen (Warengruppen würde man heute sagen) differenzierte Verkaufsstatistik geführt. So sei die Übersicht gewährleistet und alles zweckmäßig eingerichtet.[277]

Auch die Aus- und Weiterbildung der Mitarbeiter hatte einen hohen Stellenwert. Es gab sogar einen Aufenthaltsraum, in dem sich die Angestellten mittags eine warme Mahlzeit reichen lassen konnten. Bernhard Koch entwickelte die Fürsorge Paetschs für die Angehörigen des Unternehmens insofern fort, als er 1933 eine Erfolgsbeteiligung einführte, deren Höhe sich unabhängig vom Gehalt nach der Dauer der Firmenzugehörigkeit richtete.[278]

Gräfe und Unzer war so selbstbewusst, die Buchhändlerkollegen im Reich zu einer Fortbildungsveranstaltung einzuladen, um ihnen die Entwicklung und Organisation des Hauses der Bücher näherzubringen. 1936 erschien auf der Umschlagseite des *Börsenblatts* eine ganzseitige Anzeige[279], in der das Programm mitgeteilt sowie touristische Hinweise

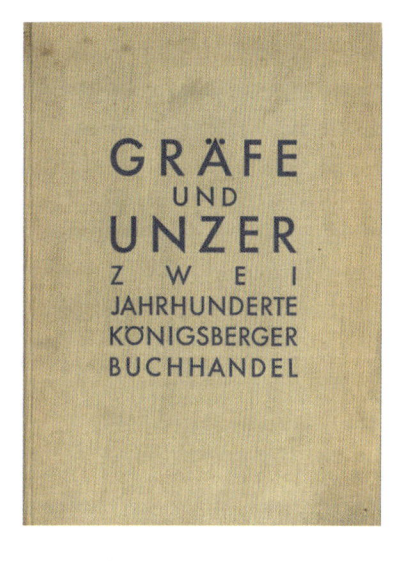

Verlagsgeschichte von Kurt Forstreuter, 1932, aus Anlass des 100. Namenstages erschienen.

für den Besuch Königsbergs und den Sommerurlaub in Ostpreußen gegeben wurden. Den Auftakt bildete eine zweistündige Betriebsbesichtigung unter Führung des Inhabers. Nachmittags standen Fachgespräche mit den Prokuristen und Abteilungsleitern auf dem Programm, abends gab es ein gemeinsames Abendessen auf Kosten der Firma.

THOMAS MANN KOMMT ZU BESUCH

„Als Thomas Mann, seine Frau Katia und die beiden jüngsten Kinder Michael und Elisabeth den Sommer 1929 im Ostseebad Rauschen verbrachten – „gibt es übrigens für eine Sommerfrische einen verführerischeren Namen als ‚Rauschen'?" fragte Thomas Mann rhetorisch[280] –, muss der Journalist, Schriftsteller und Geschäftsführer des Goethe-Bundes Ludwig Goldstein einen Kontakt zu Bernhard Koch hergestellt haben. Vielleicht machte das Ehepaar Koch ebenfalls gerade Urlaub in Rauschen, wo das Ferienheim von Gräfe und Unzer lag.

Der litauische Germanist Leonas Stepanaukas hat herausgefunden, dass es Bernhard Koch gewesen sei, der den Münchener Feriengästen vorgeschlagen habe, einen Ausflug in das 60 Kilometer von Rauschen entfernte Fischerdorf Nidden auf der Kurischen Nehrung zu machen und ihre letzte Ferienwoche dort zu verbringen. Koch soll Thomas Mann dadurch auf den Geschmack gebracht haben, dass er ihm ein Buch über Nidden aus seinem Verlag überreicht hat.[281] (Es wird sich wohl um *Die Kurische Nehrung in Wort und Bild* von Oscar Schlicht gehandelt haben,[282] weil im Verlagsprogramm damals kein spezielles Nidden-Buch existierte). Er habe auch dafür gesorgt, dass das neue luxuriöse Motorschiff „Kuršių marės" („Kurisches Haff") die Familie als Ehrengäste unentgeltlich beförderte, und sich um die Formalitäten für die Einreise nach Litauen gekümmert, denn Nidden lag ein paar Kilometer hinter der Grenze zu Litauen, sodass die Reisenden keine Umstände gehabt hätten.

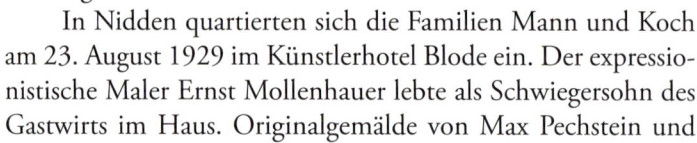

In Nidden quartierten sich die Familien Mann und Koch am 23. August 1929 im Künstlerhotel Blode ein. Der expressionistische Maler Ernst Mollenhauer lebte als Schwiegersohn des Gastwirts im Haus. Originalgemälde von Max Pechstein und Karl Schmidt-Rottluff hingen an den Wänden. Auf der Veranda des Hotels hat Thomas Mann an einem der Abende vor einem kleinen privaten

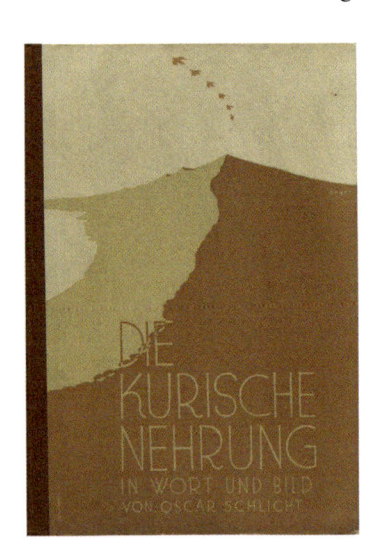

Das Buch von Schlicht war erstmals 1924 erschienen.

Zuhörerkreis seine gerade entstandene Erzählung „Mario und der Zauberer" vorgelesen.[283] Die jüngste Tochter Elisabeth Mann erinnerte sich siebzig Jahre später:

> *Schon der erste Besuch in dem so naturnahen Dorf, wo es keine Autos gab und man mit einem Pferdewagen im Hafen abgeholt wurde, und wo es keine Elektrizität gab ... und man gemütlich, im Schein des Öllämpchens auf der mit Glasfenstern versehenen Terrasse von Blodes Hotel, das Nachtessen einnahm, war bezaubernd ... Die Spaziergänge an dem schönen, wilden Strand; die Ausflüge in die großen Wanderdünen und das Elchrevier, der erste ‚Italienblick' vom Schwiegermutter-Hügel, wo das folgende Jahr unser Haus stehen sollte, sind unvergeßlich.[284] ... Meine Eltern verliebten sich zusehends in den Platz und beschlossen, gleich ein Haus zu bauen. Dies wunderte uns nicht weiter, denn überall, wo es schön war, wollten meine Eltern gleich ein Haus bauen.*[285]

Der Urlaub an der Ostsee erleichterte es Thomas Mann, dem schon vor vielen Jahren geäußerten Wunsch des Königsberger Goethe-Bundes nach einer Lesung aus seinen Werken nachzukommen. Am 29. August 1929 las er aus dem noch nicht fertiggestellten neuen Roman *Joseph und seine Brüder* in der Stadthalle vor. Daran schloss sich, wie Goldstein berichtet, „ein festlich empfundenes und aufgemachtes Abendessen, das ganz geheim gehalten worden war und dennoch nahezu achtzig Teilnehmer angelockt hatte ... denn so beliebt und so geschätzt war damals Mann. Jeder wollte ihn in der Nähe sehen, ihn hören, ihn womöglich sprechen."[286] Thomas Mann war in den 1920er-Jahren der deutsche Dichter mit dem höchsten Renommee und erhielt wenige Wochen später den Nobelpreis für Literatur.

Am Abend nach der Lesung gab es in der Kochschen „Villa Golstein" in der Lawsker Allee 13–15 ein geselliges Zusammensein. Goldstein berichtet als Kuriosität aus den Gesprächen, dass Mann erzählt habe, Goethes *Wahlverwandtschaften* insbesondere während seiner Arbeit am *Tod in Venedig* nicht weniger als fünfmal durchgelesen zu haben. Es scheint sehr vergnüglich zugegangen zu sein.

Schon am 31. August war in der Berliner Morgenausgabe der *Deutschen Allgemeinen Zeitung* zu lesen, Thomas Mann wolle sich auf der Kurischen Nehrung ansiedeln. Der Dichter fühle sich von Landschaft und Menschenschlag Ostpreußens „heimatlich berührt". Er denke daran, sich in der Nähe von Nidden ein Häuschen aufzustellen, in dem er des Öfteren den Sommer verbringen wolle.²⁸⁷ Im Jahr darauf konnten die ersten Ferien im eigenen Haus in Nidden verbracht werden. Das Ehepaar Mann, diesmal mit den Kindern Michael, Elisabeth und Monika, traf per Schlafwagen auf dem Königsberger Hauptbahnhof ein und wurde von Ludwig Goldstein willkommen geheißen. Die lange Reise legten sie immer so zurück, dass sie mit dem Nachtzug von München nach Berlin fuhren, den Tag dort bei Verwandten oder Freunden verbrachten, und dann wiederum den Nachtzug nach Königsberg nahmen. Es gibt ein Foto, das die sechs Personen – die Kinder Michael und Elisabeth mit Geigenkästen in der Hand, Katia mit einem Blumenstrauß, Thomas Mann mit einem Buch – auf dem regennassen Vorplatz des gerade eröffneten hochmodernen Hauptbahnhofs von Königsberg zeigt.²⁸⁸ Nur Ludwig Goldstein zeigt den Ansatz eines Lächelns, alle übrigen schauen übernächtigt und mit ernsten Mienen in die Kamera. Die Zeiger der Bahnhofsuhr stehen auf 09:10 Uhr.

Die Familie Mann wird zum Frühstück im Hause Koch empfangen.

Der Hausherr Bernhard Koch war verreist. Doch sein Auto stand zur Verfügung und brachte die Gäste zunächst in sein Haus. Dort wurden sie von Hildegard Koch empfangen und mit einem Frühstück bewirtet. In der Mittagszeit des 16. Juli 1930 habe das Koch'sche Auto die Manns „bei standhaftem Landregen" zum Dampfer nach Nidden gebracht, „allwo sie das Haus auf der Höh kennenlernen und gemütlich einrichten wollten."²⁸⁹ Die Bootsfahrt dauerte dreieinhalb Stunden. Bis zu diesem Zeitpunkt, dem 16. Juli 1930, hatten sie ihr neues Domizil nur in Bauplänen, aber noch nicht in Wirklichkeit gesehen. „Wir kamen an", schrieb Thomas Mann, „und saßen auf der Veranda unseres Häuschens, als ob es schon immer so gewesen wäre."²⁹⁰

Thomas Mann bedankte sich bei Bernhard Koch auf seine Weise. Für den 1930 bei Gräfe und Unzer erschienenen Bildband *Die Kurische Nehrung. Eine Monographie in Bildern*²⁹¹ verfasste er eine Buchanzeige – sie eine „Rezension" zu nennen, wäre eine Übertreibung –, die in *Reclams Universum* erschien.²⁹²

1932 kommt es in Königsberg zu Anschlägen der Nationalsozialisten.

Doch der Schriftsteller verschloss seine Augen nicht vor der politischen Radikalisierung, die sich in Ostpreußen bemerkbar machte. Immer öfter war es bei Gräfe und Unzer vorgekommen, dass an der Kasse ein Zettel mit der Information hinterlassen wurde, der Käufer sei „Nationalsozialist".²⁹³ Als in der Nacht nach der Reichstagswahl am 31. Juli 1932 SA-Trupps in Königsberg Anschläge u. a. auf jüdische Geschäfte, SPD-Politiker und den Königsberger Regierungspräsidenten verübten, protestierte Thomas Mann in einem Zeitungsartikel für das *Berliner Tageblatt* vom 8. August 1932 in aller Schärfe:

Thomas Mann kommt zu Besuch

Werden die blutigen Schandtaten von Königsberg den Bewunderern der seelenvollen ‚Bewegung', die sich Nationalsozialismus nennt, sogar den Pastoren, Professoren, Studienräten und Literaten, die ihr schwatzend nachlaufen, endlich die Augen öffnen über die wahre Natur dieser Volkskrankheit, dieses Mischmaschs aus Hysterie und vermuffter Romantik, dessen Megaphon-Deutschtum die Karikatur und Verpöbelung alles Deutschen ist?[294]

In Ostpreußen lag die Zustimmung zu den Nationalsozialisten bei dieser Wahl bei 47 Prozent, während sie im Reich durchschnittlich nur 37 Prozent betrug. Bereits ein halbes Jahr später verließ Thomas Mann mit seiner Familie Deutschland für immer. Er hat weder sein Ferienhaus in Nidden, das er nur drei Sommer lang bewohnen konnte, Ostpreußen oder die Kochs je wiedergesehen.

Ob die Buchhandlung auch dem Emigranten Thomas Mann die Treue gehalten hat? Er war ja Gast im Haus der Bücher gewesen und hatte sich ins Gästebuch eingetragen.[295] In der Selbstdarstellung der Firma von 1934 wird er unter den prominenten Gästen des Hauses nicht genannt. Stattdessen rühmt man sich der Besuche von Edwin Erich Dwinger, Lulu von Strauß und Torney, Will Vesper und immerhin auch von Ricarda Huch.[296] Da Mann zwar sofort als Feind des neuen Regimes galt, aber seine Werke bis zur Ausbürgerung im Dezember 1936 nicht verboten waren, darf man davon ausgehen, dass sie mindestens bis zu diesem Zeitpunkt offen präsentiert und verkauft wurden. Gräfe und Unzer hat eisern alles angeboten, was legal war, sei es politisch links oder rechts zu verorten.[297] Im Jahr 1938 wurde Thomas Manns Name erstmals in der *Liste des schädlichen und unerwünschten Schrifttums* der Reichsschrifttumskammer aufgeführt (mit dem Zusatz „Sämtliche Werke"). Die Verbreitung der hier aufgeführten Schriften in Bibliotheken und Buchhandel war untersagt. Das wird auch Gräfe und Unzer beachtet haben. Der 1939 bei Bermann-Fischer in Stockholm erschienene Roman *Lotte in Weimar* war in Deutschland legal nicht mehr erhältlich.

Ungeachtet der Verbindung von Bernhard Koch zu Thomas Mann während der Niddener Jahre, führte Gräfe und Unzer auch Dichterlesungen mit Autoren durch, die auf Seiten der Nationalsozialisten standen. Im selben Jahr, als Thomas Mann in Königsberg über „Goethe und Tolstoi" sprach (1931),[298] las auch Hans Grimm, der Autor des Buches *Volk ohne Raum*, in der Stadt und signierte seine Bücher für den Verkauf bei Gräfe und Unzer.[299]

In der Selbstdarstellung der Firma von 1934 fehlt der Name Thomas Mann.

Thomas Mann in seinem Ferienhaus in Nidden 1930.

EIN AUFTRITT VOR DEM BÖRSENVEREIN

„Auf der Außerordentlichen Mitgliederversammlung des Börsenvereins am 11. November 1934 hatte Bernhard Koch einen vielbeachteten Auftritt. Trotz seiner Jugend gehörte er zu den führenden deutschen Sortimentern. Er war nicht nur geschäftsführender Gesellschafter von Gräfe und Unzer in Königsberg – vorübergehend mit einer Zweigstelle in Allenstein –, sondern auch Eigentümer der Buchhandlungen Lucas Gräfe in Hamburg und Carl Koch in Nürnberg sowie von Buchhandlung und Antiquariat Heerdegen-Barbeck in Nürnberg. Der Termin in Leipzig war die erste Zusammenkunft des Börsenvereins unter dem neuen Vorsteher Wilhelm Baur, der, obwohl erst 29 Jahre alt und glühendes Parteimitglied seit 1920, schon zum politischen Leiter des Zentralverlages der NSDAP Franz Eher Nachf. aufgestiegen war.

Koch meldete sich unter dem Tagesordnungspunkt „Verschiedenes" zu Wort und setzte zu einer mehr als halbstündigen Rede an. Er schickte seinen Ausführungen das markige Bekenntnis voraus, dass „das Dritte Reich Männer und keine Memmen" brauche und ein offenes Wort der Kritik daher sicher gut aufgenommen werde. Dann analysierte er die Lage des deutschen Sortimentsbuchhandels. An Übelständen hob er neben der Kapitalarmut der meisten Firmen, die Direktlieferung der Verlage an die Leser ohne Beteiligung der Sortimenter, den Buchverkauf durch Auch-Buchhändler wie Schreibwarenhändler und den parteiamtlichen Buchvertrieb hervor. Bei diesem Punkt verweilte er etwas länger und sparte nicht mit Kritik an der Wettbewerbsverzerrung durch nationalsozialistische Stellen und staatliche Behörden. „Das deutsche Sortiment", erklärte er mit Emphase,

> *ist willens und in der Lage, die vom nationalsozialistischen Staat ihm gestellte Aufgabe zur Verbreitung nationalsozialistischen Schrifttums zu erfüllen, und ich glaube, dass Sie dem deutschen Sortiment den besten Dienst damit erweisen, daß der gesamte Buchvertrieb dem deutschen Sortiment wieder zurückgegeben wird. ... das scheint mir die große Aufgabe des Buches zu sein, das gesamte deutsche Volk für die nationalsozialistische Weltanschauung zu gewinnen und es mit dem Glauben an diese gewaltige Bewegung zu erfüllen und zu durchdringen.*

Ein Auftritt vor dem Börsenverein

Nach dieser Beteuerung des Willens zur Mitwirkung berührte Koch weitere Punkte, die ihm auf den Nägeln brannten. So kritisierte er das im Eher-Verlag erschienene Verzeichnis für nationalsozialistische Büchereien, das man viel preiswerter und werbetechnisch klüger hätte herausgeben können, und äußerte Kritik am *Börsenblatt*, dessen neuer Schriftleitung er vorwarf, „ein offenes, freies Manneswort" zu unterdrücken. Seine leidenschaftliche Rede beschloss er mit einem Zitat der ostpreußischen Dichterin und Gräfe-und-Unzer-Autorin Johanna Wolff „Leben ist Wanderschaft, aber Zukunft in sich zu tragen, darauf kommt's an!"[300]

Nachdem Koch seine Rede beendet hatte, gab es noch zwei weitere Einlassungen, von denen aber nur eine auf ein Detail von Kochs Rede Bezug nahm. Eine Diskussion fand nicht statt, wäre in diesem Rahmen auch kaum möglich gewesen. Mittlerweile war es 12:30 Uhr geworden. Die Versammlung erhob sich von den Plätzen und brachte das Sieg-Heil auf den Führer aus. Nach dem Absingen des Deutschland- und des Horst-Wessel-Liedes beendete der Vorsteher die Hauptversammlung.[301] In dieser historischen Sitzung war eine grundlegende Satzungsänderung beschlossen und die Gleichschaltung des Börsenvereins vollzogen worden.

Koch kritisiert die Nationalsozialisten, aber nicht ihre weltanschaulichen Ziele.

Kochs Rede wird man als kennzeichnend für seine politische Einstellung zumindest in der ersten Phase des Nationalsozialismus ansehen dürfen. Sie bewegte sich auf der vorgegebenen weltanschaulichen Linie, bemängelte aber – mit Spitzen gegen den machtvollen Parteiverlag und den Vorsteher des Börsenvereins – die technische Umsetzung der politischen Ziele im Buchhandel.

Die freimütige Adressierung der Sorgen der Sortimenter hat offensichtlich den Nerv vieler Fachkollegen getroffen. Anton Kippenberg, der Verleger des Insel-Verlags, den Koch in seiner Rede als positives Beispiel eines Verlegers hervorgehoben hatte, schrieb an ihn:

> *Mein Schwiegersohn und Freunde haben mir berichtet, wie tapfer Sie in der Hauptversammlung des Börsenvereins am letzten Sonntag die Klinge geführt und auch meiner unter dem Beifall der Versammlungsteilnehmer mit besonders freundlichen Worten gedacht haben.*[302]

Koch ließ seine Rede sogleich im eigenen Verlag drucken,[303] denn das Börsenblatt, in das sie eigentlich gehört hätte, war kein Forum mehr für die Diskussion kontroverser Fachthemen.

Koch bekleidete längst nicht so viele Ehrenämter im Buchhandel, wie Otto Paetsch sie innegehabt hatte. Er war aber Mitglied des „Aktions-

121

ausschusses" Ost- und Westpreußischer Buchhändler, des Verbandes, der u. a. für die Ausbildung zuständig war, sowie Obmann für Ostpreußen im Bund Reichsdeutscher Buchhändler. Das war der neue Verband, dem alle deutschen Verleger und Buchhändler – im Gegensatz zum Börsenverein, der auch ausländische Mitglieder hatte – zwangsweise angehören mussten. In dieser Funktion hatte Koch Einfluss auf die Berufszulassung, die aus wirtschaftlichen, politischen oder rassischen Gründen verweigert werden konnte. Er hat das Amt jedoch nur ein Jahr ausgeübt.

KONFLIKT MIT DEM STÜRMER

„Gräfe und Unzer – genauer gesagt: das moderne Antiquariat, in dem verlagsneue Bücher, deren Ladenpreis aufgehoben war, verbilligt angeboten wurden – war 1937 Zielscheibe einer Attacke der berüchtigten NS-Wochenzeitung *Der Stürmer* (Nr. 52):

Die Firma Gräfe und Unzer – Das Haus der Bücher am Paradeplatz 6 zu Königsberg Pr. nennt sich Europas grösste Buchhandlung. Sie bietet in einem Sonderangebot Charakterbilder des Juden Mendelssohn und billige Bücher anderer Juden an.[304]

Die Meldung, die Gräfe und Unzer als unzuverlässigen Kantonisten des nationalsozialistischen Staates brandmarkte, war für die Position der Firma bei Privatkunden und Behörden in Königsberg brisant. Der Prokurist Rolf Stosberg schrieb sofort zwei Briefe: einen an die Redaktion des *Stürmer* und einen an die Reichsschrifttumskammer. In dem Brief an die Reichsschrifttumskammer vom 13. Januar 1938 bat er um Auskunft, ob das Buch *Charakterbilder grosser Tonmeister* des Verlags Velhagen und Klasing (1920 erstmals aufgelegt) als verboten gelte. Der inkriminierte Beitrag über Felix Mendelssohn nähme im zweiten Band des vierbändigen Werks insgesamt 13 Seiten ein. Die Notiz des Stürmer schieße erheblich über das Ziel hinaus. Bücher anderer Juden würden keinesfalls angeboten, wie aus dem beiliegenden Antiquariatskatalog ersichtlich sei.

Der Brief von Gräfe und Unzer an den Stürmer ist nicht erhalten, aber das Antwortschreiben der Redaktion ist überliefert, in dem es heißt: „Wir wissen nicht, ob Sie empfinden, welche Zumutung es im 5. Jahre der nationalsozialistischen Regierung für das deutsche Volk bedeutet, derartige geschmacklose Lobeshymnen auf einen Juden lesen zu müssen."

Konflikt mit dem Stürmer

Die Reichsschrifttumskammer schloss sich in einem internen Schreiben an den Reichsminister für Volksaufklärung und Propaganda, dem sogleich Mitteilung von dem Vorgang gemacht wurde, der Auffassung von Gräfe und Unzer im Prinzip an, dass der Angriff des *Stürmer* unangemessen sei. Der Beamte argumentierte, „dass das Gewandhaus in Leipzig die Erinnerung an Mendelssohn dauernd aufrecht erhält, sodass man ihn im Augenblick nicht totschweigen oder übergehen kann, zumal seine Werke in jeder Musikalienhandlung zu haben sind." Da stand allerdings das Mendelssohn-Denkmal in Leipzig schon seit über einem Jahr nicht mehr, weil es von fanatischen Anhängern der Partei zerstört worden war.

Gleichzeitig prüfte die Kammer den eingesandten Antiquariatskatalog von Gräfe und Unzer genau und gab sich streng. Zu sieben Titeln gab es Rückfragen, darunter zu *Zilles Hausschatz*[305] und *Chaplin auf der Verbrecherjagd*.[306] Gräfe und Unzer reagierte postwendend auf die Bitte um genauere Information, woraufhin die Reichsschrifttumskammer die Beanstandung für erledigt erklärte.

Doch in der Hauptfrage ließ Gräfe und Unzer nicht locker. Denn es gab aufgrund des *Stürmer*-Artikels ein Rundschreiben des Gauleiters und Oberpräsidenten von Ostpreußen Erich Koch, in dem die Schulen aufgefordert wurden, die Verbindung zu Gräfe und Unzer sofort einzustellen. Deshalb wollte Stosberg im Namen der Firma unbedingt eine Richtigstellung im *Stürmer* eingerückt sehen und bat deshalb die Reichsschrifttumskammer am 18. Februar 1938 noch einmal nachdrücklich um Unterstützung:

> *Die Tatsache besteht aber, dass diese unsere Ehre kränkenden, herabsetzenden Angriffe keine Begründung haben. Seit Jahren schon ist jeder einzelne Mitarbeiter unseres Hauses aufs schärfste darauf hingewiesen, dass alle irgendwie bedenkliche Literatur aus dem Vertrieb auszuschalten ist. Seit Jahren arbeiten wir mit der Geheimen Staatspolizei zusammen, der wir in regelmäßigen Abständen alles irgendwie zweifelhaft erscheinende Material, besonders aus Antiquariatsankäufen zur Durchsicht und gegebenenfalls zur Beschlagnahme übergeben.*

Daraufhin hat sich die Reichsschrifttumskammer tatsächlich beim *Stürmer* für Gräfe und Unzer verwendet. Doch eine Richtigstellung ist offensichtlich nicht erschienen. Für Gräfe und Unzer war der Fall in dem Moment erledigt, als der Oberpräsident Ostpreußens das Verbot der Kontaktaufnahme durch die Schulen aufhob.[307] Der Konflikt zeigt,

Gräfe und Unzer lässt keinen Zweifel an der Loyalität zum Staat aufkommen.

dass Gräfe und Unzer Wert darauf legte, keinen Zweifel an seiner Loyalität zum nationalsozialistischen Staat aufkommen zu lassen. Der Vorwurf, ein Buch angeboten zu haben, in dem ein Jude positiv dargestellt wurde, wird entrüstet als Bagatelle zurückgewiesen. Es wird in Kauf genommen, mit der Beschwerde zwischen die parteiinternen Frontlinien von Rigoristen und Pragmatikern zu geraten. Zugleich wird das eigene Wohlverhalten damit beglaubigt, dass man „seit Jahren" mit der Geheimen Staatspolizei zusammenarbeite.

Vielleicht legte man auch deshalb viel Wert auf einen politisch tadellosen Ruf, weil man glaubte, ins Visier der Erich-Koch-Stiftung geraten zu sein. Zu dieser zweifelhaften „Stiftung" aus arisierten oder in den Ruin getriebenen Firmen gehörten zu der Zeit bereits zwei Zeitungsverlage und sechs Industrieunternehmen in Ostpreußen – in ständig wachsender Zahl.[308] Das einzige Vorstandsmitglied war der Gauleiter selber, der auf seine Weise Max Amann Konkurrenz machte, dem skrupellosen Reichsleiter für die Presse der NSDAP, der unter dem Dach des Eher-Verlags den größten Zeitungstrust der Welt zusammenbaute. Ob Erich Koch und seine Leute ernstlich versucht haben, Gräfe und Unzer in ihren Einflussbereich zu überführen, muss offenbleiben, solange nicht neues Quellenmaterial auftaucht.

Jedenfalls ist es Bernhard Koch gelungen, unabhängig zu bleiben. Ein ehemaliger Mitarbeiter schreibt in einem Geburtstagsartikel für Koch nach dem Krieg:

> *Ein Partei-Konkurrenzunternehmen war bereits gegründet, damit wollte der Herr Gauleiter, wie er im engen Kreis ausdrückte, Ihren Verlag erledigen. Und das Ergebnis: Der Spieß wurde umgedreht, und Sie übernahmen den anderen Verlag und ließen die wenigen erschienenen Bücher eingehen. Solche Wunder gab es also auch.[309]*

Mit dem „anderen Verlag" ist wohl der Grenzland-Verlag Gustav Boettcher, Pillkallen, gemeint. Dessen Verlagsrechte und Buchbestände übernahm Gräfe und Unzer 1939. Dazu gehörte auch der Erfolgstitel *Bi ons to Hus* von Charlotte Keyser.

„DÜNEN, WÄLDER, WEITES LAND, OSTPREUSSEN"

„ Seit 1928 gab es bei Gräfe und Unzer erstmals einen angestellten Verlagsleiter: Otto Dikreiter. Er schied zehn Jahre später aus und gründete in Königsberg den Kanter-Verlag. Nachfolger bis Kriegsende wurde Philipp Hofstötter.

Mit dieser personellen Besetzung – beide Verlagsleiter erwiesen sich als besonders fähige Köpfe, hinzu kamen sechs Mitarbeiter – konnte die Firma ihr Verlagsprogramm endlich systematisch planen. Es war ganz auf das Thema „Ostpreußen" ausgerichtet. „Die zugrundeliegende strategische Idee ist die," so zitiert das Verlagsverzeichnis von 1937 einen Kritiker zustimmend, „aufzuzeigen, was an Seelenkraft und Kulturgütern in lebendiger Wechselwirkung mit dem Mutterlande der preußische Osten gibt und nimmt, von den Zeiten der Ordensritter bis zur blutvollen Gegenwart."[310] Flankiert wurde das eigene Verlagsprogramm von einem großen Angebot an Ostpreußenliteratur anderer Verlage, das im Sortiment zum Kauf bereitstand. Dort befand sich sogar ein permanentes Ostpreußen-Archiv, das den Kunden für Studienzwecke und zum Nachschlagen kostenlos zur Verfügung stand.[311]

Folgende Schwerpunkte sind erkennbar: Es gab Ostpreußen-Titel, die ein großes Publikum auch jenseits der Region ansprachen. Dazu zählten opulente Bildbände wie *Dünen, Wälder, weites Land, Ostpreußen* (1942),[312] ein Buch, das auch die im Zweiten Weltkrieg eroberten Gebiete Memel, Suwałki und Südostpreußen vorstellte, oder Heinz Sielmanns *Vögel über Haff und Wiesen* (1943)[313] mit beeindruckenden Bildern seiner Expeditionen ins Tierreich rund um die Vogelwarte auf der Kurischen Nehrung in Rossitten. Es wurde zugleich Begleitbuch zur ersten Filmproduktion Sielmanns. Auch der beliebte *Ostpreußenkalender*,[314] der zwischen 1929 und 1942 erschien, gehört in diesen Kontext.

Zum Bestseller entwickelte sich das *Kochbuch der ostpreußischen Haushaltungsschule,* das erste große Familienkochbuch mit über 1.500 Rezepten. Die Autorinnen Margarete und Elisabeth Doennig leiteten die Kochschule in Königsberg und

Philipp Hofstötter, 40er Jahre.

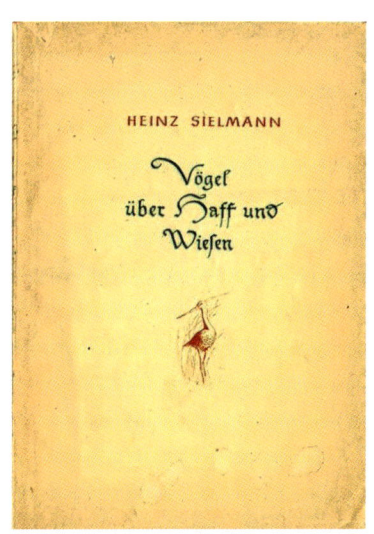

Heinz Sielmanns Vögel über Haff und Wiesen, *1943.*

veröffentlichten den Küchen-Klassiker 1902 zunächst im Selbstverlag, damit sie ihren Schülerinnen die Rezepte nicht mehr diktieren mussten. Die Auflage von 1.000 Exemplaren war sofort vergriffen. Bei Gräfe und Unzer wurde das Buch in den Jahren von 1934 an mit neuen Abbildungen versehen und in 245.000 Exemplaren verkauft.[315] Die 43. und vorläufig letzte Auflage erschien 2013 bei Rautenberg.

Die landeskundlichen Bücher und Buchreihen über Ostpreußen waren teils populär, teils wissenschaftlich ausgerichtet. Hofstötter konzipierte die volkstümlich-bibliophile Reihe „Bibliotheca Regiomontana" mit Texten älterer Autoren, vornehmlich aus dem 19. Jahrhundert (Karl Rosenkranz, Ferdinand Gregorovius, E.T.A. Hoffmann), aber auch von Zeitgenossen (Agnes Miegel, Otto Ernst Hesse). In dieser Reihe erschienen Abhandlungen, Erzählungen, Reden und Aufsätze, die die Eigenart dieser Provinz zum Ausdruck bringen sollten.

Zahlenmäßig stark vertreten waren das Schrifttum der Universität, seien es Schriftenreihen einzelner Institute oder auch Einzelschriften wie die Dissertation von Marion Gräfin Dönhoff (1935), die Antrittsrede des neuen NS-Rektors der gleichgeschalteten Hochschule Hans Heyse oder Ernst von Hippels Schrift *Die Universität im neuen Staat* (1933)[316] mit seiner Forderung nach „Entfernung der Juden aus der Universität". Auch die *Altpreußische Biographie*[317] oder das *Preußische Wörterbuch*[318] gehörten zu den universitätsnahen Publikationen.

Ein kurioser Fall ist das von Paul Mühling herausgegebene Buch *Der Lichtgedanke und die Feuerverehrung* (1941).[319] Es geriet auf die „Liste der von der Deutschen Bücherei unter Verschluss gehaltenen Druckschriften".[320] Womöglich fanden es die Prüfer inhaltlich fragwürdig, aber nicht unbedingt eines expliziten Verbotes wert, und haben sich deshalb für diese Form der stillschweigenden Behinderung des Vertriebs entschieden. Die Gründe dafür sind wohl weniger im Politischen als im Weltanschaulichen zu suchen. Es werden die verqueren lebensreformerischen und nordisch vernebelten Ansichten des Königsberger Arztes gewesen sein, die selbst den Nationalsozialisten nicht geheuer waren. Mühling plädierte in dem Buch für die restlose Verbrennung von Verstorbenen, damit diese ganz und gar – ohne Beisetzung der Asche – in das „Lichtreich" übergehen könnten. Makabrerweise war genau das die Art und Weise, mit der die Nazis zur selben Zeit in Zwangs- und Konzentrationslagern die Leichen ihrer Opfer beseitigten, von denen nicht einmal die Asche übrig bleiben durfte. Dass sich Gräfe und Unzer überhaupt auf die befremdliche Publikation eingelassen hat, lässt sich wohl nur damit erklären, dass der Autor bereits 1911 an gleicher Stelle schon einmal eine ähnliche Veröffentlichung herausgebracht hat und der Verlag ihm gegenüber vielleicht eine Art Treuepflicht empfunden hat.[321]

Gräfe und Unzer hat auch den bekanntesten Vertreterinnen der ostpreußischen Frauendichtung eine Verlagsheimat geboten: Die ersten Erzählungen von Agnes Miegel (*Dorothee/Heimgekehrt*) erschienen hier 1931.[322] (Die Autorin publizierte aber hauptsächlich bei Eugen Diederichs in Jena.) Johanna Wolffs Autobiografie, die bei Gräfe und Unzer unter dem Titel *Hannekens große Fahrt* 1935 neu aufgelegt wurde,[323] wurde zehntausendfach verkauft. Auch ihre Gedichte erlebten wie im Fall der schon erwähnten Frieda Jung mehrere Auflagen. Charlotte Keyser veröffentlichte ab 1939 zahlreiche, bis heute gelesene Erzählungen (*In Stillen Dörfern*[324]) und Romane (*Und immer neue Tage – Roman um eine memelländische Familie zwischen zwei Jahrhunderten*[325]) bei Gräfe und Unzer. Überhaupt spielte die zeitgenössische Literatur in den dreißiger und vierziger Jahren eine große Rolle im Verlagsprogramm. Zu den männlichen Autoren zählten Rudolf G. Binding, Alfred Brust, Hansgeorg Buchholtz, Walter von Sanden-Guja und Walter Scheffler.

Das letzte Buch, das vor der Zerstörung des Hauses der Bücher 1944 erschien, war *Mein Bernsteinland und meine Stadt* von Agnes Miegel.[326] Es wurde trotz der kriegsbedingt eingeschränkten Möglichkeiten mit viel Aufwand und Geschmack bei J.C.F. Pickenhahn & Sohn in Chemnitz hergestellt und enthielt 32 Farbtafeln mit Fotografien von der Ostseeküste und Königsberg. Zwei der Fotos stammten von Bernhard Koch, vier von Philipp Hofstötter. Dieser berichtet in seinem Tagebuch, die Dichterin betrachte ihr hymnisches Gedicht als eine Art Resümee, „geradezu als Ihr letztes Vermächtnis an ihre geliebte Heimat und Vaterstadt".[327] Agnes Miegel, die 1933 das „Gelöbnis treuester Gefolgschaft" für Adolf Hitler unterzeichnet hatte und zum obskuren „Wartburgkreis" um Börries von Münchhausen gehörte, konnte 1945 in den Westen flüchten und starb 1964, vielfach geehrt, in Bad Salzuflen. Sie war eine heimatlich und landschaftlich geprägte Dichterin christlicher Herkunft, aber empfänglich für die Blut- und Boden-Ideologie der Nationalsozialisten.

Das Verlagsprogramm von Gräfe und Unzer zeigte eine klare Linie. Es lief darauf hinaus, mithilfe von Autoren der Albertus-Universität Königsberg und ostpreußischen Schriftstellern das geistige Profil der an den Rand geratenen, gefährdeten deutschen Provinz erkennbar zu machen – sowohl für die Leser in der Heimat wie im „Reich". Dennoch kann man

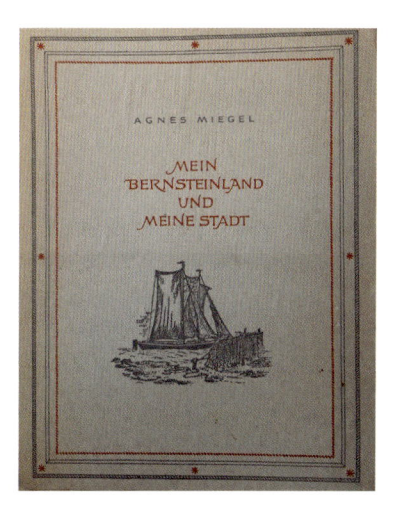

Pappumschlag des Buches von Agnes Miegel, das zu einem relativ hohen Preis von 8,50 RM verkauft wurde.

nicht davon sprechen, das thematisch fokussierte Programm zeige die unverwechselbare Handschrift einer starken Verlegerpersönlichkeit, wie dies etwa bei den zeitgenössischen Literatur- oder Kulturverlegern (Kurt Wolff, Samuel Fischer, Ernst Rowohlt, Eugen Diederichs u. a.) der Fall war. Dazu hatte ein angestellter Verlagsleiter zu wenig Entscheidungsfreiheit.

Dass der Verlag von Gräfe und Unzer bis zum bitteren Ende des Zweiten Weltkriegs weiterarbeiten konnte, war nicht selbstverständlich. Die Zerstörung des Herzstücks des deutschen Buchhandels, des Graphischen Viertels in Leipzig, im Feuersturm des 4. Dezember 1943, die zunehmende Rohstoff- und Papierknappheit sowie der fühlbare Personalmangel infolge des Kriegseinsatzes führten zu immer krasseren Einschränkungen der verlegerischen Tätigkeit. Die Titelzahl der Erst- und Neuauflagen in Deutschland war 1943 gegenüber dem Vorkriegsstand um knapp 40 Prozent auf 15.567 Titel gesunken.[328]

Das Propagandaministerium versuchte durch Markteingriffe zu bestimmen, welche Verlage das wichtigste Schrifttum „für Front und Heimat", wie die Formel lautete, bereitstellen sollten. Es definierte eine Auswahl führender Verlage, die ihre Planung dem Ministerium zur Genehmigung vorzulegen hatten und bei der Zuweisung von Papier-, Druck- und Bindekapazitäten bevorzugt wurden – die Parteiverlage wurden selbstverständlich weiterhin großzügig mit Papier beliefert. Im November 1944 gehörte Gräfe und Unzer, obwohl das Haus der Bücher da schon zerstört war, zu den letzten 220 von bis dahin immerhin noch 1.823 aktiven Buchverlagen, die in den Genuss von Zuteilungen kamen.[329]

Dass Gräfe und Unzer weiter berücksichtigt wurde, hing wohl mit den attraktiven Feldpostausgaben zusammen, die der Verlag anbieten konnte. Für die Feldpostausgaben, die für den Versand an die Front nicht mehr als 100 Gramm wiegen durften, gab es seit 1942 Extrakontingente an Papier. Das Propagandaministerium wählte die Titel auf Vorschlag der Verlage aus. Der Verlag mit der größten Produktion an Feldpost-Heften (denn als Bücher kann man die Schriften kaum bezeichnen, da sie nicht gebunden wurden) war Bertelsmann. Aber auch Gräfe und Unzer konnte mindestens vierzehn Titel, darunter zum Beispiel *Hanneken* von Johanna Wolff[330], *Kleine stille Welt* von Walter von Sanden-Guja[331] oder *Und immer neue Tage* von Charlotte Keyser[332] in dem Programm unterbringen. Die Hefte hatten in der Regel eine 20.000er-Auflage und kosteten ein bis zwei Reichsmark statt das Vier- oder Fünffache des Preises für die aufwendiger gestalteten

Normalausgaben. Sie enthielten den Hinweis: „Dieses Buch gehört unseren Soldaten an der Front." Dieser geschlossene Markt der Feldpostausgaben, erläutert der Buchhandelshistoriker Jan-Pieter Barbian mit Verweis auf Siegfried Lokatis, funktionierte wie eine Art riesige Buchgemeinschaft, „für deren Mitglieder … die Verlage eine begrenzte Anzahl von Buchtiteln aus ihrem Programm in hohen Auflagen zu besonderen Preisen produzierten und über das von der Zentrale der Frontbuchhandlungen aufgebaute Filialnetz vertrieben."[333]

Aber auch die normale Verlagsproduktion erlebte wegen der Sonderstellung des Verlags in den Kriegsjahren einen großen Aufschwung. Das betraf jedoch nur die Auflagenhöhe, nicht die Zahl der Titel. Hofstötter spricht für das Jahr 1943, das zum Zeitpunkt der Aufstellung seiner Liste noch sechs Wochen andauerte, von 275.000 Bänden in Herstellung. Sie wurden folgendermaßen verteilt:

5 % an die Zentrale der Frontbuchhandlungen

15 % an das Einkaufshaus der Büchereien

50 % an Wehrmachtsdienststellen

30 % an zivile Stellen einschließlich Rüstungsbetrieben

Man sieht, dass für normale Buchhandlungen, die unter den „zivilen Stellen" rangieren, nur ein paar Krümel abgefallen sein können. Trotz der hohen Auflagen waren die übrig gebliebenen Verlage nicht annähernd in der Lage, den Bedarf des Buchmarkts zu decken.

Hinzu kamen in diesem Jahr bei Gräfe und Unzer eine Sonderauflage von 28.000 Bänden für das Oberkommando der Wehrmacht und die erwähnten Feldpostausgaben, die sich auf 300.000 Bände beliefen. In der Vorkriegszeit produzierte der Verlag etwa 71.000 Bände pro Jahr. Man kann also von einem Anstieg um 750 Prozent sprechen.[334]

Es versteht sich, dass unter den Bedingungen einer rigiden Planwirtschaft manche schöngeistigen Blütenträume des Verlegers zerplatzen mussten. Gräfe und Unzer hatte zum Beispiel 1941 einen Vertrag mit Max Stefl abgeschlossen, um eine Gesamtausgabe sämtlicher Urfassungen der Erzählungen von Adalbert Stifter herauszubringen. Stefl war ein angesehener Stifter-Forscher und lebte nunmehr als Privatgelehrter in München, weil er 1934 aus politischen Gründen aus dem Dienst an der Bayerischen Staatsbibliothek entlassen worden war. Im Jahr 1942 konnten die sogenannten „Scharnast-Erzählungen" Stifters noch erscheinen.[335] Alles Weitere aber stand in den Sternen, wie Hofstötter an Stefl schrieb:

> *Es ist wohl nicht mehr damit zu rechnen, dass der Stifterband noch in diesem Jahre herauskommt. Wir werden uns gedulden müssen bis zum nächsten Jahr; denn es geht jetzt alles sehr langsam. Auch holzfreies Papier gibt es nicht mehr; aber die Stoffklasse III ist noch sehr gut. Außerdem müssen wir uns mit einem Pappband begnügen. Ein Ganzleinenband ist ohnehin nicht mehr zu erhalten und ein Halbleinenband wird auch nicht mehr zu bekommen sein.[336]*

Ein halbes Jahr später, im Frühjahr 1943, bestand kaum noch Hoffnung, bald eine Papierzuteilung für die Stifter-Ausgabe zu bekommen:

Die geplante Stifter-Ausgabe scheitert.

> *Was nun den „Urstifter" betrifft, so wollen wir und müssen wir ja mit dem Druck warten bis unsere unschöne Bücherzeit vorbei ist, wir wieder arbeiten können wie wir wollen und dem Buch auch die entsprechende Ausstattung geben können. Natürlich können wir im Zusammenhang damit auch den Satz nicht jetzt schon herstellen lassen, weil die technischen Arbeiten an einem Buch erst in Angriff genommen werden können, wenn die Genehmigung für das betreffende Buch vorliegt.[337]*

Tatsächlich gelang es nicht mehr, weitere Bände der Stifter-Ausgabe herauszubringen. Im Jahr 1950 verkaufte Bernhard Koch die Rechte an den Verlag Adam Kraft, Augsburg. Dort ist die Ausgabe 1952 erschienen und mehrfach wieder aufgelegt worden.

Mit Reinhard Wittmann kann man über die Verlagssteuerung des Dritten Reiches zusammenfassend sagen, dass eigenverantwortliches verlegerisches Wirken im Labyrinth der Schrifttumsbürokratie mit ihren vielfach divergierenden Interessen und unter den stetig sich verschlimmernden Kriegsbedingungen so gut wie unmöglich geworden war: „Staat/Partei und Wehrmacht waren am Ende des Dritten Reiches die einzigen noch funktionierenden verlegerischen Instanzen: Ihre Produktionsvorgaben und ihre Nachfrage beherrschten monopolistisch den gesamten Buchmarkt und degradierten die noch bestehenden schöngeistigen Verlage zu willfährigen Erfüllungsgehilfen."[338]

AUCH DAS SORTIMENT IST „KRIEGSWICHTIG"

Wie die Verlage waren auch alle anderen Sektoren des Buchhandels massiv von staatlichen Eingriffen betroffen. So durften etwa Buchgemeinschaften keine neuen Mitglieder mehr aufnehmen. Im Frühjahr 1943 wurde die Schließung von Hunderten von Sortimentsbuchhandlungen verfügt.[339] Wer überlebte, war vom Wohlwollen des Staates völlig abhängig.

Je länger der Krieg dauerte, umso ungeduldiger wurden die Kunden in den Buchhandlungen, die nicht verstanden, warum Bücher zur Mangelware geworden waren. Dass die Nachfrage auch deshalb so hoch war, weil die Menschen Inflationsängste hatten und ihr Geld in Sachwerten anlegen wollten – Bücher konnten ohne Bezugsscheine erworben werden –, steht auf einem anderen Blatt.

Zunächst, im Weihnachtsgeschäft 1939 und 1940 etwa, konstatierten die Sortimentsbuchhändler das mächtige Leserinteresse noch erfreut, weil es für erhebliche Umsatzsteigerungen sorgte. Aber bald bestimmten Knappheiten und Mangelwirtschaft das Bild, sodass der Ministerialdirigent im Propagandaministerium Wilhelm Haegert und der Leiter des Deutschen Buchhandels Wilhelm Baur 1941 in einem gemeinsamen Appell an den Buchhandel forderten:

> *Der deutsche Buchhändler gibt in diesem Winter seine Bücher nicht in erster Linie denjenigen, die sie kaufen wollen, sondern denen, die sie brauchen. Volksgenossen, die über eigene Büchereien verfügen und auf die Schätze ihres Bücherschranks zurückgreifen können, müssen durch den Buchhandel dahin gebracht werden, auf einen Bücherkauf dann zu verzichten, wenn für unsere Soldaten, Arbeiter und Frauen dringlichster Bedarf vorliegt.[340]*

Die beiden Funktionäre erklärten nicht näher, wie die Steuerung des Bücherkaufs praktisch vor sich gehen sollte – durch strenges Verhör der Kaufwilligen? Rudolf Stosberg, Prokurist bei Gräfe und Unzer, hatte auch keine besseren Rezepte. In einem Artikel für die *Preußische Zeitung*, dem Organ der NSDAP, versuchte er ein Jahr später dem heimischen Kundenkreis verständlich zu machen, warum neue Bücher so knapp geworden waren. Vorrang hätte eben, so erklärte er, der Bedarf der Wehrmacht und die Werkbüchereien von kriegswichtigen Betrieben. Buchhandlungen könnten Bücher bei den Verlagen nicht mehr bestellen, sondern erhielten sie bestenfalls zugeteilt. Die Kunden reagierten nach seiner Meinung falsch, indem sie in den Buchhandlungen wahllos alles kauften, was an Neuheiten da sei, sodass die Bücher schon nach kurzer Zeit vergriffen wären. Daher lautete sein Appell: „Wenn die Käufer soviel Selbstdisziplin bewahren würden, Bücher nur zu erwerben, wenn der Besitz inneren Gewinn bringt, dann würden nahezu alle Schwierigkeiten auf dem Buchmarkt behoben sein." [341]

Was für seltsame Zeiten! Potentielle Buchkäufer, die nicht die Gewähr eines „inneren Gewinns" boten, lösten offenbar Panik in den Buchhandlungen aus. „Bücher sind doch keine Handelsware!" lautete die Überschrift des Zeitungsartikels.

Nicht nur der Verlagszweig, auch das Sortiment von Gräfe und Unzer erfuhr in Zeiten des „totalen Krieges" eine Vorzugsbehandlung. Das Sortiment konnte sich deshalb halten, weil es aufgrund seiner Größe „kriegswichtig" war. Auch die Funktion als Wehrmachtslieferant[342] und die reichhaltige Lehrmittelabteilung, die für die Schulen wichtig war, dürften dazu beigetragen haben, dass die Firma bis zuletzt diesen Status behielt. Ständig war man auf der Suche nach Fachpersonal auf dem leergefegten Arbeitsmarkt.

Das Verhältnis von Gräfe und Unzer zum Nationalsozialismus abschließend zu beurteilen, fällt bei der dürftigen Quellenlage schwer. In der gedruckten Selbstdarstellung der Firma von 1934[343] lässt sich der Zeitgeist zwar nicht verleugnen – das Haus der Bücher wird als „starker Stützpunkt deutscher Geisteskultur im Osten des Reiches" vorgestellt –, aber ein ausdrückliches Bekenntnis zum Nationalsozialismus ist an keiner Stelle herauszulesen.

Die Führungskräfte von Gräfe und Unzer sind nicht Mitglieder der NSDAP.

Eine Mitgliedschaft in der Partei bestand weder bei Bernhard Koch noch bei irgendeinem der Prokuristen: Dikreiter, Gerlach, Hofstötter, Pasdziernik, Selke, Stosberg – jedenfalls lassen sich in den personenbezogenen Unterlagen des Bundesarchivs einschließlich des Berlin Document Center dazu keine Hinweise finden. Nur Wally Gerlach gehörte ab 1940 dem Deutschen Frauenwerk an, einem Verband, der parteinah, aber formal selbständig war. Was die Führungskräfte betrifft, so sagt der Befund nur etwas über ihre Distanz zu den organisatorischen Strukturen des Regimes aus, aber nichts über ihr tatsächliches Verhalten. Dennoch wird Koch in eigenem Interesse darauf geachtet haben, dass es in der „Gefolgschaft" eine ganze Reihe von Parteimitgliedern gab. Etwas anderes hätte sich die Gauleitung, die ihren Sitz in der Nachbarschaft am Paradeplatz hatte, gar nicht gefallen lassen.

Dem Unternehmen ging es bis zu seiner Zerstörung wirtschaftlich ausgezeichnet. Von C. H. Beck ist bekannt, dass der Reingewinn des Verlages zwischen 1933 und 1943 um das Fünfunddreißigfache gestiegen ist.[344] Gräfe und Unzer hatte sehr viel weniger spektakulären Nutzen aus den politischen Umständen gezogen als C. H. Beck – also zum Beispiel keinen arisierten Betrieb übernommen –, aber sich den Verhältnissen angepasst und gut verdient. Die Mitgliederkarteikarte der Reichskulturkammer für Bernhard Koch trägt den Stempel „Nachteilige Notierungen in politischer Hinsicht liegen nicht vor – Reichssicherheitshauptamt 16.11.1943".[345] Nur nicht auffallen – das scheint die Devise von Gräfe und Unzer in der Zeit des Nationalsozialismus gewesen zu sein.

Vom 7. bis 10. Juli 1944 feierte die Universität Königsberg noch einmal glanzvoll ihr vierhundertjähriges Bestehen. Der Reichserziehungsminister versprach, acht neue Ordinariate einzurichten. Provinz, Stadt und Wirtschaft sagten weitere Förderung zu. Eine neue Hitler-Büste von Hans Wissel wurde feierlich enthüllt und zwischen Kopernikus und Kant postiert, „bei etwas erhöhter Aufstellung". Der Rektor erklärte die drei Büsten als Symbole des Zusammenhangs zwischen Geisteswissenschaft, Naturwissenschaft und heroischer Gegenwart.[346] Gleichzeitig wurden Lehrer und Schüler der höheren Schulen zwangsverpflichtet, um Panzergräben an der Grenze auszuheben, da sich die Rote Armee auf Ostpreußen zubewegte.[347]

19
44

19
45

"

DAS ENDE IN KÖNIGSBERG

Am 30. August 1944 erlebt Königsberg den schlimmsten Bombenangriff der Royal Air Force. 90 Prozent der Innenstadt wird zerstört, etwa 2400 Menschen sterben. An diesem Tag wird auch das „Haus der Bücher" zur Ruine. Der Augenzeuge Philipp Hofstötter schildert in einem bewegenden Brief an seine Frau das Bild der Verwüstung. Zuletzt hält eine einzige Mitarbeiterin, Charlotte Manske, in einer provisorischen Abgabestelle den Bücherverkauf bis Anfang März 1945 aufrecht. Am 9. April 1945 übernimmt die Rote Armee die Herrschaft über das, was von der Stadt übrig geblieben ist.

DIE KATASTROPHE

„ Am 29. August 1944 verabschiedete sich der Verlagsleiter Philipp Hofstötter, 37 Jahre alt, auf dem Passauer Hauptbahnhof von seiner Frau und seinen beiden kleinen Söhnen, um zurück nach Königsberg zu fahren. Die Stimmung wird bedrückt gewesen sein, denn auch den Menschen im südöstlichen Zipfel Deutschlands war durch Meldungen im Radio bekannt, dass Königsberg zwei Tage zuvor von der Royal Air Force zum ersten Mal schwer bombardiert worden war. Nach den deutschen Luftangriffen auf London, Birmingham, Coventry, Manchester, Sheffield und andere Städte Englands in den Jahren 1940/41 mit mehr als 40.000 toten Zivilisten hatte die Royal Air Force ihrerseits mit Luftschlägen auf deutsche Städte in immer größerer Dichte geantwortet. Bis zu diesem Tag hatten sich viele Königsberger der von offizieller Seite geschürten Hoffnung hingegeben, vor britischen Luftangriffen sicher zu sein. Die Entfernung zu den Luftstützpunkten an der Ostküste Englands schien einfach zu groß zu sein. Die Einsatzreichweite der Maschinen hatte sich aber mit der Zeit auf mehr als 3.100 Kilometer erhöht.

Hofstötter musste dringend zurück an seinen Schreibtisch im Verlag. Der Zweck der Reise in seinen Heimatort Passau war längst erfüllt: Hier hatte er die Familie sicher unterbringen können. Außerdem hatte er im Auftrag Bernhard Kochs im naheliegenden Schalding Lagerhallen angemietet, in denen Geschäftspapiere und Bücher von Gräfe und Unzer deponiert werden konnten. Die Gegebenheiten hatte er nun vor Ort inspiziert und nach weiteren Ausweichquartieren Ausschau gehalten. Ganze Eisenbahnwaggons voller Bücherpakete sollten von Ostpreußen aus noch auf den Weg gebracht werden.[348]

Die Zugstrecke über Regensburg, Nürnberg, Berlin, Landsberg/Warthe, Schneidemühl, Marienburg/Westpreußen, Elbing bis Königsberg Hauptbahnhof ist 1.300 Kilometer lang. Die Fahrt dauerte – wenn störungsfrei – mit Umstieg in Berlin etwa 16 Stunden. Wir wissen nicht genau, welchen Zug Philipp Hofstötter genommen hat. Aber wenn er morgens in Königsberg eingetroffen ist, hat er vielleicht den günstigen D-Zug 17 mit Schlafwagen erreicht, der um 00:25 Uhr in Berlin/Schlesischer Bahnhof abfährt und planmäßig um 08:05 Uhr ankommt. Vielleicht ist er wach geblieben und hat den Feuerschein der brennenden Stadt wahrgenommen, der schon von weitem zu erkennen gewesen sein

Die Katastrophe

soll. Dann musste er ahnen, was in der Stadt während der Nacht passiert ist. Dem modernen Bahnhofsgebäude im Süden Königsbergs ist nichts Besonderes anzumerken. Es hat den ganzen Krieg nahezu unbeschädigt überstanden.

Etwa zur selben Zeit wie Philipp Hofstötter in Passau bestieg John Woodroffe, 30 Jahre alt, Offizier der Royal Air Force Group No. 5, im ostenglischen Lincolnshire seine Maschine. Für den Flug nach Königsberg hatte er eine ähnlich große Entfernung zurückzulegen. Woodroffe flog als Einsatzleiter eines Bomberverbandes von insgesamt 189 viermotorigen Avro-Lancaster I und II. Wegen der großen Distanz zum Ziel konnten nur 480 Tonnen Bomben mitgenommen werden. Jedes Flugzeug hat sieben Mann Besatzung: Pilot, Flugingenieur, Navigator, Bombenzielgerätschütze, Funker, zwei Bordschützen. Woodroffe und seine Leute überquerten die Nordsee, den Luftraum Dänemarks, den Süden des neutralen Schweden, dann die Ostsee. Sie erreichten nach 5 Stunden Flug das Frische Haff vor Königberg.

Um 00:45 Uhr begannen in der Stadt die Luftschutzsirenen zu heulen, das Rundfunkprogramm wurde unterbrochen. Der Bombenabwurf verzögerte sich, weil die Sicht aufgrund tiefhängender Wolken schlecht war. Die Staffel kreiste 20 Minuten in der Luft und verbrauchte dabei wertvollen Treibstoff. Schließlich fanden die Markierungsflugzeuge eine Lücke in der Wolkendecke und setzten ihre Lichtkaskaden. John Woodroffe blieb als Masterbomber in einer Höhe von 8.000 Metern und koordinierte die 4.000 Meter unter ihm tätigen Markierer und Bomber über Funk. Dann gab er das Zeichen zum Angriff. Die Staffel flog die Stadt von Südwesten her an. Das Bombardement begann am 30. August um 01:07 und endete um 01:52 Uhr. Die letzten Flieger drehten um 02:15 Uhr nach England ab. Insgesamt saßen die Soldaten elf Stunden lang in der Kanzel, ohne sich bewegen zu können. Die Beheizung an Bord bewirkte wenig. Während des Einsatzes konnte die Temperatur bis in eisige Minusgrade absinken. 15 Maschinen kehrten nicht auf ihre Basis zurück.[349]

Die Innenstadt Königsbergs wurde von 500 Sprengbomben mittleren Kalibers und 40.000 Flammstrahlbomben à 13 kg getroffen. Die einen zerstörten durch ihre gewaltige Druckwelle große Häuser, selbst im Umkreis des Aufschlagortes. Die anderen erzeugten beim Aufprall einen drei bis fünf Meter langen brennenden Sprühregen, der kaum zu löschen ist. Nach britischen Schätzungen wurden 41 Prozent aller Gebäude auf der Gesamtfläche der Stadt und 20 Prozent der Industriebetriebe schwer beschädigt. Die Innenstadt innerhalb der alten Festungsanlagen war zu 90 Prozent zerstört. Die geschätzte Zahl der Toten, Schwerverletzten und

Am 30. August 1944 wird die Innenstadt Königsbergs zu 90 Prozent zerstört.

1944 — 1945

Vermissten wird später mit 1.100 bis 5.000 angegeben, vermutlich waren es letztlich 2.400 Tote. Die Zahl der nach dem Angriff Obdachlosen schätzt man auf 150.000 bis 200.000.[350] Insgesamt hatte Königsberg 370.000 Einwohner. Das Haus der Bücher von Gräfe und Unzer stand mitten im Zielgebiet: in der Nähe des Schlosses, des Theaters, der Universität und der Universitätsbibliothek. Alles lag in Schutt und Asche.

Gräfe und Unzer, unzerstört, ca. 1930 ...

... zerstört, ca. 1944.

Eilnachricht von Philipp Hofstötter auf einer Postkarte vom 1.9.1944, die nach dem Bombenangriff kostenlos versandt werden konnte.

Die Katastrophe

Man kann sich vorstellen, in welche Unruhe Hofstötters Familie in Passau geriet, als sie von dem zweiten Angriff auf die Stadt hörte. Sogar die Gauleitung Ostpreußen konnte in ihrer verharmlosenden amtlichen Bekanntmachung vom 31. August 1944 nicht verhehlen, dass Königsberg ins Mark getroffen war.[351]

Am 1. September versendete Philipp Hofstötter eine Eilnachricht an seine Familie mit der Mitteilung: „Grunzer vollständig ausgebrannt". („Grunzer" ist die saloppe Kurzform der Königsberger für Gräfe und Unzer.) Am 3. September, einem Sonntag, fand er endlich Zeit, seiner Frau Dorothea eingehend zu schildern, was er erlebt hat:

Mein liebes Dorchen,

endlich endlich erhältst Du einen ausführlichen Bericht. Was hier geschehen ist, lässt sich schlechthin nicht beschreiben. Die ganze Innenstadt vom Nordbahnhof bis zum Hauptbahnhof von der Cranzer Allee bis zur Reichsbahnbrücke ist ein rauchender und noch heute brennender Trümmerhaufen. Es ist ein Bild des Schreckens und der Trauer, die Wohnung deiner Eltern ist völlig ausgebrannt. Ich habe gleich nach meiner Ankunft nach ihnen gesucht, sie aber nicht gefunden. Am nächsten Tag fuhr ich nach Cranz [Badeort, ca. 30 Kilometer nördlich von Königsberg] und traf sie da wohlbehalten an: sie waren in der Nacht des Angriffs in Cranz gewesen – zu ihrem Glück, denn es sind viele, unendlich viele, Menschen umgekommen, vorgestern sprach man schon von 16.000. Über dem Elend haben wir übrigens unseren Hader stillschweigend begraben. Sie haben mich zum Essen dabehalten und ich war inzwischen noch zweimal in Cranz um teils ihnen zu helfen teils auch noch einiges hinauszubringen, so z. B. die Wäsche aus der Waschanstalt. Der Delphin [Name des Sommerhauses] ist voll bis unters Dach. Dein Wohnzimmer ist Dir erhalten und darin stehen noch alle unsere Sachen. Gestern habe ich noch das Steinzeug aus der Küche dorthin geschafft. Jetzt etwas nach Passau zu schicken, ist unmöglich. Vielleicht klären sich die Verhältnisse noch einmal, dass es dann möglich wird.
Ich war nun die ganzen Tage dauernd auf den Beinen und es war so viel zu tun und zu helfen, dass ich erst jetzt am Sonntag früh ein wenig Muße habe. Ich schrieb Dir zwei Karten. Hoffentlich warst Du nicht in Sorge um meinethalben. Du weißt: Du sollst es nicht sein. Mir passiert nichts.

Gräfe und Unzer ist vollkommen ausgebrannt. Konsul Koch traf ich nach meiner Ankunft in der Orselnstraße in der Drohnschen Wohnung [seinen Verwandten]. Er war sehr mitgenommen, hatte aber noch immer guten Mut, denn er war überzeugt, dass der Keller gehalten habe. Dann fuhr er aufs Land. Am nächsten Tag ging ich hin. Das Gebäude stand fest, wenn auch vollkommen ausgebrannt, die Decke des Erdgeschosses hatte gehalten, so lag im Erdgeschoss nur wenig Schutt und ich konnte über den Zwischenstock vorbei an der ehemaligen Heizerkabine in den Keller gelangen. Ich barg aus dem hinteren Kellergang noch den Radioapparat und verschiedene Luftschutzgeräte, versuchte dann in den Keller einzudringen, indem ich die Eisentüre öffnete; aber ich schlug sie gleich wieder zu, denn es kam mir dicker Qualm entgegen. Da oben keinerlei Rauchentwicklung zu sehen war, glaubte ich, dass es nicht schlimm sein könnte, ging zur Polizei, die nicht in der Lage war mir zu helfen, schnappte mir dann unterwegs einen Feuerlöschzug der Luftwaffe, die mir dann half. Wir legten zwei Schlauchleitungen, gingen mit Heeresatmer und Gasmaske (ich hatte leider keine und habe deshalb bei diesem Unternehmen viel Rauch geschluckt) daran sämtliche Türen zu öffnen. Aus allen kam uns nun so dicker Qualm entgegen, dass in wenigen Sekunden das ganze Gebäude wieder in Rauch gehüllt stand. Wir schlugen dann die Betondecken durch und sahen, dass der ganze Keller in Weißglut stand. Es war nichts mehr zu machen. Auch meine Sachen (meine Schuhe, Mantel, Hut, Wäschekoffer und meine schönen Pergamentschreibbände, in denen glücklicherweise noch nichts stand) sind verbrannt. Ich habe nur noch, was ich auf der Reise mithatte, aber ich muss damit auskommen. (In Cranz fand ich übrigens in dem viereckigen Korb noch viel Winterunterwäsche von mir. Da Frau Mielke auch in den Delphin geflüchtet ist, soll sie mir diese Wäsche flicken). Wie froh bin ich, dass ich trotz meiner Bedenken den Silberkoffer nach Passau geschickt hatte. Er hätte jetzt sonst das Schicksal meiner Sachen geteilt. Unsere Wohnung ist bis auf eine Fensterscheibe heil geblieben. So kann man noch froh sein, denn viele haben nur das gerettet, was sie auf dem Leibe hatten. Kochs Wohnung ist natürlich auch vollkommen weg wie alles dort. Man sieht nichts als Ruinen. Es ist ein furchtbarer Anblick. In Berlin, in Leipzig steht wenigstens zwischendrin ein Haus oder es ist von vielen Häusern nur der obere Teil ausgebrannt. Hier ist alles bis in den Keller hinunter

Die Katastrophe

gebrannt. Und das als das Ergebnis eines nur einstündigen Angriffs. Es ist ein Bild vollkommener Zerstörung, wie ich es noch nie gesehen habe. Alles Schöne von Königsberg: Schloss, Dom, Speicher, alles ist vernichtet. Auf die Dominsel kann man noch gar nicht. Wie viele Menschen mögen da unter den Trümmern liegen. Es müssen sich entsetzliche Szenen abgespielt haben. In der KWS [Königsberger Werke und Strassenbahn GmbH] sind viele Schaffnerinnen umgekommen. Manche sprechen von 150, manche von 300, andere von 80 und schon die kleinste Zahl ist erschütternd.
Und nun richten wir unser Leben wieder ein. Es gibt schon wieder Wasser. Als Lichtquelle freue ich mich meines Laternchens. Die Straßenbahn fährt auf Teilstrecken. Am Montag beginnen wir mit dem Wiederaufbau. Wir haben übrigens in der Asche von Gräfe und Unzer ein nur wenig angesengtes Buch gefunden mit dem Titel: „Aus alt wird neu".[352] Es ist ein Witz! …
Herzliche Grüße und sei guten Mutes!
Dein Philipp

Makabrer Fund in den ausgebrannten Trümmern – das Bastelanleitungsbuch Aus Alt wird Neu.

Dieser, noch unter dem unmittelbaren Eindruck von der Situation nach dem Bombenangriff auf Königsberg geschriebene Brief ist der erste Bericht über das düstere Geschick von Gräfe und Unzer. Das Ladengeschäft einschließlich des riesigen Bücherlagers von 200.000 Bänden war ebenso wenig zu retten wie die prächtige Immobilie.

Am 26. Oktober 1944 wurde Hofstötter zur Wehrmacht eingezogen. Als der Krieg zu Ende war, geriet er in polnische Gefangenschaft und wurde zur Arbeit im Bergbau bei Kattowitz zwangsverpflichtet. Dort starb er am 22. Juli 1946 im Alter von 40 Jahren. John Woodroffe überlebte die Kriegszeit trotz seiner gefährlichen Einsätze – er leitete auch die Bombardements von Leipzig, Nürnberg und Schweinfurt. Er galt als einer der fähigsten Masterbomber und wurde mit hohen Orden ausgezeichnet. Im Jahr 1957 starb er bei einem Flugunfall während einer Übungsdemonstration in Florida/USA im Alter von 43 Jahren.[353]

1944 — 1945

NACH DEN LUFTANGRIFFEN

„In den Wochen nach den Luftangriffen vom 27. und 30. August wurden die Obdachlosen in Behelfsheimen, vor allem auf dem Land, schlecht und recht untergebracht. Zum Glück war das Wetter zunächst trocken und warm. Die Nahrungsmittelversorgung blieb dürftig. Die unpassierbaren Brücken und wichtigsten Straßen wurden einigermaßen instandgesetzt, Straßenbahnen wieder auf ihre Fahrt durch Trümmerlandschaften geschickt. Die Eisenbahnen fuhren planmäßig – meist völlig überfüllt, da viele Menschen Königsberg für immer verlassen wollten. Die Post arbeitete zuverlässig, wenn auch die Zustellung der Briefsendungen in vielen Fällen unmöglich war. An vielen Häuserruinen war mit Kreide angeschrieben, wo die ausgebombten Bewohner untergekommen waren. Am 15. November eröffnete die Universität, die Albertina, ihren Vorlesungsbetrieb für das Wintersemester 1944/45.

Gräfe und Unzer versucht, den Betrieb so gut es geht aufrecht zu erhalten.

Bernhard Koch zeigte die Zerstörung des Firmensitzes dem Börsenverein in einem kurzen sachlichen Schreiben vom 14. September 1944 an: Das Haus der Bücher sei bei dem „Terrorangriff" ein Raub der Flammen geworden. Auch die gut ausgebauten Kellerräume seien wider Erwarten ausgebrannt. Inzwischen hätten etwa 70 Mitarbeiter „mit ungebrochenem Mut" an vier verschiedenen Ausweichorten mit dem Wiederaufbau begonnen. Auch den Verkauf an das Privatpublikum wolle man in Kürze wieder aufnehmen. Sodann teilte er die Anschriften der nunmehr verstreuten Abteilungen mit. Am Ende seines Schreibens wurde er doch feierlich, als er gelobte: „Wir werden uns mit allen uns zur Verfügung stehenden Mitteln getreu unserer mehr als 200-jährigen Tradition der Aufgabe widmen, dem Deutschen Buch zu dienen."[354]

Auch wenn es in dieser Situation darum ging, dass sich ein „kriegswichtiger Betrieb" als handlungsfähig darstellte und seinen Status nicht in Frage gestellt sehen wollte, war der Verweis auf die Tradition in der existentiellen Krise mehr als bloße Rhetorik. Koch beschwor die Geschichte als symbolische Ressource, weil er wirklich glaubte, aus ihr Kraft zum Weitermachen beziehen zu können.

Doch es nützte nicht mehr viel. Der Verkauf wurde zunächst am Theaterplatz, später in der Hagenstraße, wo zugleich ein Lager eingerichtet war, aufrechterhalten – zuletzt durch eine einzige Mitarbeiterin, Charlotte Manske, bis Anfang März 1945.[355] Die Geschäftsleitung und die Bestellabteilung waren in der Privatwohnung von Kochs Schwägerin

Dora und Rolf Drohn in der Orselnstr. 10 untergekommen. Der Verlag bestand noch aus Hofstötter und seiner Sekretärin Gerda Helbing und fand Obdach in der Wohnung der Familie Hofstötter in Ratslinden 34 – aber nur für kurze Zeit, denn Hofstötter wurde bald eingezogen. Die meisten Angestellten hatten wie Tausende ihrer Landsleute in den Herbst- und Wintermonaten versucht, die zuletzt zur „Festung" erklärte Stadt zu verlassen, bevor die sowjetischen Truppen nach tagelangem Artilleriebeschuss und Luftangriffen die Macht übernahmen. Am 9. April 1945 erklärte der Festungskommandant Otto Lasch die Kapitulation.

Man kann sich kaum ausmalen, welche Dramen sich in dieser Zeit abgespielt haben: in den überfüllten Reichsbahnzügen, die nur noch bis 21. Januar 1945 in Richtung Westen verkehrten, auf den Flüchtlingstrecks im Frostwinter 1944/45 oder in den vereisten Häfen, als die letzten Schiffe auslaufen sollten. Siegfried Lenz vermittelt in seinem Roman Heimatmuseum (1978)[356] eine Ahnung von den Drangsalen der Flüchtlinge. Der Ich-Erzähler Zygmunt Rogalla will nicht nur sich selbst retten, sondern versucht auch, Teile der Exponate des Heimatmuseums der Stadt Lucknow mitzunehmen. Seine Bemühungen stehen im Gegensatz zu den komfortablen Fluchtmöglichkeiten, die sich die Nazi-Clique um den Gauleiter Erich Koch sicherte, während sie die Zivilbevölkerung zum Ausharren zwang und damit häufig der Roten Armee auslieferte.

Über die folgende Zeit unter russischer Besatzung berichten die Augenzeugen Erschütterndes.[357] Im Sommer 1947 begann die sowjetische Militärverwaltung mit den systematischen Aussiedlungstransporten, die ein Jahr später abgeschlossen wurden. Danach galt die Oblast Kaliningrad als Sperrgebiet. Königsberg gab es nicht mehr, auch keine Deutschen mehr in Stadt und Umland.[358]

Unter den Mitarbeitern von Gräfe und Unzer, die auf der Vermisstenliste der ersten Nachkriegsjahre standen, waren Karl Pasdziernik, Leiter der Lehrmittel-Abteilung von 1928–1945, Ernst Bernharth, erster Sortimenter von 1918–1945, Herbert Nasilowski, erster Antiquar von 1932–1945 und Fritz Teschner, Bestellbuchführer von 1914–1945. Von vielen anderen Angestellten fehlen alle Nachrichten.[359] Bernhard Koch dagegen hatte Glück.

1946
―――
1950

DER GEISTIGE SAMMELPUNKT FÜR DIE ALTE HEIMAT – NEUANFANG

Die Bemühungen von Bernhard Koch, das Unternehmen im Westen völlig neu zu gründen, führen in der Universitätsstadt Marburg/Lahn zum Ziel. Hier kann er 1946 die N. G. Elwertsche Buchhandlung käuflich erwerben. Die noch rechtzeitig aus Ostpreußen evakuierten Geschäftsunterlagen und Kapitalien helfen in der ersten Zeit der Mangelwirtschaft. Die Verlagslizenz wird von der Amerikanischen Besatzungsmacht erst 1947 erteilt und gleich genutzt, um Schriften für die Universität, aber auch zum Thema Ostpreußen herauszubringen. Adressen von alten Kunden, die in den Westen geflohen sind, werden gesammelt, um sie als Versandbuchhandlung beliefern zu können. Doch schon 1950 wird die Elwert-Gräfe und Unzer Universitäts- und Verlagsbuchhandlung an die alten Besitzer zurückverkauft und noch einmal ein ganz neuer Anfang gewagt.

DIE ETABLIERUNG VON ELWERT-GRÄFE UND UNZER IN MARBURG

„ Dem Inhaber Bernhard Koch, der bis April 1945 noch Soldat in Ostpreußen war, ist die Flucht gelungen. Auch die Prokuristen Wally Gerlach, Rolf Stosberg und Paul Selke sowie noch manche anderen Mitarbeiter, zum Beispiel Gerda Helbing, Erich Niemer, Charlotte Manske und Helene Thurau, konnten sich in den Westen durchschlagen.

Glücklicherweise hatte Gräfe und Unzer bereits im Sommer 1944 damit begonnen, per Bahn 386 Kisten und 11.000 Kilogramm Bücher, 14 Ballen Papier, 54 Pakete Verlagsverträge, Herstellungskarteien, Klischees, Matern, Manuskripte, Schutzumschläge, Originale, Fahnen und Umbrüche nach Bayern zu spedieren – übrigens auch das Kant-Portrait von Becker aus dem Kanterschen Buchladen. Bis Februar 1945 waren in Passau und Umgebung insgesamt 61 Tonnen Material eingetroffen, was etwa elf Güterwagen entspricht.

Im Juli 1945 besuchte Koch Dorothea Hofstötter in Passau, die Ehefrau des für die Transporte verantwortlichen Philipp Hofstötter, um mit ihr zusammen die ausgelagerten Bestände des Verlags zu inspizieren. Die Enttäuschung war jedoch groß, denn viele Kisten in Passau und Schalding waren durch Diebstahl und Vandalismus unbrauchbar geworden.[360]

Koch, der sich auch noch um seine Buchhandlung in Nürnberg zu kümmern hatte, hatte damals die Absicht, in Oberbayern ein Haus zu bauen, um dort oder in München den Verlag wieder aufleben zu lassen und eine Versandbuchhandlung zu betreiben. Es war ihm gelungen, neben den Verlagsunterlagen auch nennenswerte Liquidität aus Gesellschafteranteilen und zugehörigen Rücklagen nach Bayern zu verlagern. Diese Liquidität belief sich auf etwas über eine Mio. Reichsmark,[361] was knapp vier Mio. Euro im Jahr 2020 entsprochen hätte. Nur konnte man sich 1945 kaum etwas dafür kaufen.[362]

Doch die amerikanische Militärbehörde in Bayern lehnte Kochs Antrag auf Erteilung einer Verlagslizenz ab.[363] Vermutlich war nur eine oberflächliche Prüfung vorausgegangen, denn die Verwaltungsstrukturen der „Publication Control Branch" waren noch im Aufbau und allein im September 1945 musste über 726 Lizenzanträge entschieden werden.[364] Trotzdem kann es sein – entsprechende Dokumente, die das belegen könnten, wurden aber nicht aufgefunden –, dass der Besatzungsbehörde

Die Etablierung von Elwert-Gräfe und Unzer in Marburg

der Status von Gräfe und Unzer als „kriegswichtiger Betrieb" suspekt war, der doch auf eine wichtige Funktion für das Nazi-Regime schließen ließ. Vielleicht betrachtete sie auch – das Ziel der Umerziehung der Deutschen vor Augen – die vorgesehene Ausrichtung des Verlagsprogramms auf das Thema Ostpreußen als kontraproduktiv oder inopportun, da es die Interessen der Sowjetunion, einer verbündeten Macht, berührte.

Ein paar Monate später bot sich die Gelegenheit, die Buchhandlung N. G. Elwert in Marburg/Lahn zu erwerben. Der Inhaber war wegen seines Verhaltens in der Nazizeit von der Militärregierung als belastet eingestuft worden. Das Geschäft durfte nicht wiedereröffnet werden und stand seit dem 13. August 1945 zum Verkauf.[365] Die Buchhandlung war 1783 von Johann Christian Krieger d. J. gegründet worden und später in den Besitz der Familie Braun gelangt. Seit 1941 führte Wilhelm Braun-Elwert (1915–2006) die Geschicke der Firma. Das Geschäft befindet sich noch heute im Haus Reitgasse 7, in dem es eröffnet wurde, allerdings um das Nachbarhaus Nr. 9 vergrößert. Elwert besaß auch einen angesehenen Verlag, der neben der Landeskunde Hessens auch andere Wissenschaften pflegte. Marburg, von der Universität geprägt, war vom Krieg relativ verschont geblieben, hatte aber sehr viele Flüchtlinge aufzunehmen.

Dem Kaufvertrag sind längere Verhandlungen nicht nur mit Braun-Elwert, sondern auch mit der amerikanischen Militärbehörde in Hessen vorausgegangen, denn Koch und Stosberg, der den Betrieb vor Ort leiten sollte, wollten unbedingt auch eine Lizenz für die Verlagssparte bekommen.[366] Schließlich entschieden sich die beiden dafür, den Kauf auch ohne Verlagslizenz zu realisieren, hofften aber auf eine baldige positive Entscheidung. Die Besatzungsmacht registrierte die Kommanditgesellschaft am 13. März 1946 unter dem Namen „Elwert-Gräfe und Unzer Universitäts- und Verlagsbuchhandlung" und bestätigte die Ausübung folgender Tätigkeiten: „Buchhandlung, Leihbücherei, Antiquariat, Kunst-, Kunstgewerbe-, Lehrmittel, Spiele".[367] Mit dem Verlag musste man sich gedulden.

Um in den ersten Nachkriegsjahren eine Buchhandlung zu betreiben, musste man eigentlich überirdische Fähigkeiten haben. Die Buchhändler standen dem Ansturm auf ihre Läden machtlos gegenüber. „Leute, die früher nie Bücher kauften – oder nie kaufen konnten", heißt es in einem Artikel des *Börsenblatts*, „zeigen heute ein – so lächerlich es klingen mag – für den Buchhändler erschreckendes Interesse für Bücher; erschreckend deshalb, weil der Buchhändler nicht weiß, wie er sich diese Bücher beschaffen soll."[368] Die Nazi-Literatur war verboten, die

Im Frühjahr 1946 wird das Sortiment von Gräfe und Unzer in Marburg/L. wiedereröffnet.

Nicht-Nazi-Literatur nicht mehr vorhanden, neue Literatur war noch nicht gedruckt. In der amerikanischen Besatzungszone waren 1945 nur 54 „Bücher und Schriften" erschienen, die Hälfte davon mit einem Umfang von 32 Seiten und weniger.[369]

Mit Broschüren jedoch konnte der Lesehunger des Publikums nicht gestillt werden. Er zeigte sich, als plötzlich 120.000 Exemplare des Erfolgsromans *Im Westen nichts Neues* von Erich Maria Remarque aus dem Jahr 1929 auf den Markt kamen. Das Buch war in der Nazizeit verboten, tauchte aber nach dem Krieg wieder auf. Der Ullstein Verlag hatte es geschafft, die Auflage zwölf Jahre hindurch in einem zugemauerten Depot zu verstecken.[370]

Gräfe und Unzer sucht Kontakt zu den ehemaligen ostpreußischen Kunden.

Koch und Stosberg begannen die Arbeit mit viel Elan und versuchten schon im Frühjahr 1946, Kontakt mit Landsleuten und früheren Kunden aufzunehmen. In einem Rundschreiben gaben sie die Wiederaufnahme der Tätigkeit bekannt:

Die Geschäftsleitung unseres Marburger Hauses liegt in den Händen unseres Kommanditisten Rudolf Stosberg. Es wird ihm eine Herzenssache sein, unsere alten ostpreußischen Kunden in allererster Linie zu bedienen, aber dem guten Willen sind enge Grenzen gesetzt. Zunächst müssen wir uns darauf beschränken, Ihre Anschrift vorzumerken und Ihre besonderen Arbeits- und Interessengebiete. Falls nicht schon geschehen, bitten wir diese noch anzugeben. Wir werden uns dann melden, sowie wir Bücher zu liefern haben; dann möchten wir Ihnen am einfachsten das Betreffende (nicht über 20.- RM.) unter Nachnahme zuschicken, sofern die Post dies in Ihrer Zone zuläßt. Nur falls Sie mit dieser Regelung nicht einverstanden sind, bitten wir um Nachricht. Wir freuen uns über jede Anschrift von Ostpreußen, die Sie uns geben können; denn es ist unser Ehrgeiz, auch unter den veränderten Verhältnissen der Gegenwart ein geistiger Sammelpunkt für die alte Heimat zu bleiben.[371]

Die Kunden in der Universitätsstadt Marburg zu bedienen, wird wohl das Hauptanliegen der mitten in der Altstadt und nur wenige Schritte von der Universität entfernt gelegenen Buchhandlung Elwert-Gräfe und Unzer gewesen sein. Aber sich darüber hinaus der Zielgruppe der verstreut lebenden ostpreußischen Landsleute als Versandbuchhändler zu empfehlen und die Absicht zu bekunden, „Sammelpunkt für die alte Heimat zu bleiben", war sicher Herzensanliegen. In den ersten Nachkriegsjahren wurden 6.000 Adressen von Landsleuten zusammengetragen. Zunächst aber bestand das Hauptproblem, das in dem Rundschreiben bereits anklingt, im völligen Fehlen von Büchern zum Verkauf.

Koch wird versucht haben, an die ausgelagerten, aber z. T. geplünderten Bestände der eigenen Verlagsproduktion zu kommen und sie in Marburg anzubieten. Darunter befanden sich allein 6.000 Exemplare von Doennigs *Kochbuch*. Bei Pustet in Regensburg sollen sogar noch Titel aus der Königsberger Zeit in Herstellung gewesen sein.[372]

Von Agnes Miegels Buch, das kurz vor der Zerstörung des Geschäftshauses am Paradeplatz fertiggestellt worden war, wurden erwiesenermaßen Restbestände verkauft, die über Passau nach Marburg gelangt sein müssen. Am 16. Juli 1947 schrieb Stosberg an die Dichterin:

Die Verbindung zu Agnes Miegel wird wiederhergestellt.

> *Wie ich Ihnen bei meinem letzten Besuch erzählte, ist hier noch aus der Zeit vor dem Zusammenbruch ein Guthaben für Sie, dessen genaue Herkunft wir nicht mehr klären können, weil uns die Belege verbrannt sind. Wir können nur feststellen, daß nach unseren Notizen noch ein ganzer Auflagenrest des Bilderbandes „Mein Bernsteinland und meine Stadt" abgesetzt wurde bezw. gerettet werden konnte. Von diesen geretteten Exemplaren haben wir dann auch hier ausgeliefert. Der Honorar-Anteil, der auf diese Bände entfällt, beträgt nach unseren Unterlagen RM 585,-. Wir bitten, sehr zu entschuldigen, daß wir in diesem Fall nicht so genaue Rechnung legen können, wie Sie es verlangen können, aber Sie werden gewiß Verständnis dafür haben, daß unter den besonderen Umständen der Flucht dies einfach nicht möglich war.*[373]

Stosbergs Entschuldigung für die nicht mehr detailliert nachvollziehbare Honorarabrechnung suggeriert, dass man, abgesehen vom Rechnungswesen aus der Zeit der Flucht, bei Elwert-Gräfe und Unzer alles im Griff habe und die Rückkehr zu einem professionellen Betrieb bereits gelungen sei. Wie der erwähnte Besuch Stosbergs bei Miegel belegt, hatte der Verlag weiterhin Publikationspläne mit seiner Autorin, die sich aber nicht umsetzen ließen. Posthum wurde 1965 die Erzählung *Heimgekehrt* von 1931 wiederaufgelegt[374] sowie ein Gedächtnisband mit 68 verschiedenen Beiträgen herausgegeben.[375]

Von einem Verlag war in der Registrierungsurkunde der Buchhandlung nicht die Rede. Die Lizenz war von der Militärregierung in Hessen mündlich in Aussicht gestellt worden – unter der Bedingung, dass Rudolf Stosberg der Lizenzträger wird und Bernhard Koch nur als Minderheitsgesellschafter eintritt. Außerdem sollte der Schwerpunkt auf einem „in erster Linie wissenschaftlichen Verlag in Verbindung mit der Philipps-Universität" liegen – ein Hinweis darauf, dass man das Thema Ostpreußen nicht in den Vordergrund gerückt sehen wollte. Daraufhin beauftragte die Gräfe und Unzer Kommanditgesellschaft die beiden, einen entsprechenden Gesellschaftsvertrag über die Gründung des Verlags abzuschließen. Mitglieder der Kommanditgesellschaft waren damals fünf Personen: Gertrud Paetsch, die Ehefrau von Otto Paetsch, seine Töchter Dora und Hildegard sowie Bernhard Koch und Rudolf Stosberg (dieser mit einem Anteil von ca. sieben Prozent). In dem Vertrag vom 14. August 1946 wurde festgelegt, dass das Gesellschaftskapital des Verlags 20.000 Reichsmark betrage, wovon Stosberg 11.000 und Koch 9.000 Reichsmark aufzubringen hätten. Vorgesehen war, dass Stosberg der alleinige Geschäftsführer werden und Bernhard Koch für die Buchherstellung und die organisatorischen Arbeiten verantwortlich sein sollte.[376] Doch es dauerte fast noch ein ganzes Jahr, bis die Lizenzurkunde am 22. Juli 1947 tatsächlich ausgestellt wurde – zwei Tage nach dem Datum, an dem 225 Jahre zuvor Eckart sein königliches Privileg erhalten hatte.

EIN RAUBMORD BEENDET DAS MARBURGER EXPERIMENT

„Die Wiederaufnahme der Verlagstätigkeit von Elwert-Gräfe und Unzer wurde im neugegründeten *Börsenblatt – Frankfurter Ausgabe,* das neben dem Leipziger Traditionsblatt erschien, sofort gemeldet. Den größten Teil des Textes nahm jedoch – aus Anlass des 225-jährigen Jubiläums – ein Referat über die Geschichte von Gräfe und Unzer ein. Es fielen u. a. die Namen von Eckart, Kanter, Hamann, Herder, Kant, Herbart und Rosenkranz.[377] Die Hervorhebung der großen Königsberger zeigt, wie wichtig es Koch und Stosberg war, sich in diese Linie einzureihen und ihr eigenes Engagement historisch zu beglaubigen. Die Geschichte der Firma war die identitätsstiftende Triebkraft, die den Willen zum Neuanfang stützte.

Die Schwierigkeiten, in diesen Jahren einen Verlag aufzubauen, waren nicht geringer als für den Betrieb einer Buchhandlung. Das Papier wurde von den Besatzungsmächten kontingentiert. Noch im vierten Vierteljahr 1947 etwa konnte den hessischen Verlegern keinerlei Papier zugeteilt werden.[378] Es gab nur wenige intakte Druckereien, Buchbindereien und Lagerflächen. Der Vertrieb über die eigene Besatzungszone hinaus war bei der desolaten Infrastruktur (Post, Telefon, Reisen, Spedition) eine besondere Herausforderung. Wenn aber ein neues Buch den Weg in die Buchhandlungen gefunden hatte, durfte der Verleger damit rechnen, dass es sofort ausverkauft war. Peter Suhrkamp hat 1947 die seltsame Lage ironisch so beschrieben:

> *Wenn ich aus einem Setzerkasten wahllos Buchstaben zusammenstelle, diesen Unsinn drucke, einbinden lasse und verkaufe, so bin ich sicher, die ganze Auflage in wenigen Tagen zu verkaufen und auch nicht eine einzige Reklamation zu erhalten.*[379]

Heimat Ostpreußen gehörte – ungeachtet der Intentionen der Besatzungsmacht – zu den ersten Bänden, die Elwert-Gräfe und Unzer im Westen herausbrachten (1948).[380] Adressat war der vertriebene „Heimat- und Schicksalsgenosse".

Bereits im Herbst 1945 hatte Koch von dem mit ihm befreundeten Autor Walter von Sanden-Guja, der sich nun aus Kärnten meldete, ein erstes Manuskript zugesandt bekommen.[381] Vermutlich hat es sich um den *Eisvogel* gehandelt, der 1948 erschien.[382] Zuvor erschien die Neuauflage eines anderen Buches des Naturforschers und Schriftstellers, in dem er die Tier- und Pflanzenwelt seiner ostpreußischen Heimat beschrieb: *Der See der sieben Inseln* (1947).[383] Ebenfalls neu aufgelegt wurden die *Idyllen vom baltischen Ufer* (1947) von Ferdinand Gregorovius in der Reihe Bibliotheca Regiomontana.[384] Die einzige aktuelle Publikation des schon weit fortgeschrittenen Jahres 1947 war die Schrift *Vorbedingungen einer Wiedergesundung heutigen Rechtsdenkens* des Marburger Juristen Fritz von Hippel,[385] eines Bruders des Gräfe-und-Unzer-Autors Ernst von Hippel. Die Elwertsche Tradition macht sich in einer ganzen Reihe von Marburger Titeln bemerkbar. Das Geographische Institut, das Institut für Urgeschichte, das Archäologische Seminar, die Juristen und Religionswissenschaftler publizierten in dem neuen Verlag. Bemerkenswert ist vor allem die Gründung der *Zeitschrift für Religions- und Geisteswissenschaft* mit dem Herausgeber Hans-Joachim Schoeps (1948). Das renommierte Periodikum erscheint noch heute bei Brill.

Umgekehrt überließ Gräfe und Unzer N. G. Elwert die Rechte an einigen streng wissenschaftlichen Königsberger Titeln, die nach 1950 in Marburg erscheinen sollten, wie zum Beispiel die *Altpreußische Biographie*. Zunächst waren alle Veröffentlichungen eher kleine Schriften als um-

Rudolf Stosberg wurde am 1. Mai 1948 Opfer eines Raubmords – in der Aktentasche die Korrekturfahnen von Der Eisvogel.

fangreiche Monographien: Goetz von Selles *Deutsches Geistesleben in Ostpreußen*[386] (1948, parallel auch in einer englischen Übersetzung), Turgenjews Novelle *Traum* mit sechs Zeichnungen von Alfred Kubin[387] oder Heinrich Mutschmanns *Der grundlegende Wortschatz des Englischen – die wesentlichsten Wörter unter Berücksichtigung des amerikanischen Englisch* (1948)[388] umfassten jeweils nur drei oder vier Bogen. Der nützliche Sprachführer war 1940 zum ersten Mal bei Elwert erschienen und kam nun – für 1 Reichsmark – in der 6. Auflage heraus. Erst nach dem Ende der Papierbewirtschaftung und der Währungsreform Mitte 1948 wurden die Veröffentlichungen wieder umfangreicher. Insgesamt erschienen bei Elwert-Gräfe und Unzer etwa 40 Titel.

Bevor das Unternehmen jedoch vollen Wind in die Segel bekommen konnte, geschah ein Unglück, das alle Zukunftspläne in Frage stellte. Rudolf Stosberg wurde am frühen Morgen des 1. Mai 1948 Opfer eines Raubmordes. In der Aktentasche fanden sich die Korrekturfahnen des *Eisvogels*.[389] Der Täter konnte nie ermittelt werden. Bernhard Koch klagte: „In 17-jähriger Zusammenarbeit waren wir zusammen verwachsen wie Brüder fast, und nun diese jähe und tragische Trennung. Er ist mir in der Tat unersetzlich."[390] Koch, der seinen Hauptwohnsitz in Bad Wiessee hatte, ließ sich nun vorübergehend in Marburg nieder, um die Geschäftsleitung zu übernehmen. Inzwischen hatten über vierzig Personen eine Beschäftigung in der Buchhandlung gefunden, darunter eine ganze Reihe Königsberger.[391]

Die Suche nach einem Nachfolger für Stosberg blieb ohne Ergebnis.[392] Zudem war der frühere Inhaber Wilhelm Braun-Elwert am 12. September 1949 in seinem Entnazifizierungsverfahren durch eine Spruchkammer entlastet worden. Schließlich machte sich eine Absatzflaute im Buchhandel bemerkbar. Der Bücherhunger der ersten Nachkriegsjahre war nach der Währungsreform schlagartig vorbei. Diese Faktoren waren wohl bestimmend für den Entschluss Kochs, die Firma an den alten Inhaber zurückzuverkaufen. In einem Rundschreiben von Koch an Kunden und Buchhandelspartner hieß es u. a.:

Nachdem die Beschränkungen der ersten Nachkriegsjahre in Wegfall gekommen sind und der buchhändlerischen Betätigung unserer Vorbesitzer nichts mehr im Wege steht, haben wir – als Ostvertriebene wohl wissend, was es bedeutet, alten Familienbesitz mit 150-jähriger Tradition zu verlieren – uns bereit erklärt, die Firma Elwert an die Herren Braun zurück zu verkaufen. So können wir heute unseren Freunden mitteilen: Mit Wirkung vom 1. Januar

Bevor der Verlag aufblühen konnte, beendet ein Schicksalsschlag das Marburger Experiment.

> *1950 haben sich die Firmen ELWERT und GRÄFE UND UNZER getrennt, und jede der beiden Firmen wird unter ihrem alten Firmennamen selbständig arbeiten: ELWERT als Buchhandlung und Verlag in Marburg, GRÄFE UND UNZER als Reise- und Versandbuchhandlung und als Verlag zunächst noch in Marburg.*

Ohne das Unglück mit Stosberg wäre der Rückverkauf wohl keine Option für Koch gewesen. Aber persönlich sah er für sich keine Zukunft in Marburg. Er nutzte die Erträge aus dem Verkauf, um die weiblichen Gesellschafter der Kommanditgesellschaft, zu denen die Witwe Paetsch gehörte, auszuzahlen.[393] Damit war Koch Alleinbesitzer geworden. Für wenige Wochen firmierte sein Betrieb noch als Gräfe und Unzer in Marburg. Dann verlegte Koch den Verlag in sein Privathaus im Bad Wiesseer Jägerwinkel, das dafür einen kleinen Anbau bekam, und stellte zunächst zwei Mitarbeiter ein.[394] Im Jahr 1957 wurde München der endgültige Verlagssitz.

Als Sortimentsbuchhandlung konnte Wenzels Buchhandlung (Inhaber Ulrich Vermehren) in Garmisch-Partenkirchen, Ludwigstr. 39 übernommen werden. Der Vertrag wurde zum 1. April 1950 gültig. Als Geschäftsführer wurde Erich Niemer berufen, der 1928 nach Königsberg gekommen und 1930 das Zweiggeschäft von Gräfe und Unzer in Allenstein geleitet hatte. Koch besaß nun eine neue Sortimentsbuchhandlung mit angeschlossener Versandabteilung und Leihbücherei, die von drei Angestellten betrieben wurde.[395] Das Haus der Bücher hatte in den besten Zeiten 160 Mitarbeiter gehabt.

Noch heute findet man in dem Sommer- und Winterkurort die Buchhandlung Gräfe und Unzer – seit 1977 am Rathausplatz 15. Aber da es auch in der Buchhandelsgeschichte anscheinend so etwas wie die ewige Wiederkehr des Gleichen gibt, existiert die Buchhandlung inzwischen rechtlich unabhängig vom Verlag. Es ist die fünfte Trennung der Geschäftszweige.

RESÜMEE

Dass eine einzige Familie ein Unternehmen über mehr als 250 Jahre führt, wie im Fall des Verlags C. H. Beck (1763 in Nördlingen gegründet), ist in der Buchhandelsgeschichte die große Ausnahme. In der Regel werden Unternehmen von der Inhaberfamilie verkauft, wenn kein eigenes Familienmitglied zur Fortführung bereitsteht. Dies war etwa bei Schwabe der Fall (1488 in Basel gegründet), bei Schmidt-Römhild (1579 Lübeck), Osiander (1596 Tübingen), Kösel (1593 Kempten), Böhlau (1624 Weimar), Metzler (1682 Stuttgart), Nicolai (1713 Berlin) oder Hoffmann und Campe (1781 Hamburg).

In diese Reihe gehört auch Gräfe und Unzer. Die Übergabe des Geschäfts vom Vater auf den Sohn bzw. Schwiegersohn ist in 300 Jahren nur viermal gelungen: von Johann Heinrich Hartung auf Gottlieb Leberecht Hartung, von August Wilhelm Unzer auf Johann Otto Unzer, von Heinrich Eduard Gräfe auf Heinrich Wilhelm Gräfe, von Otto Paetsch auf Bernhard Koch.

Wenn aber der heutige Name nicht identisch ist mit dem des Gründers, dann ist auch das nicht nur bei Gräfe und Unzer so, sondern auch bei Schwabe, Kösel oder Böhlau. Die Ortsveränderung von Königsberg über Marburg/L., Bad Wiessee, Garmisch-Partenkirchen nach München – eine Folge des Zweiten Weltkriegs – ist ebenfalls nichts Besonderes, wenn man nicht gerade Schwabe heißt und in Basel residiert. Man denke nur an die großen Leipziger Buchhandelsunternehmen, die nach 1945 oft zunächst einen vorläufigen Firmensitz, zum Beispiel in Wiesbaden, fanden, bevor sie sich endgültig in Stuttgart (Thieme), Frankfurt a. M. (Insel) oder anderswo niederließen.

Auffällig ist, dass Sortiment und Verlag insgesamt fünfmal voneinander getrennt und unabhängig voneinander weitergeführt wurden. Das Phänomen tritt in der Buchhandelsgeschichte erst seit Ende des 18. Jahrhunderts auf, weil vorher die eine Sparte ohne die andere kaum lebensfähig war. Für die Trennung gibt es zahlreiche Beispiele auch bei anderen Unternehmen: Die Gebr. Borntraeger, die die Verlagsbuchhandlung von Nicolovius in Königsberg übernommen hatten, konzentrierten sich auf das Verlegen und verkauften 1843 das Sortiment, das später unter Wilhelm Koch firmierte und wieder eine Verlagssparte an die Seite gestellt bekam. Das gegenteilige Beispiel liefert die Osiander'sche Buchhandlung in Tübingen. Louise Osiander verkaufte 1862 die Verlagsrechte und beschränkte sich auf das Sortiment. Ab 1882 wurde die eigene Verlagstätigkeit aber in beschränktem Umfang wieder aufgenommen. Dies erinnert an Gräfe und Unzer in der Zeit von Heinrich Eduard Gräfe und Johann Otto Unzer oder von Richard Dreher und Botho Stürtz.

Das Ungewöhnliche bei Gräfe und Unzer ist nicht die häufige Trennung der beiden Sparten, sondern ihre häufige Wiedervereinigung. Sonst nehmen Verlage oft eigene Wege und verlieren ganz die Verbindung mit der Buchhandlung. In unserem Fall reservierten sich die Inhaber den Verlag überwiegend als persönliches Betätigungsfeld, wenn sie sich vom Hauptgeschäft zurückgezogen hatten. Aber die Verlage dockten später doch wieder an die Buchhandlung an, was dafür spricht, dass das Sortiment der stärkere Geschäftsbereich war.

Gräfe und Unzer hat sich stets als traditionsbewusstes Unternehmen verstanden und besonders in den Krisenzeiten nach den beiden Weltkriegen Selbstvergewisserung durch Rückgriff auf die eigene Geschichte betrieben. Eine auffallende Rolle spielte dabei die Berufung auf Johann Jakob Kanter, dessen legendäre Räumlichkeiten mit den Ölportraits seiner Zeitgenossen und dem Adler über der Eingangstür Gottlieb Leberecht Hartung übernommen hatte. Achtzig Jahre lang blieb das Ladengeschäft auch bei seinen Nachfolgern im Wesentlichen unverändert. Zu Kanters Zeit war es ein weltoffener Kommunikationsort. Dieses Ideal einer Buchhandlung behielten die Königsberger mehr als hundertfünfzig Jahre im Gedächtnis. Man kann es der Firma nicht verdenken, dass sie sich gerne in dieser glanzvollsten Tradition verortet hat, auch wenn die Verbindungslinien nur mittelbar gegeben waren.

Kanters weltoffene Buchhandlung wird als Teil der Tradition von Gräfe und Unzer gesehen.

Genauso prägend wie die eigene Geschichte war für Gräfe und Unzer, zumindest in der ersten Hälfte des 20. Jahrhunderts, die starke Identifikation mit Ostpreußen. Der Begriff bezeichnet einerseits eine erfolgreiche Programmlinie des Verlags. Bis in die sechziger Jahre hinein war es unmöglich, nicht an Gräfe und Unzer zu denken, wenn es um Literatur aus und über Ostpreußen ging. Andererseits war „Ostpreußen" aufgeladen mit nostalgischen Gefühlen. Beide Aspekte mögen der Firma bei den Ortswechseln nach der Flucht in den Westen geholfen haben, sich in der neuen Umwelt zu definieren, aber irgendwann wurde diese Orientierung anachronistisch.

Bei der Frage nach der buchhandelsgeschichtlichen Bedeutung des Unternehmens müssen Sortiment und Verlag getrennt und nach Epochen differenziert betrachtet werden.

Eckart hat in der 1. Hälfte des 18. Jahrhunderts die zeitgemäße Sortimentsbuchhandlung geschaffen, die für die Stadt Königsberg, für die Universität und weit darüber hinaus nicht vorhanden, aber für die Entwicklung der Universität und des geistigen Lebens in der Stadt notwendig war. Johann Heinrich und Gottlieb Leberecht Hartung haben das Eckartsche Niveau gehalten und besonderen Wert auf den Austausch mit den litauischen und polnischen Nachbarn gelegt. Die Hartungs besaßen den umfangreichsten und stabilsten Sortimentsbetrieb ihrer Zeit in Königsberg, wenn sie auch zeitweilig von anderen tüchtigen Buchhändlern vor Ort (Kanter, Nicolovius) überflügelt wurden.

Unzer hat mit seinem Kompagnon Goebbels – anders als Gottlieb Leberecht Hartung – die Zeichen eines völlig veränderten Buchmarkts (Abkehr vom Tauschhandel) zum Ende des 18. Jahrhunderts richtig verstanden. Nachdem Nicolovius aufgegeben hatte, war sein Geschäft das führende in der Stadt mit Lieferbeziehungen bis nach Moskau. Er und seine Nachfolger legten Wert auf ein vorzügliches Sortiment an Musikalien.

Pollakowsky und Paetsch sind Pioniere einer Reform des Sortimentsbuchhandels.

Pollakowsky, Paetsch und Koch übertrafen im 20. Jahrhundert mit der allseits bewunderten Organisation ihres Geschäfts – neben Sortiment, Leihbibliothek und Antiquariat spielte die Lehrmittelabteilung eine große Rolle – nicht nur alle Vorgänger, sondern schufen den Typ einer Großbuchhandlung, der erst sehr viel später von Hugendubel, Thalia, Osiander und anderen aufgegriffen wurde. Anstelle von Pionieren des „Deutschtums", als die sie sich zeitweilig gerierten, waren sie Pioniere einer Reform des Sortimentsbuchhandels. Die Ausstrahlung ihrer Buchhandlung in die Branche hinein und auf das geistige Leben in Ostpreußen wird man kaum unterschätzen können.

Und die Verlagsproduktion? Eckart füllt genau die Rolle aus, die zu seiner Zeit an diesem Ort von einem Verleger erwartet wurde. Er trug dazu bei, das von Königsberger Professoren erzeugte Wissen in der Gelehrtenrepublik bekannt zu machen. Zu seinen originellen Autoren gehörten Georg Neidhardt und Michael Lilienthal mit der Zeitschrift *Acta Borussica,* die heute noch zitiert wird. Sein Verlagsprogramm war aber auch für das gebildete bürgerliche Publikum attraktiv und ermöglichte diesem die Rezeption grundlegender Werke der beginnenden Aufklärungsepoche.

Als Verleger haben Johann Heinrich und Gottlieb Leberecht Hartung die größte Strahlkraft.

Das verlegerische Schaffen von Johann Heinrich und Gottlieb Leberecht Hartung hatte eine noch größere Ausstrahlung. Vater und Sohn Hartung haben die *Königlich privilegirte preußische Staats-, Kriegs- und Friedenszeitungen* weiterentwickelt, die später als *Königsbergische Hartungsche Zeitung* auch überregional bekannt war. Zwischen 1746 und 1798 gehörte die leistungsstarke Druckerei zum Gesamtunternehmen. Zu ihren Verlagsobjekten mit langfristiger Wirkung zählen etwa die historischen Arbeiten von Daniel Heinrich Arnoldt, Ludwig von Baczko und Georg Christoph Pisanski, die erste brauchbare deutsche Übersetzung von John Locke und zahlreiche medizinisch-naturwissenschaftliche Werke der Königsberger Professoren Christoph Gottlieb Büttner, Karl Gottfried Hagen, Johann Daniel Metzger. Die berühmten Autoren Kant, Hamann und Fichte, von denen sie epochemachende Einzelwerke verlegten, vermochten sie aber nicht auf Dauer an ihren Verlag zu binden.

Unter Unzer spielte die Unterhaltungsliteratur um 1800 eine größere Rolle. Auch ein *Preußisches Kochbuch für Frauenzimmer* wurde 1805 verlegt – neben wissenschaftlichen Werken (Johann Friedrich Herbart, Karl Rosenkranz, der vielbändige *Biblische Commentar über sämmtliche Schriften des Neuen Testaments*) oder Schulbüchern, die häufig für mehr als eine Generation maßgeblich waren.

Im 19. Jahrhundert hatte der Verlag darunter zu leiden, dass Stadt und Universität nicht mehr die Strahlkraft hatten wie zuvor. Die Produktion erfüllte nach wie vor eine zentrale Funktion vor Ort, aber sie fiel im übrigen Deutschland nicht mehr besonders ins Gewicht. Am stärksten war der Verlag auf den Gebieten Theologie und Pädagogik.

In der ersten Hälfte des 20. Jahrhunderts war Gräfe und Unzer für Literatur über Ostpreußen die erste Adresse. Die literarischen Autoren (Agnes Miegel, Charlotte Keyser etc.), auf die der Verlag setzte, gehörten aber zu denen, die ein verklärendes Bild von Ostpreußen zeichneten und z. T. eine nationalistische Gesinnung mit ausbilden halfen. Ein Johannes Bobrowski, der auch ein stark landschaftsgeprägter Dichter war, wäre in diesem Umfeld nicht vorstellbar gewesen.

Die Nazizeit hat Gräfe und Unzer ohne deutliche Anbiederungen an das Regime überstanden. Kein leitender Mitarbeiter war Mitglied der NSDAP. Aber der Status als „kriegswichtiger Betrieb" hat bis zur Totalzerstörung des Geschäftshauses im Jahr 1944 für hohe wirtschaftliche Prosperität gesorgt. Insofern wird man sagen müssen, dass Gräfe und Unzer zu den Profiteuren des Regimes gehört hat.

Der Weg der Firma nach 1945 ist keineswegs geradlinig verlaufen, sondern von verschiedenen Neuansätzen geprägt. Koch, der von Haus aus Sortimenter und nicht Verleger war, erkannte zunächst nur in den Vertriebenen eine verlässliche Zielgruppe für den Verlag und die Buchhandlung. Das Sortiment betrieb er vor allem als Versandbuchhandlung. Aber das Konzept Ostpreußen trug nach 1945 sozusagen ein Verfallsdatum in sich. Das Land, wie es seine ehemaligen Bewohner liebten, gab es nur noch in der Erinnerung, aber nicht mehr als politische Realität. Daher musste sich Gräfe und Unzer über kurz oder lang neu orientieren. Was folgte, war ein Richtungswechsel mit Überraschungen.

Gräfe und Unzer gehört zu den Profiteuren des Nazi-Regimes.

EIGENTÜMER UND GESCHÄFTSFÜHRER VON GRÄFE UND UNZER

1722–1746	**Christoph Gottfried Eckart** (1693–1750) eröffnet 1722 Sortiment und Verlag
1746–1756	**Johann Heinrich Hartung** (1699–1756) setzt Sortiment und Verlag fort, führt seine Druckerei weiter
1756–1774	**Hanna Hartung,** geb. Zobel (†1791) mit ihren Geschäftsführern:
	1756–1759: Michael Christian Hartung (1738–1759)
	1759–1759: Gebhard Ludwig Woltersdorf (†1759)
	1759–1766: Johann Daniel Zeise (†1766)
	1766–1774: Gottlieb Leberecht Hartung (1747–1797)
1774–1797	**Gottlieb Leberecht Hartung** setzt Sortiment, Verlag und Druckerei fort. Zeitungsverlag und Druckerei ab 1798 außerhalb der Traditionslinie → *1. Trennung der Geschäftszweige*

Außerhalb der Traditionslinie:

1760–1781	**Johann Jakob Kanter** (1738–1786), Buchhandel, Verlag, Papiermühle etc. Geschäftsräume und einzelne Buchbestände werden 1787 von Gottlieb Leberecht Hartung übernommen
1798–1808	**Johann Philipp Goebbels** (ca. 1759–1816) und **August Wilhelm Unzer** (1770–1847) übernehmen Sortiment von Hartung, Geschäftsräume von Kanter, gründen Verlag Das Geschäft firmiert unter Goebbels und Unzer
1808–1831	**August Wilhelm Unzer** setzt Sortiment und Verlag unter Aug. Wilh. Unzer fort
1832–1847	**August Wilhelm Unzer** setzt Verlag Aug. Wilh. Unzer fort → *2. Trennung der Geschäftszweige*
1832–1847	**Heinrich Eduard Gräfe** (1799–1867) und **Johann Otto Unzer** (ca. 1801–1871) setzen Sortiment fort, firmieren als Gräfe und Unzer und gründen Verlag
1848–1867	**Heinrich Eduard Gräfe** setzt Sortiment und Verlag Gräfe und Unzer fort
1848–1871	**Johann Otto Unzer** setzt Verlag Aug. Wilh. Unzer fort
1866–1878	**Heinrich Wilhelm Gräfe** (1828–1887) gründet Verlag H. W. Gräfe
1867–1878	**Heinrich Wilhelm Gräfe** setzt Sortiment und Verlag Gräfe und Unzer fort
1871–1878	**Heinrich Wilhelm Gräfe** setzt Verlag Aug. Wilh. Unzer fort
1878–1887	**Heinrich Wilhelm Gräfe** vereinigt Verlage Gräfe & Unzer, H. W. Gräfe und A. W. Unzer unter der Firma H. W. Gräfe → *3. Trennung der Geschäftszweige*

1887	**Verlag H. W. Gräfe** geht an Lucas Gräfe außerhalb der Traditionslinie
1878–1891	**Richard Dreher** (1852–1920) und **Botho Stürtz** (1844–1891) setzen Sortiment fort und gründen Verlag
1891–1893	**Richard Dreher** setzt Sortiment und Verlag fort
1893–1911	**Richard Dreher** setzt Gräfe & Unzer's Verlag fort → *4. Trennung der Geschäftszweige*
1893–1896	**Hugo Pollakowsky** (1867–1928) und **Franz Lipp** (†1910) setzen Sortiment fort
1896–1901	**Hugo Pollakowsky** setzt Sortiment fort
1902–1926	**Hugo Pollakowsky** und **Otto Paetsch** (1878–1927) setzen Sortiment fort
1912–1926	**Hugo Pollakowsky** und **Otto Paetsch** setzen Sortiment und Verlag fort
1927	**Otto Paetsch** setzt Sortiment und Verlag fort
1928–1945	**Bernhard Koch** (1900–1970) setzt Sortiment und Verlag fort
1946–1950	**Bernhard Koch** erwirbt mit Rudolf Stosberg Sortiment Elwert'sche Universitätsbuchhandlung Marburg/L. und führt sie als Elwert-Gräfe und Unzer Universitäts- und Verlagsbuchhandlung fort
1947–1950	**Bernhard Koch** gründet mit Rudolf Stosberg Verlag Elwert-Gräfe und Unzer
1950	**Bernhard Koch** verkauft Sortiment an Elwert außerhalb der Traditionslinie
1950–1970	**Bernhard Koch** kauft die Buchhandlung Wenzel in Garmisch-Partenkirchen und setzt sie als Gräfe und Unzer fort
1950–1960	**Bernhard Koch** setzt Verlag Gräfe und Unzer fort, zunächst in Bad Wiessee, ab 1956 in München
1961–1970	**Bernhard Koch** und **Kurt Prelinger** (*1931) setzen Verlag und Buchhandlung fort
1970	**Kurt Prelinger** setzt Verlag und Buchhandlung fort
1975	**Kurt Prelinger** setzt Verlag fort und verkauft Buchhandlung → *5. Trennung der Geschäftszweige*
1990	**Thomas Ganske** (*1947) erwirbt Verlag

Minderheitsgesellschafter sind nicht aufgeführt

DANK

Mein erster Dank gilt den Kollegen in der Buch- und Bibliotheksbranche, die mein Vorhaben großzügig mit ihrem Rat und Fachwissen unterstützt haben. Folgenden Personen fühle ich mich besonders verpflichtet, weil sie entscheidende Hinweise gegeben oder Teile des Manuskripts gegengelesen haben:

Björn Biester (Frankfurt/M.), Wolf-Dieter Drohn (München), Bernhard Fischer (Weimar), Christine Haug (München), Peter Hofstötter (Siegburg), Thomas Hofstötter (Wentorf), Manfred Komorowski (Duisburg), Mark Lehmstedt (Leipzig), Jutta Lindenborn (Heidelberg), Kurt Prelinger (Bernbeuren), Lutz Vogel (Weimar), Petra Zimmermann (Karlsruhe). Auch den Hilfsbereiten unter den Archivaren und Bibliothekaren, die trotz Corona-Pandemie den Zugang zu ihren Beständen ermöglicht haben, bin ich dankbar, insbesondere den Mitarbeiterinnen des Referats Benutzung der Herzogin Anna Amalia Bibliothek, Weimar.

Der Verlag Gräfe und Unzer hat meine Arbeit in jeder Hinsicht gefördert. Für das stets ergebnisorientierte Zusammenwirken bedanke ich mich besonders bei Thomas Ganske und den Münchener Mitarbeitern Thomas Narr und Stephanie Wenzel. Jan Wiesemann ist der beste Kenner der Hausgeschichte, dem ich für zahllose Anregungen, Informationen und die Unterstützung bei der Bildauswahl verbunden bin. Besonders vertrauensvoll, erfreulich und konstruktiv war die Zusammenarbeit mit dem Herausgeber Georg Kessler.

BILDNACHWEIS

Alle Abbildungen sind dem verlagseigenen Archiv entnommen, mit Ausnahme von:
S. 8, 21 Bayerische Staatsbibliothek, München; S. 16-17 Deutsche Nationalbibliothek; Leipzig; S. 28-1, 39-2, 41, 82-1, 82-2, 108, 115 Verlagsgeschichte 1932 von Kurt Forstreuter; S. 32 Niedersächsische Staats- und Universitätsbibliothek, Göttingen; S. 35 Herzogin Anna Amalia Bibliothek, Weimar; S. 40, 59 Deutsches Literaturarchiv, Marbach/N.; S. 15, 28-2, 39-1, 93-3 Bildarchiv Ostpreußen; S. 43-1 Anton Graff, 1785, Gleimhaus Halberstadt; S. 75 Wikipedia/Christian G.H.Geißler; S. 83 Druck und Verlag von Louis Oeser, Neusalza/ Album der Sächsischen Industrie; S. 96 Staatsbibliothek zu Berlin; S. 97 Reinicke & Rubin, Magdeburg; S. 99-1, 99-2 Friedrich Lahrs, 1924, Beilage in Menz: Deutsche Buchhändler, Lehmann 1926; S. 101 Deutsche Nationalbibliothek; S. 112 Familienbesitz; S. 119 Thomas-Mann-Archiv, ETH Zürich; S. 138-2 Familienbesitz

ANMERKUNGEN

[1] Raabe 1981, S. 277.
[2] Bester Überblick bei Lehmstedt 1999.
[3] Hamann 1965, S. 431.
[4] Wittmann 1982, S. 21.
[5] Goldfriedrich 1908, S. 333.
[6] Goethe 2005, S. 563.
[7] Bester Überblick bei Wittmann 2019, S. 82–120.
[8] Lehmstedt 1999, S. 13.
[9] Kant 1917, S. 120 f.; Manthey 2005, S. 117–170.
[10] Vgl. etwa Marti et al. 2008.
[11] Vorwort des Catalogus universalis von Johann Heinrich Hartung, zit. nach Goldstein 1922, Bl. 3.
[12] Eckart 1719.
[13] Dreher 1896, S. 162 ff.; Forstreuter 1932, S. 15 ff.
[14] Deutsche Nationalbibliothek/Deutsches Buch und Schriftmuseum. Friedrich Wilhelm, I. <Preußen, König> 20.07.1722.
[15] Wittmann 1982, S. 77.
[16] Forstreuter 1932, S. 16.
[17] Magnus-Unzer 1929, S. 18.
[18] Hartwich 1723.
[19] Strimesius 1723.
[20] Gegen Forstreuter 1932, S. 22.
[21] Zur periodischen Presse allgemein Böning 1997.
[22] Strimesius, Johann Samuel Anno 1735; 1736.
[23] Jähnig 2008, S. 331; Rehberg 1942, 61.
[24] Neidhardt 1724.
[25] Stephani 1724.
[26] Lilienthal 1730–1732.
[27] Böning 1997, S. 156.
[28] Kaunas 1992, S. 369.
[29] Pietsch 1740.
[30] Nepos 1737.
[31] Lassenius 1731.

[32] Ziegler und Kliphausen 1728.
[33] Hamann 1766.
[34] Venette 1738.
[35] Hesse 1740.
[36] Dreher 1896, S. 208.
[37] Dreher 1896, S. 164.
[38] Kuhnert 1926, S. 175, 180.
[39] Dreher 1896, S. 152, 172.
[40] Dreher 1896, S. 164; Forstreuter 1932, S. 19.
[41] Zur zweihundertjährigen Jubelfeier der Firma Gräfe und Unzer in Königsberg 1922, S. 1266.
[42] Dreher 1896, S. 163.
[43] Gause 1996a, S. 128.
[44] Hartung 1746 – Auswertung nach den Informationen bei Forstreuter 1932.
[45] Kaunas 2004.
[46] Kaunas 1992, 372 f.
[47] Obster 1942, S. 126.
[48] Goldfriedrich 1908, S. 309.
[49] Dreher 1896, S. 168.
[50] Wöchentliche Königsbergische Frag- und Anzeigungs-Nachrichten 1746–1798.
[51] Hartung 1913, S. 6.; Meckelburg 1840, S. 37.
[52] Königlich privilegirte preußische Staats-, Kriegs- und Friedens-Zeitungen 1752–1798.
[53] Hartung 1913, S. 11.
[54] Hagelweide 2016, S. 1708.
[55] Baumann und Gräven 1746.
[56] Jablonski 1748.
[57] Dreher 1896, S. 209 f.
[58] Arnoldt 1756.
[59] Locke 1755.
[60] Locke 1996.
[61] Kant 1756.

⁶² Kant 1755 b.
⁶³ Kant 1755 a.
⁶⁴ Kant 1775.
⁶⁵ Raisonnirendes Bücherverzeichniß [Zeitschrift] 1783, S. 97–100.
⁶⁶ Borowski 1790.
⁶⁷ Borowski 1902, 268.
⁶⁸ Kant 1756.
⁶⁹ Kant 1756, S. 39.
⁷⁰ ebda.
⁷¹ Hartungs Messlokal ist für das Jahr 1764 belegt. Freundliche Auskunft von Mark Lehmstedt.
⁷² Vgl. Lehmann 2011. Die Aussage ist Ergebnis einer Untersuchung, die sich auf die Herrschaft Schmalkalden in der 1. Hälfte des 18. Jahrhunderts bezieht.
⁷³ Lehmstedt 1996b, S. 82–92.
⁷⁴ Kant am 28.10.1759 an Johann Gottlieb Lindener, zitiert nach Manthey 2005, S. 132 f.
⁷⁵ Gause 1974, S. 52 f., 66.
⁷⁶ Eulenburg 1906.
⁷⁷ Hamann 1759.
⁷⁸ Goethe 2005, S. 558.
⁷⁹ Hamann 1957, S. 22 ff.
⁸⁰ Magnus-Unzer 1929, S. 22.
⁸¹ Stark 1994, S. 98.
⁸² Hagen 1850, S. 242 f.
⁸³ Dreher 1896, S. 215.
⁸⁴ Haug 1998, S. 62 ff.
⁸⁵ Brief an Scheffner vom 12.8.1769. Hippel 1838, S. 94.
⁸⁶ Brief an Scheffner vom 7.9.1768. Hippel 1838, S. 54.
⁸⁷ z. B. die Akademische Ressource (1790) oder „viele Journallesezirkel" 1793 laut Prüsener 1973, Sp. 524, 553 f.
⁸⁸ Ischreyt 1981, S. 264.
⁸⁹ Cotta zum Beispiel hatte 1827 – allerdings vier Jahrzehnte nach Kanter – Verbindlichkeiten in Höhe von 784.000 Gulden. Fischer 2014, S. 708.
⁹⁰ Hamann 1975, S. 363 f.
⁹¹ Koch 1932.
⁹² Hartung 1913, S. 13. Anders, aber weniger plausibel Forstreuter S. 63.

⁹³ Dreher 1896, S. 204.
⁹⁴ Hartung 1913, S. 17.
⁹⁵ Meckelburg 1840, S. 40.
⁹⁶ Brief vom 5.2.1780 an Herder. Hamann 1959, S. 170.
⁹⁷ Brief vom 15.9.1781 an Herder. Hamann 1959, S. 335.
⁹⁸ Sächsisches Staatsarchiv. Frege & Co., Leipzig 1797–1798.
⁹⁹ Brief vom 26.1.1780 an Hartknoch. Hamann 1959, S. 162.
¹⁰⁰ Brief vom 24.1.1780 an Herder. Hamann 1959, S. 157.
¹⁰¹ Brief vom 8.10.1781 an Hartknoch. Hamann 1959, S. 348.
¹⁰² Brief vom 23.10.1781 an Hartknoch. Hamann 1959, S. 342.
¹⁰³ Dreher 1896, S. 204.
¹⁰⁴ Zahl der Buchhandlungen nach Lehmstedt 1999, S. 14.
¹⁰⁵ Bergius 1850.
¹⁰⁶ Brief vom 11.11.1790, Scheffner 1926, S. 29.
¹⁰⁷ Kant 1969a, S. 421.
¹⁰⁸ Hamann 1959, S. 213, 223, 224, 254, 262, 297.
¹⁰⁹ Grüner 1789.
¹¹⁰ Baczko 1792.
¹¹¹ Baczko 1787.
¹¹² Pisanski 1791.
¹¹³ Büttner 1770.
¹¹⁴ Hagen 1778.
¹¹⁵ Mendelssohn und Kypke 1791.
¹¹⁶ Hasse 1788.
¹¹⁷ Lilienthal 1750.
¹¹⁸ Trescho 1762.
¹¹⁹ Trescho 1765.
¹²⁰ Hamann 1766.
¹²¹ Baczko 1783a.
¹²² Baczko 1788.
¹²³ Paradis und Baczko 1794.
¹²⁴ Königliche Deutsche Gesellschaft 1771.
¹²⁵ Preußische Blumenlese 1780–1982; 1793.
¹²⁶ Wittmann 2019, S. 123.

Anmerkungen

[127] Gesangbuch für Freymäurer 1787.

[128] Für die Recherche mit großem Gewinn zu Rate zu ziehen: Hagelweide 2016.

[129] Bock 1773.

[130] Baczko 1783b.

[131] Metzger und Elsner 1784/85 (1786)–1784/87 (1787).

[132] Metzger 1787-1789.

[133] Hasse 1788-1789.

[134] Raisonnirendes Bücherverzeichniß [Zeitschrift] 1782–1784.

[135] Kritische Blätter [Zeitschrift] 1793, 1794.

[136] Hartung 1913, S. 15.

[137] Conrad 2014, S. 180 f.

[138] Brief vom 2.9.1791. Kant 1923, S. 87 ff.

[139] Fichte 1792.

[140] Brief vom 16.9.1791. Kant 1969b, S. 284.

[141] Brief Fichtes an Weißhuhn vom 11.10.1791. Fichte 1968, S. 268.

[142] Kant 1969b, S. 120.

[143] Brief Fichte an Gensichen vom 21.4.1792. Fichte 1968, S. 305.

[144] Fichte an von Schön vom 21.4.1791. Fichte 1968, S. 303.

[145] Meyer 1921, S. 43.

[146] Fußnote des Verlegers. Fichte 1793, S. V.

[147] Schiller 1958, S. 156 f., 337.

[148] Kant 1922, S. 11.

[149] „Das Päckchen liegt aber noch durch Schuld des Esels Hartungs vermuthlich in Leipz." Brief vom 26.1.1780 an Kraus. Hamann 1959, S. 158.

[150] Brief vom 1.1.1780 an Herder. Hamann 1959, S. 145 f.

[151] Hamann schreibt am 9.12.1781 an Hartknoch: „Ein Päckchen von ihm [Kleuker] ist von der Michaelismeße 79 durch Hartung verloren gegangen nebst einem Briefe den wir beide bedauern." Hamann 1959, S. 350.

[152] Brief vom 26.1.1780 an Hartknoch. Hamann 1959, S. 161 f.

[153] Brief vom 22.7.1781 an Kleuker. Hamann 1959, S. 311.

[154] „Ich glaube, es ist böser Wille, daß ers zurückgehalten hat." Brief vom 11.7.1782 von Herder. Hamann 1959, S. 402.

[155] Goldfriedrich 1913, S. 495.

[156] Brief vom 23.10.1781 an Hartknoch. Hamann 1959, S. 342.

[157] Verzeichnis einer Handbibliothek der nützlichsten, besten deutschen Bücher zum Vergnügen und Unterricht, wie auch der brauchbarsten Ausgaben der klassischen Autoren 1781 – In keiner Bibliothek mehr nachweisbar. Angaben nach Forstreuter S. 65–77.

[158] Brief vom 26.6.1780 an Herder. Hamann 1959, S. 196.

[159] Brief vom 17.9.1779 an Herder. Hamann 1959, S. 113.

[160] Hartung 10.1777 Stadtarchiv Halle/S.

[161] Lehmstedt 1996a.

[162] Hasse 1885, S. 301 f.

[163] Georg Jakob Decker an seinen Sohn, zit. bei Lehmstedt 1997, S. 74.

[164] Fischer 2014, S. 36.

[165] Dreher 1896, S. 204, 209 f.

[166] Sächsisches Staatsarchiv Leipzig. Frege & Co., Leipzig 1797–1798.

[167] Das geht u.a. aus dem (verlorenen) Schuldbuch hervor, das Forstreuter auswertet. Forstreuter 1932, S. 87 ff..

[168] Kohnen 2014, hier S. 75.

[169] Zur zweihundertjährigen Jubelfeier der Firma Gräfe und Unzer in Königsberg 1922, S. 1267.

[170] Ueber theoretische und praktische Zeichenkunst 1799.

[171] Müchler 1799.

[172] Schroekh 1799.

[173] Hermanni 1799.

[174] Hoffmann 1799.

[175] Jensen 1799.

[176] Burmann 1773.

[177] Burmann 1777.

[178] Metzger 1800.

[179] Horn 1799.

[180] Hildebrandt 1799.

[181] Bei Goebbels und Unzer ist nur der 2. Teil des Romans erschienen. Der 1. Teil kam 1798 bei Langhoff, Berlin, heraus.

[182] Kant 1802.

[183] Kant 1804.

[184] Böckel 1804.
[185] Herbart 1813.
[186] Herbart 1816.
[187] Herbart 1824.
[188] Herbart 1829.
[189] Verzeichniß neuer Bücher in der Buchhandlung von Goebbels und Unzer zu Königsberg 1800.
[190] Reiling 2019, 334 f.
[191] Kuhnert 1926, S. 213.
[192] Zur zweihundertjährigen Jubelfeier der Firma Gräfe und Unzer in Königsberg 1922, S. 1267.
[193] Gause 1996a, S. 324; Manthey 2005, S. 320.
[194] Forstreuter 1932, S. 87.
[195] Dikreiter 1932.
[196] Stadtarchiv Halle/S. Schwetschke.
[197] Anschaulicher Bericht bei Gräfe 1920.
[198] Magnus-Unzer 1929, S. 35.
[199] Forstreuter 1932, S. 75 f.
[200] Schulze 1925, S. 56.
[201] Lt. Aussage seines Nachfolgers Gräfe, Forstreuter 1932, S. 99.
[202] Goldfriedrich 1913, S. 95.
[203] Olshausen 1830.
[204] Saalschütz 1844.
[205] Manthey 2005, S. 632.
[206] Maurach 1953.
[207] Forstreuter 1932, Abb. nach S. 96.
[208] Brief an Eduard Berger vom 18.10.1841. Brauer 1958, S. 136.
[209] Goldfriedrich 1913, S. 391–398.
[210] Zur zweihundertjährigen Jubelfeier 1922.
[211] Morgenfeier im Schauspielhaus zu Königsberg Pr. am 3. Januar 1932.
[212] Magnus-Unzer 1929, S. 54.
[213] Verzeichniss neuer Musikalien 1837.
[214] Gotthold 1839.
[215] Lengerke 1840.
[216] Zit. nach Manthey 2005, S. 435.

[217] Manthey 2005.
[218] Jacobson 1846.
[219] Schiffert 1849.
[220] Bauerngespräche über König und Regierung, Volk und Revolution 1848.
[221] Lorek 1834-1837.
[222] Lorek 1837.
[223] Gotthold 1844.
[224] Gotthold 1848.
[225] Verein zur Beförderung der Landwirthschaft zu Königsberg in Preußen 1838–1848.
[226] Gräfe 1920.
[227] Gräfe 1920.
[228] Diese und die folgenden Zahlenangaben bei Forstreuter 1932, S. 100 ff.
[229] Forstreuter 1932, S. 104.
[230] Gräfe 1920, S. 11.
[231] Zur zweihundertjährigen Jubelfeier der Firma Gräfe und Unzer in Königsberg 1922, S. 1268.
[232] Magnus-Unzer 1929, S. 31.
[233] Zweihundert Jahre Deutsche Kulturarbeit im Osten ca. 1934, S. 22.
[234] Wittmann 2019, S. 257 ff.
[235] Jäger 2010, S. 90.
[236] Jäger 2010, S. 107 f.
[236a] Gräfe 1920, S. 11.
[237] Gräfe 1918.
[238] Dreher 1883. Zit. nach Magnus-Unzer 1929, S. 78.
[239] Forstreuter 1932, S. 85.
[240] Russell 1894.
[241] Dreher 1896.
[242] Magnus-Unzer 1929, S. 99.
[243] Offizielles Adressbuch des deutschen Buchhandels 1902.
[244] Katalog zu der Kant-Ausstellung (…) vom 11. bis 16. Februar 1904.
[245] Menz 1922, S. 24.
[246] Baltzer 1922.
[247] Ulbrich 1916.
[248] Jäger 2010, S. 147 f.

Anmerkungen

[249] Fischer 2012, S. 358 f.

[250] Jäger 2010, S. 147.

[251] Baltzer 1922.

[252] Dikreiter 1963, S. 287.

[253] Katalog. Leihbücherei Gräfe & Unzer Paradeplatz 6, 1921.

[254] Jäger und Wittmann 2010, S. 236.

[255] Matthias 1940, S. 48.

[256] Die Information verdanke ich Bjoern Biester.

[257] Königsberger Universitätskalender 1906–1914.

[258] Königsberger Universitäts-Kalender 1907, S. 159 f.

[259] Das malerische Ostpreußen 1926.

[260] Schlicht [1.]1927 – [9.]1935.

[261] Jung 1900.

[262] Anzeige im Königsberger Universitäts-Kalender 1907.

[263] Katalog. Leihbücherei Gräfe & Unzer Paradeplatz 6 1921, S. 5.

[264] Menz 1922.

[265] Verband der Orts- und Kreisvereine im deutschen Buchhandel 1922, S. 990.

[266] Zur Zweihundertjahrfeier der Buchhandlung Gräfe und Unzer in Königsberg 1922, S. 1306.

[267] Zu den Königsberger Veranstaltungen 1922.

[268] Verband der Orts- und Kreisvereine im deutschen Buchhandel 1923, S. 561.

[269] Goldstein 1929, S. 18.

[270] Thomas Mann in einem Zeitungsartikel von 1929, zit. n. Sprecher 2001, S. 39.

[271] Magnus-Unzer 1929, S. 97 ff.

[272] Magnus-Unzer 1929, 99 f.

[273] Jubiläum bei Gräfe und Unzer 1927.

[274] Forstreuter 1932, S. 126.

[275] Becker 1990.

[276] Robert Tourly: Derrière les brumes de la Vistule, 1931, S. 19 f, zit. nach der Übers. in Zweihundert Jahre Deutsche Kulturarbeit im Osten ca. 1934, S. 32 f.

[277] Dikreiter 1935, S. 7.

[278] Stephan und Dittler 1997, S. 82.

[279] Ostpreußen ruft 1936.

[280] Zit. n. Sprecher 2001, S. 37 ff.

[281] Stepanauskas 2011, S. 108.

[282] Schlicht 1927.

[283] Stepanauskas 2011, S. 107 f.

[284] Zit. n. Mann 2014, S. 53 f.

[285] Zit. n. Stepanauskas 2011, S. 115.

[286] Goldstein 2015, 424 ff.

[287] Thomas Mann will sich (…) 1929.

[288] Stepanauskas 2011, S. 126 ff. und 5. Seite des Bildteils.

[289] Goldstein 2015, S. 428.

[290] Mann 1974, S. 59.

[291] Die Kurische Nehrung : Eine Monographie in Bildern 1930.

[292] Der Text lautet: „Über dieses Buch kann ich mitreden, denn ich kenne die Landschaft, von der es handelt, und bin froh, dass nur Wochen noch mich von dem Wiedersehen mit ihr trennen – dem ersten, wie ich es vorsorglich nennen möchte. Wie manchem vor mir (aber es sind nicht eben viele) hat ihre grundeigentümliche Schönheit es mir angetan, als ich vorigen Sommer dort war: die unwahrscheinliche Phantastik ihrer Dünenwelt, der Urfriede ihrer Birken- und Fichtenwälder, in denen Elche äsen, die wilde Grösse ihres Meeres, die Idyllik von Dorf und Haff. Ich war herzlich befriedigt, dies alles geschildert, besungen, gestaltet zu finden in dem ausgezeichneten Buche, das ich hier anzeige. Es sind darin dichterische und prosaistische Beiträge von dem uns leider verlorengegangenen Walter Heymann, von Adolf Brust, dem liebenswürdigen Ludwig Goldstein, Walter Harich, Agnes Miegel und anderen – lauter Ostpreussen, die ohne Empfindsamkeit und Beschönigung, aber aus tiefem und starkem Gefühl, ein merkwürdigstes Gebiet ihrer Heimat in gebundener und ungebundener Rede feiern. Ihre geistigen Bilder werden ergänzt durch eine Reihe motivisch sehr glücklicher Photographien, deren packende und stimmungsvolle Anschaulichkeit dazu beitragen wird, den Ruhm dieses erstaunlichen Stückes Erde im Lande und in der Welt zu verbreiten". Mann 1930.

[293] Dikreiter 1965a.

[294] Zit. n. Sprecher 2001, S. 99.

[295] Das Haus der 200.000 Bücher, 1931.

[296] Zweihundert Jahre Deutsche Kulturarbeit im Osten ca. 1934, S. 35.

165

297 Vgl. etwa die Liste in Zweihundert Jahre Deutsche Kulturarbeit im Osten ca. 1934, S. 40.

298 Sprecher 2001, S. 5.

299 Deutsches Literaturarchiv. Nachlass Grimm 1931.

300 Koch 1934.

301 Protokoll über die Verhandlungen der außerordentlichen Hauptversammlung des Börsenvereins am 11. November 1934. 1934, S. 993.

302 Klassik Stiftung Weimar/Goethe- und Schiller-Archiv, Kippenberg 1934.

303 Koch 1934.

304 Dieses und die folgenden Zitate: Bundesarchiv, Reichsschrifttumskammer 1938.

305 Zille 1937.

306 Heinrich 1932.

307 Dikreiter 1965a.

308 Rohrer 2006, S. 446.

309 Dikreiter 1965b.

310 Verlagsverzeichnis 1937.

311 Zweihundert Jahre Deutsche Kulturarbeit im Osten ca. 1934, S. 6.

312 Dünen, Wälder, weites Land, Ostpreußen 1942.

313 Sielmann 1943.

314 Ostpreußenkalender 1. 1929–14. 1942.

315 Doennig und Doennig 1934.

316 Hippel 1933.

317 Krollmann 1941–1944.

318 Ziesemer 1939–1940.

319 Mühling 1941.

320 Sächsisches Staatsarchiv Leipzig, Börsenverein der Deutschen Buchhändler zu Leipzig 1937-1954; Flachowsky 2018, S. 738 f.

321 Mühling 1911.

322 Miegel 1931.

323 Wolff 1935.

324 Keyser 1939.

325 Keyser 1940.

326 Miegel 1944.

327 Familiennachlass Hofstötter.

328 Schulz 1960, S. 12.

329 Bühler und Bühler 2002, S. 75–80.; Verlegerliste 1944.

330 Wolff 1942.

331 Sanden-Guja 1942.

332 Keyser 1942.

333 Barbian 2015, S. 181.

334 Familiennachlass Hofstötter 22.04.1943; 15.11.1943.

335 Stifter 1942.

336 Stadtbibliothek München/Monacensia, B 155 Nachlass Stefl, Hofstötter 1942.

337 Stadtbibliothek München/Monacensia, B 155 Nachlass Stefl, Hofstötter 1943.

338 Wittmann 2015, S. 374.

339 Vgl. Barbian 2010.

340 Haegert und Baur 1941.

341 Stosberg 1942.

342 Bühler und Bühler 2002, S. 116.

343 Zweihundert Jahre Deutsche Kulturarbeit im Osten ca. 1934.

344 Rebenich 2013, S. 411.

345 Bundesarchiv, Reichskulturkammer 1943.

346 Führerbüste, Geschenk des Gauleiters 1944.

347 Gause 1996b, S. 138.

348 Diese Informationen und die Erlaubnis zur Wiedergabe des unten abgedruckten Briefs von Philipp Hofstötter an seine Frau vom 3.9.1944 sind den Söhnen Peter und Thomas Hofstötter zu verdanken.

349 National Archives, London; Friedrich 2007.

350 Matern 1986; Tilitzki 2014, S. 98 Anm. 3.

351 Faksimile in Gause 1996 b, Abb. 17.

352 Der Reihentitel wurde in den vierziger Jahren für Bastelbücher des Lux-Verlages München verwendet, etwa für „Der Kleingärtner bastelt" oder „Das Bastelbuch für unsere Soldaten – 125 Bastelarbeiten" von Susanne Ströse und Oskar Grissemann.

353 Information World War Two Foundation (STIWOT) 2021.

354 Sächsisches Staatsarchiv Leipzig, Börsenverein der Deuschen Buchhändler zu Leipzig 1937–1954, Bl. 39.

355 Ebda. Bl. 31.

Anmerkungen

[356] Lenz 1978.
[357] Wieck 2009.
[358] Gause 1996b, S. 156–177; Matern 1986; Tilitzki.
[359] Sächsisches Staatsarchiv Leipzig, Börsenverein der Deutschen Buchhändler zu Leipzig 1937–1954, Bl. 31.
[360] Hofstötter.
[361] Drohn, persönliche Mitteilung 2021.
[362] Deutsche Bundesbank 2021. Generell ist die Vergleichbarkeit mit hohen methodischen Unsicherheiten belastet.
[363] Familiennachlass Drohn, Gräfe und Unzer Kommanditgesellschaft 14.08.1946.
[364] Benz 1979, S. 711.
[365] Braun-Elwert 1957.
[366] Stephan und Dittler 1997, S. 90.
[367] Sächsisches Staatsarchiv Leipzig, Börsenverein der Deutschen Buchhändler zu Leipzig 1937–1954.
[368] Hecker 1947.
[369] Umlauff 1978, S. 2248.
[370] Wittmann 2019, S. 392.
[371] Sächsisches Staatsarchiv Leipzig, Börsenverein der Deutschen Buchhändler zu Leipzig 1937–1954, Bl. 31.
[372] Familiennachlass Hofstötter.
[373] Deutsches Literaturarchiv, Nachlass Miegel.
[374] Miegel 1965.
[375] Wagner 1965.
[376] Familiennachlass Drohn, Gräfe und Unzer Kommanditgesellschaft 14.08.1946.
[377] Gräfe und Unzer 1722–1947. 1947.
[378] Becker 1990.
[379] Aus einem Zeitungsinterview zit. n. Benz 1979, S. 731.
[380] Heimat Ostpreussen 1948.
[381] Familiennachlass Hofstötter.
[382] Sanden-Guja 1948.
[383] Sanden-Guja 1947.
[384] Gregorovius 1947.
[385] Hippel 1933.
[386] Selle 1948.
[387] Turgenev 1948.
[388] Mutschmann 1948.
[389] Becker 1990.
[390] Brief Bernhard Kochs an Agnes Miegel am 4.6.1948. Deutsches Literaturarchiv, Nachlass Miegel.
[391] Becker 1990.
[392] Becker 1990.
[393] Persönliche Mitteilung Drohn 2021 (Auseinandersetzungsvertrag vom 21.01.1950).
[394] Becker 1990.
[395] Stephan und Dittler 1997, S. 96.

UNGEDRUCKTE QUELLEN

Bundesarchiv
    R 56-I Reichskulturkammer, Karteikarte Bernhard Koch (1943).
    R 56-V/1090 Reichsschrifttumskammer (1938): Untersuchung wegen Beschwerden der Schriftleitung von „Der Stürmer", Nürnberg, gegen die Buchhandlung Gräfe und Unzer.

Deutsche Nationalbibliothek/Deutsches Buch- und Schriftmuseum, 87/4. Friedrich Wilhelm, I. <Preußen, König> (20.07.1722): Buchführer-Privilegium auf Königsberg vor Christoff Gottfried Eckardt.

Deutsches Literaturarchiv Marbach/N.
    Nachlass Miegel, Agnes: Briefwechsel mit Gräfe und Unzer (1947-1956). 4 Br., 5 Bl.
    Nachlass Grimm, Hans: Lesereisen/Königsberg Briefe an Gräfe und Unzer 1931, 10 Bl.

Drohn, Wolf-Dieter (2021): E-Mail an den Autor. München, 25.11.2021.

Familiennachlass Drohn: Gesellschaftsvertrag; Gesellschafterbeschluss. Über die Gründung des Verlags Elwert-Gräfe und Unzer, Marburg/L. (14.08.1946)

Familiennachlass Hofstötter, zusammengestellt von Peter und Thomas Hofstötter.
    Die Sicherstellung des Verlages Gräfe und Unzer [Dossier, zusammengestellt aus Briefen von Philipp Hofstötter und Papieren aus dem Nachlass von Dorothea Hofstötter]
    Hofstötter, Philipp: Tagebucheinträge 1.11.1943 bis 19.5.1944.
    Hofstötter, Philipp (22.04.1943; 15.11.1943): [Verlagssituation Gräfe und Unzer 1943, Briefentwürfe]

Klassik Stiftung Weimar/Goethe- und Schiller-Archiv, GSA 50/1866 Insel-Verlag, Brief von Anton Kippenberg an Bernhard Koch vom 14.11.1934.

National Archives, London: Royal Air Force Bomber Command 60th Anniversary. Campaign Diary August 1944. Kew, Richmond, Surrey. Online verfügbar unter https://webarchive.nationalarchives.gov.uk/20070706054833/http://www.raf.mod.uk/bombercommand/aug44.html, zuletzt geprüft am 23.02.2021.

Sächsisches Staatsarchiv Leipzig
    21021/0063 Frege & Co., Leipzig (1797-1798): Schuldforderung gegen die Hartungsche Buchhandlung, Königsberg.
    21765/F 03259 Börsenverein der Deutschen Buchhändler zu Leipzig (1937-1954): Gräfe und Unzer, Königsberg.

Stadtarchiv Halle/S., 417, Gebauer & Schwetschke
    A 6.2.6 Nr. 45426 (Kartonnr. 116): Brief von Carl Ferdinand Schwetschke an Carl August Schwetschke vom 13. April 1817.
    A 6.2.6 Nr. 18860 (Kartonnr. 68) Nachricht von Gottlieb Leberecht Hartung (10.1777).

Stadtbibliothek München/Monacensia, B 155 Nachlass Stefl 1779/80.
    Brief von Philipp Hofstötter an Max Stefl vom 22.9.1942.
    Brief von Philipp Hofstötter an Max Stefl vom 26.5.1943

LITERATURVERZEICHNIS

Hervorgehobene Titel sind im Verlag von Gräfe und Unzer bzw. den Vorgängerverlagen erschienen.

*Arnoldt, Daniel Heinrich (1756): Ausführliche und mit Urkunden versehene Historie der Königsbergischen Universität. D. Daniel Heinrich Arnoldts Zusätze zu seiner Historie der Königsbergschen Universität: nebst einigen Verbesserungen derselben, auch zweyhundert und funfzig Lebensbeschreibungen Preußischer Gelehrten. Königsberg in Preußen: Hartung.

*Baczko, Ludwig von (1783a): Die akademischen Freunde. Eine Geschichte in Briefen. Unter Mitarbeit von Eberhard Siegfried Henne. Königsberg, Leipzig: Hartung.

*Baczko, Ludwig von (Hg.) (1783b): Preussisches Magazin zum Unterricht und Vergnügen [Zeitschrift]. Königsberg, Leipzig: Hartung.

*Baczko, Ludwig von (1787): Versuch einer Geschichte und Beschreibung der Stadt Königsberg. 1. Heft. Königsberg: Hartung.

*Baczko, Ludwig von (1788): Müller der Menschenverächter und seine fünf Töchter. 2 Theile. Königsberg: Hartung.

*Baczko, Ludwig von (1792): Geschichte Preußens. 1. Band. Königsberg: bey Gottlieb Lebrecht Hartung.

Baltzer, Ulrich (1922): Eine vorbildliche Stätte deutscher Kultur im Osten. In: Ostdeutsche Monatshefte 3 (6), S. 247–252.

Barbian, Jan-Pieter (2010): Literaturpolitik im NS-Staat. Von der „Gleichschaltung" bis zum Ruin. Orig.-Ausg. Frankfurt am Main: Fischer-Taschenbuch-Verl. (Fischer Die Zeit des Nationalsozialismus, 16306).

Barbian, Jan-Pieter (2015): Der Buchmarkt. Marktordnung und statistische Marktdaten. In: Ernst Fischer und Reinhard Wittmann (Hg.): Drittes Reich. Teil 1. Unter Mitarbeit von Jan-Pieter Barbian. Berlin: de Gruyter (Geschichte des deutschen Buchhandels im 19. und 20. Jahrhundert, 3, 1).

*Bauerngespräche über König und Regierung, Volk und Revolution (1848). Königsberg: Gräfe und Unzer.

*Baumann, Joachim; Grävens, Alexander (Hg.) (1746): Neue Lettische Postilla, das ist: Sammlung erbaulicher Lettischer Betrachtungen, über die Evangelia aller Sonn- und Fest-Tage … Jauna Latweeschu Spreddiggu-Grahmata … Unter Mitarbeit von Georg Mancelius … Königsberg: gedruckt und verlegt Johann Heinrich Hartung.

Becker, Rudolf K. (1990): Vom Trümmerhaufen zum Neuanfang. Gräfe und Unzer: Rückblick im Gedenken zu Bernhard Kochs 90 Geburtstag und 20. Todestag. In: Ostpreussenblatt 41, 13.10.1990, S. 10.

Benz, Wolfgang (1979): Amerikanische Literaturpolitik und deutsche Interessen. Verlagswesen und Buchhandel in Bayern 1945-1946. In: Zeitschrift für bayerische Landesgeschichte 42, S. 705–731.

Bergius, W. (1850): Der Banco-Cassirer Friedrich Nicolovius. In: Neue preußische Provinzialblätter 9, S. 284–295.

*Bock, Friedrich Samuel (Hg.) (1773): Der Preußische Sammler. Eine Wochenschrift [Zeitschrift]. Königsberg: Zeisens Witwe u. Hartung.

*Böckel, Ernst Gottfried Adolf (1804): Die Todtenfeyer Kant's. Königsberg: Göbbels und Unzer.

Böning, Holger (1997): Aufklärung und Presse im 18. Jahrhundert. In: Hans-Wolf Jäger (Hg.): „Öffentlichkeit" im 18. Jahrhundert. Göttingen: Wallstein-Verl. (Das achtzehnte Jahrhundert Supplementa, 4), S. 151–163.

*Borowski, Ludwig Ernst von (1790): Cagliostro, einer der merkwürdigsten Abentheurer unsres Jahrhunderts. Seine Geschichte, nebst Raisonnement über ihn und dem schwärmerischen Unfug unsrer Zeit überhaupt. Königsberg: Hartung.

*Borowski, Ludwig Ernst von (1902): Darstellung des Lebens und Charakters Immanuel Kants. In: Alfons Hoffmann (Hg.): Immanuel Kant. Ein Lebensbild nach Darstellungen der Zeitgenossen Jachmann, Borowski, Wasianski. Halle a. S.: Peter, S. 149–280.

Brauer, Adalbert (1958): Dümmler-Chronik. Aus anderthalb Jahrhundert Verlagsgeschichte. Bonn: Dümmler (Dümmlerbuch, 8200).

Braun-Elwert, Wilhelm (1957): Buchhändler [Leserbrief]. In: Der Spiegel (50 vom 10.12.1957).

Bühler, Hans-Eugen; Bühler, Edelgard (2002): Der Frontbuchhandel 1939-1945. Organisationen, Kompetenzen, Verlage, Bücher; eine Dokumentation. Frankfurt am Main: Buchhändler-Vereinigung (Archiv für Geschichte des Buchwesens Studien, 3).

*Burmann, Gottlob Wilhelm (1773): Kleine Lieder für kleine Mædchen. Text und Musick. [2., veränderte Auflage]. Berlin und Königsberg: Bey G.I. Decker und G.L. Hartung.

*Burmann, Gottlob Wilhelm (1777): Kleine Lieder für kleine Jünglinge. Text und Musick. Berlin, Königsberg: Decker; Hartung.

*Büttner, Christoph Gottlieb (1770): Seltene Wahrnehmung, eines an der Zunge, seit 24 Jahren, aus dem Munde hervorgegangenen Fleischgewächses von Neuntehalb Loth, welches den 14. Nov. und 6. Dec. des 1769. Jahres bey einer Sieben und Zwanzigjährigen Soldatentochter glücklich abgenommen und geheilet worden. Nach allen dabey vorgefallenen Umständen ausführlich beschrieben und erklährt. Königsberg: Zeise und Hartung.

Conrad, Marcus (2014): Gebauers Geschäftsbeziehungen im südlichen Ostseeraum zwischen Stettin und St. Petersburg. In: Daniel Fulda und Christine Haug (Hg.): Merkur und Minerva. Der Hallesche Verlag Gebauer im Europa der Aufklärung. Wiesbaden: Harrassowitz (Buchwissenschaftliche Beiträge, 89), S. 165–192.

Das Haus der 200.000 Bücher. Heute: Hundert Jahre Gräfe und Unzer (1932). In: Königsberger Allgemeine Zeitung, 03.01.1932.

*Das malerische Ostpreußen (1926). Unter Mitarbeit von Frieda Magnus-Unzer. Königsberg i. Pr.: Gräfe und Unzer.

Deutsche Bundesbank (2021): Kaufkraftäquivalente historischer Beträge in deutschen Währungen. Online verfügbar unter https://www.bundesbank.de/de/statistiken/konjunktur-und-preise/-/kaufkraftaequivalente-historischer-betraege-in-deutschen-waehrungen-615162.

*Die Kurische Nehrung: Eine Monographie in Bildern. Mit Beiträgen von Alfred Brust, Ludwig Goldstein, Walter Harich u. a. Die Auswahl u. Zusammenstellung der Bilder und der literarischen Beiträge erfolgte durch den Verlag (1930). Königsberg i. Pr.: Gräfe und Unzer.

Dikreiter, Otto (1932): Aus einem buchhändlerischen „Conto-Buch für alte Reste 1802 - 1845". In: Börsenblatt für den deutschen Buchhandel 99 (Nr. 1), S. 5.

Dikreiter, Otto (1935): Aus der Arbeit des deutschen Sortiments Gräfe und Unzer, Königsberg i. Pr. In: Der deutsche Buchhandlungsgehilfe 3, S. 372–375.

*Dikreiter, Otto (1963): Die Welt des Buches im Haus der Bücher. In: Otto Dikreiter und Martin Borrmann (Hg.): Leben in Ostpreußen Erinnerungen aus 9 Jahrzehnten. 2. Teil zu Martin Borrmann: Ein Blick zurück. München: Gräfe und Unzer, S. 285–291.

Dikreiter, Otto (1965a): Buchhandeler ist ein honeter Titel. Bernhard Koch zum 65. Geburtstag. In: Börsenblatt für den deutschen Buchhandel (Frankfurter Ausg.) 21, S. 710–712.

Dikreiter, Otto (1965b): Wie war es damals? Lehrling anno 1914–1917: ein Stück Buchhandelsgeschichte. In: Goldmanns Mitteilungen für den Buchhandel 10, S. 1–3.

*Doennig, Margarete; Doennig, Elisabeth (1934): Kochbuch. 23., wesentl. erweiterte u. verbesserte Aufl. Königsberg: Gräfe und Unzer.

Dreher, Carl Richard (1896): Der Buchhandel und die Buchhändler zu Königsberg in Preußen im 18. Jahrhundert. Hrsg. von der Historischen Commission des Börsenvereins der Deutschen Buchhändler. In: Archiv für Geschichte des Deutschen Buchhandels 18, S. 149–219.

*Dünen, Wälder, weites Land, Ostpreußen (1942). Geleitwort von Hans Penk. Königsberg: Gräfe und Unzer.

Eckart, Christoph Gottfried (1719): Die erfüllete Hoffnung Wolte Als Der Wohl-Edle, Groß-Achtbahre und Wohlgelahrte Herr Herr Benjamin Hoffmann, SS. Theolog. & Philos. Stud. Den 29. April 1719 Auff der Weltberühmten Universität Wittenberg Die wohlverdiente Magister-Würde Rühmlichst erhielte, Jn einer schlechten Gratulation vorstellen … Christoph Gottfried Eckart, Grimmens. Wittenberg: Johann Ludolph Fincelli Buchdruckerey.

Eulenburg, Franz (1906): Die Frequenz der deutschen Universitäten von ihrer Gründung bis zur Gegenwart. Leipzig: Teubner (Abhandlungen der Philologisch-Historischen Klasse der Königlich-Sächsischen Gesellschaft der Wissenschaften 24,2).

Literaturverzeichnis

*Fichte, Johann Gottlieb (1792): Versuch einer Critik aller Offenbarung. Königsberg: Im Verlag der Hartungschen Buchhandlung.

*Fichte, Johann Gottlieb (1793): Versuch Einer Kritik Aller Offenbarung. Zweite, vermehrte und verbesserte Auflage. Königsberg: Hartungsche Buchhandlung.

Fichte, Johann Gottlieb (1968): Briefwechsel 1775–1793. Hg. v. Reinhard Lauth und Hans Jacob. Stuttgart-Bad Cannstatt: Fromann (Holzboog) (Fichte-Gesamtausgabe. Briefe Band 1).

Fischer, Bernhard (2014): Johann Friedrich Cotta. Verleger - Entrepreneur - Politiker. Göttingen: Wallstein-Verl.

Fischer, Ernst (2012): Der Sortimentsbuchhandel. In: Ernst Fischer und Stephan Füssel (Hg.): Die Weimarer Republik 1918 - 1933. Teil 2, Bd. 2. Berlin: de Gruyter (Geschichte des deutschen Buchhandels im 19. und 20. Jahrhundert, 2.2), S. 335–412.

Flachowsky, Sören (2018): „Zeughaus für die Schwerter des Geistes". Die Deutsche Bücherei in Leipzig 1912–1945. 2 Bände. Göttingen: Wallstein Verlag.

*Forstreuter, Kurt (1932): Gräfe und Unzer. Zwei Jahrhunderte Königsberger Buchhandel. Königsberg Pr.: Gräfe und Unzer.

Friedrich, Jörg (2007): Der Brand. Deutschland im Bombenkrieg 1940-1945. Lizenzausg. Hamburg: Spiegel-Verl. (Spiegel-Edition, 35).

Führerbüste, Geschenk des Gauleiters (1944). In: Königsberger Allgemeine Zeitung 69, 08.07.1944.

Gause, Fritz (1996a): Die Geschichte der Stadt Königsberg in Preußen. 2. Band: Von der Königskrönung bis zum Ausbruch des Ersten Weltkrieges. 2., erg. Aufl. Köln: Böhlau.

Gause, Fritz (1996b): Die Geschichte der Stadt Königsberg in Preussen. 3. Band: Vom ersten Weltkrieg bis zum Untergang Königsbergs. 2., erg. Aufl. Köln: Böhlau.

Gause, Fritz (1974): Kant und Königsberg. Ein Buch der Erinnerung an Kants 250. Geburtstag am 22. April 1974. Leer/Ostfriesland: Rautenberg.

*Gesangbuch für Freymäurer (1787). Königsberg: Hartung.

Goethe, Johann Wolfgang von (2005): Aus meinem Leben, Dichtung und Wahrheit. Frankfurter Ausg. 2. Aufl. Frankfurt am Main: Deutscher Klassiker-Verl. (Bibliothek deutscher Klassiker, 15).

Goldfriedrich, Johann (1908): Geschichte des deutschen Buchhandels vom Westfälischen Frieden bis zum Beginn der klassischen Litteraturperiode. (1648–1740). Leipzig: Börsenverein d. Dt. Buchhändler (Geschichte des deutschen Buchhandels, 2).

Goldfriedrich, Johann (1913): Geschichte des deutschen Buchhandels. Vom Beginn der Fremdherrschaft bis zur Reform des Börsenvereins im neuen Deutschen Reiche (1805–1889). Leipzig: Börsenverein der Deutschen Buchhändler (Geschichte des deutschen Buchhandels, 4).

Goldstein, Ludwig (1922): Zweihundert Jahre Buchhandel des Hauses Gräfe und Unzer in Königsberg in Preußen. Ein Erinnerungsblatt. Sonderabdruck aus der Königsberg Hartungschen Zeitung, den Teilnehmern am Deutschen Buchhändlertag gewidmet. Königsberg Pr.

Goldstein, Ludwig (1929): Gräfe und Unzer. Das Haus der Bücher. Königsberg Pr.: Gräfe und Unzer.

Goldstein, Ludwig (2015): Heimatgebunden. Aus dem Leben eines alten Königsbergers. Hrsg. von Monika Boes. Berlin: Nora.

*Gotthold, Friedrich August (1839): Ueber des Fürsten Anton Radziwill Kompositionen zu Göthe's Faust: nebst Göthe's späteren Einschaltungen und Aenderungen. Königsberg: Gräfe und Unzer.

*Gotthold, Friedrich August (1844): Ueber den Schulunterricht in Gesprächsform. Königsberg: Gräfe und Unzer.

*Gotthold, Friedrich August (1848): Ideal des Gymnasiums. Königsberg: Gräfe und Unzer.

Gräfe und Unzer 1722-1947. (1947). In: Börsenblatt für den deutschen Buchhandel (Frankfurter Ausg.) 3 (Nr. 13 vom 25.7.1947), S. 251.

Gräfe, Heinrich (1918): Beitrag zur Geschichte der Firma Gräfe und Unzer, nach Briefen und Ergänzungen des Herrn Lucas Gräfe, Hamburg. Königsberg Pr.: Hartung.

Gräfe, Lucas (1920): Aus der guten alten Zeit. In: Börsenblatt für den deutschen Buchhandel 87, Nr. 1, S. 2–5; Nr. 2, S. 10–13.

*Gregorovius, Ferdinand (1947): Idyllen vom baltischen Ufer. Marburg: Elwert-Gräfe und Unzer (Bibliotheca Regiomontana).

*Grüner, Sigismund (1789): Prellerei über Prellerei oder Hierin bespiegelt Euch. Ein deutsches Familien-Gemälde in drei Aufzügen. Riga und Königsberg: Bey G. L. Hartung K. Preuß. Hofbuchdrucker und Buchhändler.

Haegert, Wilhelm; Baur, Wilhelm (1941): An den deutschen Buchhandel. In: Börsenblatt für den deutschen Buchhandel 108 (Nr. 226 vom 27.9.1941), S. 329.

Hagelweide, Gert (2016): Ostpreußische Presse von den Anfängen bis 1945. Titel, Bestände, Daten, Biographien, Literatur. 2 Bände. Berlin, Boston: De Gruyter Saur (Dortmunder Beiträge zur Zeitungsforschung, Band 68).

*Hagen, August (1850): Der Lotterie-Director Johann Jakob Kanter. In: Neue preußische Provinzialblätter 9, S. 232–252.

*Hagen, Karl Gottfried (1778): Lehrbuch der Apothekerkunst. Königsberg und Leipzig: bey Gottlieb Leberecht Hartung.

*Hamann, Johann Georg (1759): Sokratische Denkwürdigkeiten für die lange Weile des Publicums. Amsterdam [i.e. Königsberg]: [Hartung].

*Hamann, Johann Georg (1766): Fortsetzung der Asiatischen Banise, oder des blutigen und muthigen Pegu Zweyter Theil. Nach Art Herrn Heinrich Anshelm von Ziegler und Kliphausen. Neue verbesserte Auflage. Königsberg, Leipzig: Hartung und Zeise.

Hamann, Johann Georg (1957): Briefwechsel. 3. Band: 1770–1777. Hg. v. Walther Ziesemer und Arthur Henkel. Wiesbaden: Insel.

Hamann, Johann Georg (1959): Briefwechsel. 4. Band 1778–1782. Hg. v. Arthur Henkel. Wiesbaden: Insel.

Hamann, Johann Georg (1965): Briefwechsel. 5. Band: 1783–1985. Hg. v. Arthur Henkel. Frankfurt a. M.: Insel.

Hamann, Johann Georg (1975): Briefwechsel. 6. Band: 1785–1786. Hg. v. Arthur Henkel. Frankfurt a. M.: Insel.

Hartung, Bernhard (1913): Die Buchdruckerfamilie Hartung. Königsberg: Hartung.

*Hartung, Johann Heinrich (1746): Catalogus universalis derjenigen Bücher, welche in der Handlung Johann Heinrich Hartungs um beygesetzte billige Preise zu bekommen sind. Königsberg: Hartung [In keiner Bibliothek mehr nachweisbar, lag nicht vor.].

*Hartwich, Abraham (1723): Hrn. Abraham Hartwichs, Weyland Pastoris zu Bährenhof, im Marjenburgischen Werder, Geographisch-Historische Landes-Beschreibung derer dreyen im Pohlnischen Preußen liegenden Werdern, als des Dantziger- Elbing- und Marienburgischen. Worinnen … Königsberg: Eckart.

Hasse, Ernst (1885): Geschichte der Leipziger Messen. Leipzig: Hirzel.

*Hasse, Johann Gottfried (1788): Lectiones Syro-Arabico-Samaritano-Aethiopicae. Congessit Ac Tabulis Elementaribus Ad Addiscendas Illas Linguas Necessariis. Regiomonti, Lipsiae: Hartungius; Breitkopf.

*Hasse, Johann Gottfried (Hg.) (1788–1789): Magazin für die biblisch-orientalische Litteratur und gesammte Philologie [Zeitschrift]. Königsberg, Leipzig: Hartung.

Haug, Christine (1998): Das Verlagsunternehmen Krieger 1725–1825. Die Bedeutung des Buchhändlers, Verlegers und Leihbibliothekars Johann Christian Krieger für die Entstehung einer Lesekultur in Hessen um 1800. In: Archiv für Geschichte des Buchwesens 49, S. 1–170.

Hecker, Carl (1947): Auswirkungen des Krieges auf den Buchhandel. In: Börsenblatt für den deutschen Buchhandel (Frankfurter Ausg.) 3 (Nr. 13 vom 25.7.1947), 246 f.

*Heimat Ostpreussen (1948). Unter Mitarbeit von Ottomar Schreiber. Marburg: Elwert-Gräfe und Unzer.

Literaturverzeichnis

Heinrich, Otto Franz (1932): Chaplin auf der Verbrecherjagd. Stuttgart, Berlin, Leipzig: Union (Union-Jugendbücher).

*Herbart, Johann Friedrich (1813): Lehrbuch zur Einleitung in die Philosophie. Unter Mitarbeit von Johann Friedrich Krause. Königsberg: Unzer.

*Herbart, Johann Friedrich (1816): Lehrbuch zur Psychologie. Königsberg: Unzer.

*Herbart, Johann Friedrich (1824): Psychologie als Wissenschaft, neu gegründet auf Erfahrung, Metaphysik und Mathematik. Erster, synthetischer Theil. Königsberg: Auf Kosten des Verfassers, und in Commission bey August Wilhelm Unzer.

*Herbart, Johann Friedrich (1829): Allgemeine Metaphysik, nebst den Anfängen der philosophischen Naturlehre. Erster Theil. Königsberg: August Wilhelm Unzer.

*Hermanni, Johann Wilhelm (1799): Populärer Unterricht für den Bürger und Landmann über das Gemeinnützigste und Wissenswürdigste aus der Oekonomie und Fabrikenwissenschaft. Nach den drei Reichen der Natur geordnet und aus naturwissenschaftlichen Gründen erläutert. Königsberg: Goebbels und Unzer.

*Hesse, Heinrich (1740): Teutscher Gärtner. Das ist Eine gründliche Darstellung, Wie nach nothwendiger zubereitung des erdreichs unter unserm teutschen climate ein Lust- Küchen- und Baum-Garten füglich anzurichten, ... Königsberg, Leipzig: Eckart.

*Hildebrandt, Johann Andreas Karl (1799): Augusta du Port oder Geschichte einer Unglücklichen. Ein Gegenstück zu Friedrich Brack. Königsberg: Göbbels und Unzer (2. Theil).

*Hippel, Ernst von (1933): Die Universität im neuen Staat. Königsberg: Gräfe und Unzer.

Hippel, Theodor Gottlieb von (1838): Briefe von 1765–1774. Briefe an Scheffner. Aus seinem Nachlass. Berlin: Reimer (Th. G. v. Hippels Sämtliche Werke, 13).

*Hoffmann, Johann Gottfried (1799): Die Berechnung und Benutzung des Bauholzes. zum Gebrauche der Forstmänner, Holzhändler und Bauherrn. Königsberg: bei Göbbels und Unzer.

*Horn, Ernst (1799): Über die Wirkungen des Lichts auf den lebenden menschlichen Körper, mit Ausnahme des Sehens. Eine Schrift, welche von der Medizinischen Fakultät zu Göttingen, bei der öffentlichen Preisvertheilung im Junius 1797, das erste Accessit erhielt. Königsberg: Göbbels und Unzer.

Information World War Two Foundation (STIWOT) (Hg.) (2021): Traces of war. Online verfügbar unter https://www.tracesofwar.com/persons/34685/Woodroffe-John.htm, zuletzt aktualisiert am 03.04.2021.

Ischreyt, Heinz (1981): Buchhandel und Buchhändler im nordosteuropäischen Kommunikationssystem. In: Giles Barber, Bernhard Fabian und Paul Raabe (Hg.): Buch und Buchhandel in Europa im achtzehnten Jahrhundert. Fünftes Wolfenbütteler Symposium vom 1. bis 3. November 1977: Vorträge. Hamburg: Hauswedell (Wolfenbütteler Schriften zur Geschichte des Buchwesens, 4), S. 249–269.

*Jablonski, Johann Theodor (1748): Allgemeines Lexicon der Künste und Wissenschaften Oder Deutliche Beschreibung des Reichs der Natur, der Himmel und himmlischen Cörper, der Luft, der Erde, ... Neue, um die Helfte vermehrte, und durchgehends verbesserte Auflage. Königsberg und Leipzig: Johann Heinrich Hartung.

*Jacobson, Heinrich Friedrich (1846): Herr Dr. Rupp zu Königsberg im Conflict mit den Symbolen der Evangelischen Kirche und dem Preußischen Provinzial-Consistorium: Eine Beleuchtung der Schrift: die Symbole oder Gottes Wort? Ein Sendschreiben an die Evangelische Kirche in Deutschland von Julius Rupp. Leipzig, O. Wigand. 1846. Königsberg: Gräfe und Unzer.

Jäger, Georg (2010): Der Sortimentsbuchhandel. Unter Mitarbeit von Angelika Eyselein und Christine Haug. In: Georg Jäger (Hg.): Geschichte des deutschen Buchhandels im 19. und 20. Jahrhundert. Das Kaiserreich 1871–1918. Teil 3. Berlin: de Gruyter, S. 78–176.

Jäger, Georg; Wittmann, Reinhard (2010): Der Antiquariatsbuchhandel. In: Georg Jäger (Hg.): Geschichte des deutschen Buchhandels im 19. und 20. Jahrhundert. Das Kaiserreich 1871-1918. Teil 3. Berlin: de Gruyter, S. 195–280.

Jähnig, Bernhard (2008): Königsberger Universitätsprofessoren für Geschichte im Jahrhundert der Aufklärung. In: Hanspeter Marti, Manfred Komorowski und Karin Marti-Weissenbach (Hg.): Die Universität Königsberg in der Frühen Neuzeit. Köln: Böhlau, S. 319-344.

*Jensen, Wilhelm Gottlieb Martin (1799): Funfzehn Deutsche Lieder. Mit Begleitung Des Klaviers. [Partitur]. Königsberg: Auf Eigne Kosten, Und In Commission Bei Göbbels Und Unzer.

Jubiläum bei Gräfe und Unzer. Vorfeier, Prokura-Erteilung, Stipendien (1927). In: Königsberger Hartungsche Zeitung, 01.01.1927.

*Jung, Frieda (1900): Gedichte. Königsberg i. Pr.: Gräfe und Unzer.

*Kant, Immanuel (1755a): Metaphysicae cum geometria junctae usus in philosophia naturali, cuius specimen I. Continet Monadologiam physicam qvam consentiente amplissimo philosophorum ordine dissertatione publica pro loco habenda die X. Aprilis horis VII-XII. In auditorio phil. defendet M. Immanuel Kant, respondente, Luca Davide Vogel, … Oppenentibus adolescentibus ingenuis ac perpolitis Ludovico Ernesto Borowski …, Georgio Ludovico Muehlenkampf … et Ludovico Joanne Krusemarck. Königsberg: Hartung.

*Kant, Immanuel (1755b): Principiorum primorum cognitionis metaphysicae nova delucidatio. Regiomonti: Typis Sacr. Reg. Maiest. Et Vnivers. Typogr. I. H. Hartvngii.

*Kant, Immanuel (1756): Geschichte und Naturbeschreibung der merkwürdigsten Vorfälle des Erdebens welches an dem Ende des 1755sten Jahres einen grossen Theil der Erde erschüttert hat. Königsberg: gedruckt und verlegt von Joh. Heinrich Hartung.

*Kant, Immanuel (1775): Von den verschiedenen Racen der Menschen zur Ankündigung der Vorlesungen der physischen Geographie im Sommerhalbenjahre 1775. Königsberg: gedruckt bey G. L. Hartung.

*Kant, Immanuel (1802): Immanuel Kant's physische Geographie. Band 1. Hg. v. Friedrich Theodor Rink. Königsberg: Göbbels und Unzer.

*Kant, Immanuel (1804): Über die von der Königl. Akademie der Wissenschaften zu Berlin für das Jahr 1791 ausgesetzte Preisfrage: Welches sind die wirklichen Fortschritte, die die Metaphysik seit Leibnitzens und Wolf's Zeiten in Deutschland gemacht hat? Hg. v. Friedrich Theodor Rink. Königsberg: Goebbels und Unzer.

Kant, Immanuel (1917): Anthropologie in pragmatischer Hinsicht. Berlin, Leipzig: Vereinigung wissenschaftlicher Verleger (Kants Gesammelte Schriften 1. Abt., 7. Bd.).

Kant, Immanuel (1922): Briefwechsel. in: Gesammelte Schriften 2. Abt. 3. Band. Berlin, Leipzig: Vereinigung wissenschaftlicher Verleger (Kants Gesammelte Schriften, 2. Abt., 3. Band, Band 12 der Schriften).

Kant, Immanuel (1923): Briefe von und an Kant. Teil 2: 1790–1803. Hg. v. Ernst Cohen. Berlin: Cassirer (Immanuel Kants Werke, 10).

Kant, Immanuel (1969a): Kant's Briefwechsel. Band 1: 1747–1788. 2. photomechan. Nachdr. der 2. Aufl. 1922. Berlin: Reimer (Kants Gesammelte Schriften Abt. 2, 10).

Kant, Immanuel (1969b): Kant's Briefwechsel. Band 3: 1795 - 1803. Anhang. 2. photomechan. Nachdr. der 2. Aufl. 1922. Berlin: Vereinigung wissenschaftlicher Verleger (Kants Gesammelte Schriften Abt. 2, 12).

*Katalog zu der Kant-Ausstellung veranstaltet anlässlich des 100. Todestages von der Gräfe & Unzer'schen Buchhandlung in Königsberg in Pr. vom 11. bis 16. Februar 1904 (1904). Königsberg i. Pr.: Gräfe & Unzer'sche Buchhandlung.

*Katalog. Leih-Bücherei Gräfe & Unzer Paradeplatz 6 (1921). Königsberg.

Kaunas, Domas (1992): Der Handel mit litauischen Büchern in Ostpreußen vor 1807. In: Gutenberg-Jahrbuch 67, S. 368–373.

Kaunas, Domas (2004): Die Rolle Königsbergs in der Geschichte des litauischen Buches. In: Axel E. Walter (Hg.): Königsberger Buch- und Bibliotheksgeschichte. Beiträge des vom 15. bis 17. Oktober 1999 an der Universität Osnabrück veranstalteten Internationalen Symposions zur Königsberger Buch- und Bibliotheksgeschichte. Köln: Böhlau (Aus Archiven, Bibliotheken und Museen Mittel- und Osteuropas 1), S. 157–167.

*Keyser, Charlotte (1939): In stillen Dörfern. Königsberg i. Pr.: Gräfe und Unzer.

*Keyser, Charlotte (1940): Und immer neue Tage. Roman um eine memelländische Familie zwischen 2 Jahrhunderten (1700–1800). Königsberg: Gräfe und Unzer.

Literaturverzeichnis

*Keyser, Charlotte (1942): Und immer neue Tage. Feldpostausg. Königsberg: Gräfe und Unzer.

*Koch, Bernhard (1932): Begrüßungsansprache. In: Morgenfeier im Schauspielhaus zu Königsberg Pr. am 3. Januar 1932. Aus Anlaß des 100jährigen Namensjubiläums der Buchhandlung Gräfe und Unzer. Begrüßungsansprache: Bernhard Koch. Königsberg i.P.: Gräfe und Unzer, S. 27–32.

*Koch, Bernhard (1934): Zur Lage im deutschen Sortimentsbuchhandel. Rede auf der außerordentlichen Hauptversammlung des Börsenvereins der deutschen Buchhändler in Leipzig am 11. November 1934. Königsberg Pr.: Gräfe und Unzer.

Kohnen, Joseph (2014): Kein Land für Dichter? Warum Königsberg zur Kant-Zeit wenige bedeutende literarische Werke hervorbrachte. In: Dirk Kemper (Hg.): Weltseitigkeit. Jörg-Ulrich Fechner zu Ehren. Paderborn: Fink (Schriftenreihe des Instituts für russisch-deutsche Literatur- und Kulturbeziehungen an der RGGU Moskau. 11), S. 65–91.

*Königlich privilegirte preußische Staats-, Kriegs- und Friedens-Zeitungen. [Zeitung] (1752–1798). Laufzeit insgesamt 1660–1933. Königsberg: Hartung.

*Königliche Deutsche Gesellschaft (Hg.) (1771): Abhandlungen und Poesien. Königsberg: bey Zeisens Witwe u. Hartungs Erben.

*Königsberger Universitätskalender. Unter Benutzung amtlichen Materials mit Genehmigung des akademischen Senats herausgegeben von Gräfe & Unzer unter Mitarbeit von Dr. phil. Gustav Thurau von Pollakowsky und Paetsch. W.-S. 1906/1907 (1906) - 1914/1915 (1914). Königsberg i. Pr.: Gräfe & Unzer.

*Kritische Blätter zur Forts. d. raisonnirenden Bücherverzeichnisses [Zeitschrift] (1793–1749). Unter Mitarbeit von Ludwig von Baczko. Königsberg: Hartung.

*Krollmann, Christian (Hg.) (1941–1944): Altpreußische Biographie. Band 1. Band 2, Lieferung 1/2/3. Historische Kommission für Ost- und Westpreußische Landesforschung. Königsberg (Pr.): Gräfe und Unzer.

Kuhnert, Ernst (1926): Geschichte der Staats- und Universitäts-Bibliothek zu Königsberg. Von ihrer Begründung bis zum Jahr 1810. Leipzig: Hiersemann.

*Lassenius, Johannes (1731): Biblischer Weyrauch. Zum süssen Geruch gottseeliger Andachten … samt einer heilsamen Vorbereitung zum Beichtstuhl und H. Abendmahl ; Nunmehro mit einer neuen Vorrede vom untadelhaften Gebrauche der Gebet-Bücher, Und einem mit Fleiß ausgesuchten Gesang-Buche, Derer besten in denen Preußischen, Sächsischen und Hannöverischen Landen üblichen Lieder vermehret von M. Michael Lilienthal. Königsberg: Verlegts Christoph Gottfried Eckart.

Lehmann, Kai (2011): Projekt 1719 – Lebenserwartung im 17. und 18. Jahrhundert in der Herrschaft Schmalkalden. In: Zeitschrift des Vereins für Hessische Geschichte und Landeskunde 116., S. 137–162.

Lehmstedt, Mark (1996a): Die Herausbildung des Kommissionsbuchhandels in Deutschland im 18. Jahrhundert. In: Frédéric Barbier, Sabine Juratic und Dominique Varry (Hg.): L'europe et le livre. Réseaux et pratiques du négoce de librairie XVIe-XIXe siècles. Paris: Éditions Klincksieck, S. 451–483.

Lehmstedt, Mark (1996b): „Ich bin nun vollends zur Kaufmannsfrau verdorben". Zur Rolle der Frau in der Geschichte des Buchwesens am Beispiel von Friedrike Helene Unger (1751–1813). In: Leipziger Jahrbuch zur Buchgeschichte 6, S. 81–154.

Lehmstedt, Mark (1997): »Ein nothwendiges Übel«. In: Volker Rodekamp (Hg.): Leipzig – Stadt der Wa(h)ren Wunder Leipzig: Leipziger Messe Verlag 1997. Leipzig: Leipziger Messe Verlag, S. 65-76.

Lehmstedt, Mark (1999): „Le rendevous de tous les gens de lettres et de tous les nouvellistes" - Gestalt und Funktion des Buchladens im Zeitalter der deutschen Aufklärung. In: Leipziger Jahrbuch zur Buchgeschichte 9, S. 9–75.

*Lengerke, Cäsar (1840): Lieder. Königsberg: Gräfe & Unzer.

Lenz, Siegfried (1978): Heimatmuseum. Roman. [1. - 100. Tsd.]. Hamburg: Hoffmann und Campe.

*Lilienthal, Michael (1730–1732): Acta Borussica ecclesiastica, civilia, literaria Oder Sorgfältige Sammlung allerhand zur Geschichte des

Landes Preussen gehöriger Nachrichten, Uhrkunden, Schrifften und Documenten [Zeitschrift]. Königsberg, und Leipzig: bey Christoph Gottfried Eckart.

*Lilienthal, Theodor Christoph (1750): Die gute Sache der in der heiligen Schrift alten und neuen Testaments enthaltenen Göttlichen Offenbarung : wider die Feinde derselben erwiesen und gerettet. Theil 1. Königsberg i.Pr: Hartung.

*Locke, John (1755): Johann Lockens Anleitung des menschlichen Verstandes zur Erkäntniß der Wahrheit. Nebst desselben Abhandlung von den Wunderwerken. Übers. von Kypke, Georg David. Königsberg: bey Johann Heinrich Hartung.

Locke, John (1996): Anleitung des menschlichen Verstandes. In der Übersetzung Königsberg 1755 von Georg David Kypke. Hg. v. Terry Boswell. Stuttgart-Bad Cannstatt: Fromann (Holzboog).

*Lorek, Christian Gottlieb (1834–1837): Fauna Prussica: Abbildungen der Säugethiere, Vögel, Amphibien und Fische Preußens. Koenigsberg: Zu haben bei dem Verfasser und in der Buchhandlung von Gräfe & Unzer (In Lieferungen erschienen).

*Lorek, Christian Gottlieb (1837): Flora Prussica: Abbildungen sämmtlicher, bis jetzt aufgefundener Pflanzen Preussens. Königsberg: Zu haben bei dem Verfasser und in der Unzerschen Buchhandlung.

Magnus-Unzer, Frieda (1929): Beiträge zur Geschichte des Königsberger Buchhandels. Königsberg: Verein der Königsberger Buchhändler.

Mann, Frido (2014): Mein Nidden. Auf der Kurischen Nehrung. 3., erw. Auflage. Hamburg: mare.

Mann, Thomas (1930): Die Kurische Nehrung. In: Reclams Universum (38), o. S.

Mann, Thomas (1974): Nachträge. Frankfurt am Main: S. Fischer (Gesammelte Werke in dreizehn Bänden, 13).

Manthey, Jürgen (2005): Königsberg. Geschichte einer Weltbürgerrepublik. München: Hanser.

Marti, Hanspeter; Komorowski, Manfred; Marti-Weissenbach, Karin (Hg.) (2008): Die Universität Königsberg in der Frühen Neuzeit. Stiftung für kulturwissenschaftliche Forschungen; Tagung. Köln: Böhlau.

Matern, Norbert (1986): Ostpreußen als die Bomben fielen. Königsberg, Allenstein, Braunsberg, Gumbinnen, Insterburg, Memel, Tilsit. Düsseldorf: Droste.

Matthias, Richard (1940): Internationales Adressbuch der Antiquare. Weimar: Verlag Straubing & Müller.

Maurach, Reinhart (1953): Abegg, Julius. In: Neue Deutsche Biographie, Band 1. Online verfügbar unter https://www.deutsche-biographie.de/pnd116000996.html#ndbcontent.

Meckelburg, Friedrich Adolf (1840): Geschichte der Buchdruckereien in Königsberg. Königsberg: Hartung.

*Mendelsohn, Moses; Kypke, Georg David (1791): Moses Mendelssohns und Georg David Kypke Aufsätze über jüdische Gebete und Festfeiern. Ein Beitrag zur neuern Geschichte der Juden in Preußen, besonders in Beziehung auf ihre jetzt freiere Gebetsübungen. Hg. v. Ludwig Ernst von Borowski. Königsberg: Hartung.

Menz, Gerhard (1922): Zum zweihundertjährigen Geschäfts-Jubiläum der Buchhandlung Gräfe und Unzer, Königsberg i. Pr. 1722 - 20. Juli - 1922. Königsberg i.P.: Hartung.

*Metzger, Johann Daniel (1800): Neue vermischte medicinische Schriften. Königsberg i. Pr.: Goebbels und Unzer.

*Metzger, Johann Daniel (Hg.) (1787–1789): Bibliothek für Physiker [Zeitschrift]. 4 Hefte insges. Königsberg: Hartung.

*Metzger, Johann Daniel; Elsner, Christoph Friedrich (Hg.) (1784/85(1786)–1784/87(1787)): Medicinisch-gerichtliche Bibliothek [Zeitschrift]. Königsberg: Hartung.

Meyer, Friedrich (1921): Eine Fichte-Sammlung. Mit einer Einführung von Ernst Bergmann. Leipzig: Meyer.

*Miegel, Agnes (1931): Dorothee. Heimgekehrt. Zwei Erzählungen. Königsberg: Gräfe und Unzer (Ostpreussen-Bücher, Bd. 10).

Literaturverzeichnis

*Miegel, Agnes (1944): Mein Bernsteinland und meine Stadt. Königsberg: Gräfe und Unzer.

*Miegel, Agnes (1965): Heimgekehrt. Erzählung. Unter Mitarbeit von Gerhard Oberländer. München: Gräfe und Unzer.

*Morgenfeier im Schauspielhaus zu Königsberg Pr. am 3. Januar 1932. Aus Anlaß des 100jährigen Namensjubiläums der Buchhandlung Gräfe und Unzer (1932). Königsberg i.P.: Gräfe und Unzer.

*Müchler, Johann Georg (1799): Das goldene Büchelchen für Kinder von drei bis sechs Jahren. Königsberg: Bei Goebbels und Unzer.

*Mühling, Paul (1911): Der Kampf um die Flamme. Eine kritische Würdigung der von Konsistorialrat [Hermann] Bock verfassten Broschüre: Leichenverbrennung oder Leichenbestattung ... im Auftr. d. ostpreuss. Ver. f. Feuerbestattung hrsg. von Dr. med. Mühling. Königsberg i.Pr.: Gräfe & Unzer.

*Mühling, Paul (Hg.) (1941): Der Lichtgedanke und die Feuerehrung. Unter Mitwirkung von ... hrsg. v. Paul Mühling. Königsberg: Gräfe und Unzer.

*Mutschmann, Heinrich (1948): Der grundlegende Wortschatz des Englischen. Die 1500 wesentlichsten Wörter unter Berücksichtigung d. amerik. Englisch. 6. Aufl. Marburg: Elwert-Gräfe und Unzer.

*Neidhardt, Johann Georg (1724): Sectio Canonis Harmonici, zur voelligen Richtigkeit der Genervm Modvlandi. Königsberg: Eckart.

*Nepos, Cornelius (1737): Cornelius Nepos perperam vulgo Aemilius Probus dictus, De Vita Excellentium Imperatorum. Novis Commentariis, Indicibus, & Tabulis Chronologicis ac Geographicis Illustratus ab Christophoro Cellario. In hac Editione uberiores notas & observationes contulit M. A. S. [i.e. Andreas Stübel]. Unter Mitarbeit von Christoph Cellarius und Andreas Stübel. Lips. & Regiomonti: Eckard.

Obster, Reinhold (1942): Gräfe und Unzer. Zwei Jahrhunderte Königsberger Buchhandel. In: Die Werkbücherei - Mitteilungsblatt d. Reichsarbeitsgemeinschaft Deutscher Werkbüchereien in der Reichsschrifttumskammer, S. 125–129.

Offizielles Adressbuch des deutschen Buchhandels (1902). Leipzig: Börsenverein d. Dt. Buchhändler.

*Olshausen, Hermann (1830): Die drei ersten Evangelien bis zur Leidensgeschichte enthaltend. 1. Aufl. Königsberg: Bei August Wilhelm Unzer (Biblischer Commentar über sämmtliche Schriften des Neuen Testaments: zunächst für Prediger und Studirende, 1. Band).

Ostpreußen ruft. [Anzeige von Gräfe und Unzer] (1936). In: Börsenblatt für den deutschen Buchhandel 1936, 16.05.1936, Umschlagseite.

*Ostpreußenkalender (1.1929–14.1942). Königsberg i. Pr.: Gräfe und Unzer.

*Paradis, Maria Theresia von; Baczko, Ludwig von (1794): Rinaldo und Alcina. Eine Komische Oper in drei Aufzügen [Libretto]. Königsberg: Hartung.

*Pietsch, Johann Valentin (1740): Des Herrn Johann Valentin Pietschen weyland Königl. Preußis. Hof-Raths und Leib-Medici ... gebundne Schriften. In einer vermehrtern Sammlung ans Licht gestellet. Hg. v. Johann Georg Bock. Königsberg: Eckart.

*Pisanski, Georg Christoph (1791): Aeltere Geschichte vom ersten Beginnen gelehrter Kenntnisse in Preußen an bis zum Anfange des siebenzehnden Jahrhunderts. Mit einer Vorrede vom Leben, Character und litterarischen Verdiensten des Verfassers herausgegeben von Ludwig Ernst Borowski. Königsberg: Hartung.

*Preußische Blumenlese. Für das Jahr ... : Ein Neujahrsgeschenk für unsre Mitbürger [Zeitschrift, Musenalmanach] (1780–1982; 1793). Unter Mitarbeit von Johann Daniel Funck, August Samuel Gerber, Johann Jakob Doerk, Samuel Mohr und Georg Friedrich John. Königsberg: in der Hartungschen Buchhandlung.

Protokoll über die Verhandlungen der außerordentlichen Hauptversammlung des Börsenvereins am 11. November 1934. (1934). In: Börsenblatt für den deutschen Buchhandel 101 (Nr. 265 vom 13.11.1934), S. 989–993.

Prüsener, Marlies (1973): Lesegesellschaften im 18. Jahrhundert. Ein Beitrag zur Lesergeschichte. In: Archiv für Geschichte des Buchwesens 13, Sp. 369–594.

Raabe, Paul (1981): Der Buchhändler im achtzehnten Jahrhundert in Deutschland. In: Giles Barber, Bernhard Fabian und Paul Raabe

(Hg.): Buch und Buchhandel in Europa im achtzehnten Jahrhundert. Hamburg: Hauswedell (Wolfenbütteler Schriften zur Geschichte des Buchwesens, 4), S. 271–291.

*Raisonnirendes Bücherverzeichniß [Zeitschrift] (1782–1784). Königsberg, Königsberg: Gottl. Lebr. Hartung.

Rebenich, Stefan (2013): C. H. Beck 1763–2013. Der kulturwissenschaftliche Verlag und seine Geschichte. München: Beck.

Rehberg, Botho (1942): Geschichte der Königsberger Zeitungen und Zeitschriften. 1. Persönlichkeiten und Entwicklungsstufen von der Herzogszeit bis zum Ausgang der Epoche Kant - Hamann. Königsberg: Ost-Europa-Verl. (Alt-Königsberg, 3).

Reiling, Jesko (2019): Volkspoesie versus Kunstpoesie. Wirkungsgeschichte einer Denkfigur im literarischen 19. Jahrhundert. Heidelberg: Universitätsverlag Winter (Beihefte zum Euphorion, Heft 107).

Rohrer, Christian (2006): Nationalsozialistische Macht in Ostpreußen. Zugl.: Freiburg (Breisgau), Univ., Diss., 2005. München: Meidenbauer (Colloquia Baltica, 7/8).

Russell, Adolph (1894): Gesammt-Verlags-Katalog des Deutschen Buchhandels. Ein Bild deutscher Geistesarbeit und Cultur; vollständig bis Ende 1880. 16. Ergänzungsband, 2. Abth. Münster i.W.: Russell.

*Saalschütz, Joseph Levin (1844): Zur Versöhnung de Confessionen, oder Judenthum und Christenthum, in ihrem Streit und Einklang. Königsberg: Gräfe & Unzer.

*Sanden-Guja, Walter von (1942): Kleine stille Welt. Feldpostausg. Königsberg i.Pr.: Gräfe und Unzer.

*Sanden-Guja, Walter von (1947): Der See der sieben Inseln. Marburg/Lahn: Elwert-Gräfe & Unzer.

*Sanden-Guja, Walter von (1948): Der Eisvogel. Marburg: Elwert-Gräfe und Unzer.

Sander, Christoph (1722): Historische Erkänntniß des Christenthums, das ist deutlicher Unterricht von dem ehemals im Paradise verlohrnen, aber auch daselbst wieder gezeigten Wege zur Seeligkeit. Franckfurt und Leipzig verlegts bei Christoph Gottfried Eckart.

Scheffner, Johann George (1926): Briefe von und an Scheffner. 2. Band. Hg. v. Arthur Warda. München: Duncker & Humblot (Veröffentlichungen des Vereins für die Geschichte von Ost- und Westpreußen).

*Schiffert, J. (1849): Gedanken über die socialen Zustände und Verhältnisse der Landbewohner und vornehmlich die der Arbeiter. Königsberg: Gräfe und Unzer.

Schiller, Friedrich (1958): Werke. Schillers Briefe 1794–1795. Hg. v. Günter Schulz. Weimar: Böhlau (Schiller-Nationalausgabe, 27).

*Schlicht, Oscar (1927): Die Kurische Nehrung in Wort und Bild. 2. Aufl. Königsberg i. Pr.: Gräfe & Unzer (Ostpreußische Landeskunde in Einzeldarstellungen).

*Schlicht, Oscar (Hg.) ([1.]1927 - [9.]1935): Ostpreußische Landeskunde in Einzeldarstellungen. Königsberg i.Pr.: Gräfe und Unzer.

*Schroekh, Johann Matthias (1799): Traits d'histoire, tirés de divers auteurs pour servir d'explication aux estampes de l'histoire universelle pour les enfans. Koenigsberg in Preussen: Goebbels u. Unzer.

Schulz, Hans Ferdinand (1960): Das Schicksal der Bücher und der Buchhandel. System einer Vertriebskunde des Buches. 2., stark erw. u. völlig umgearb. Aufl. Berlin: de Gruyter.

Schulze, Friedrich (1925): Der Buchhandel und die geistigen Strömungen der letzten hundert Jahre. Leipzig: Verlag des Börsenvereins der Deutschen Buchhändler.

*Selle, Goetz von (1948): Deutsches Geistesleben in Ostpreussen. Marburg, München: Elwert; Gräfe & Unzer (Aus dem Göttinger Arbeitskreis).

*Sielmann, Heinz (1943): Vögel über Haff und Wiesen. Königsberg: Gräfe und Unzer.

Sprecher, Thomas (2001): „Niekur nė takelio" – Thomas Mannas Nidoje = Thomas Mann in Nidden. 2., durchges. Aufl. Marbach am Neckar: Deutsche Schillergesellschaft (Marbacher Magazin, 89/2000).

Literaturverzeichnis

Stark, Werner (1994): Wo lehrte Kant? Recherchen zu Kants Königsberger Wohnungen. In: Joseph Kohnen (Hg.): Königsberg. Beiträge zu einem besonderen Kapitel der deutschen Geistesgeschichte des 18. Jahrhunderts. Frankfurt am Main: Lang, S. 81–110.

Stepanauskas, Leonas (2011): Thomas Mann und Nidden. Eine Annäherung aus Litauen. Vilnius: Versus Aureus.

*Stephan, Rainer; Dittler, Sabine (1997): Gräfe und Unzer schreibt Geschichte. 1722 - 1997. München: Gräfe und Unzer.

*Stephani, Johann Albrecht (1724): Juxta seriem Pandectarum ex ipsis Legum Roman. fontibus deprompti, cum LL. & Statutis variorum Locorum, Ut Saxonicis, Magdeburgicis ... Regiomonte: Impensis Christoph. Godofr. Eckarti.

*Stifter, Adalbert (1942): Die Scharnast-Erzählungen. Hg. v. Max Stefl. Königsberg: Gräfe und Unzer.

Stosberg, Rudolf (1942): Bücher sind doch keine Handelsware. Antwort eines Fachmanns auf die Frage nach dem Weihnachtsbuch. In: Preußische Zeitung 12, 13.12.1942.

*Strimesius, Johann Samuel (?) (Hg.) (Anno 1735; 1736): Nützliche Sammlung zum nähern Verstande des Neuen in der Politischen und Gelehrten Welt, zusammen getragen von einer Gelehrten Gesellschaft zu Königsberg in Preußen. [Zeitschrift]. Königsberg: zu finden bey Christoph Gottfried Eckarten, Königl. privileg. Buchhändler.

*Strimesius, Johann Samuel (Hg.) (1723): Historisch-, geographisch- und genealogische Anmerckungen über verschiedene, in den neuesten Zeitungen des Jahres 1723 vorkommende besondere Sachen, worinnen derer vornehmsten, in selbigem Jahre gestorbenen, grossen Herren und Minister Leben und Thaten ... beschrieben und erläutert. [Zeitschrift]. Königsberg: Eckart.

Thomas Mann will sich ... In: Deutsche allgemeine Zeitung 68, Nr. 402 vom 29.08.1929, S. 2.

Tilitzki, Christian (2014): „Die Stätten der Kultur, der Kunst und Wissenschaft sind nur Erinnerungsbilder, nichts weiter." Eduard Andersons Bericht über die Zerstörung Königsbergs durch die Royal Air Force Ende August 1944. In: Jahrbuch für die Geschichte Mittel- und Ostdeutschlands 60 (1), S. 97–128.

*Trescho, Sebastian Friedrich (1762): Sterbe-Bibel in Poesie und Prose. Königsberg: Woltersdorf.

*Trescho, Sebastian Friedrich (1765): Die Kunst Glücklich zu leben. Als ein Wochenblatt zur Erbauung abgefaßt. Königsberg, Leipzig: Hartung und Zeise.

*Turgenev, Ivan Sergeevič (1948): Der Traum. Mit sechs Zeichnungen von Alfred Kubin. Unter Mitarbeit von Robert Trautmann und Alfred Kubin. Marburg: Elwert-Gräfe und Unzer.

*Ueber theoretische und praktische Zeichenkunst. Mit acht Kupfertafeln (1799). Unter Mitarbeit von F. Conrad Krüger (Kupferstecher). Königsberg: Göbbels & Unzer.

Ulbrich, A. (1916): Eine neuzeitliche Buchhandlung. Zur Eröffnung der neuen Verkaufsräume von Gräfe und Unzer. In: Königsberger Hartungsche Zeitung, 30.05.1916.

Umlauff, Ernst (1978): Der Wiederaufbau des Buchhandels. Beiträge zur Geschichte des Büchermarktes in Westdeutschland nach 1945. Frankfurt a.M.: Buchhändler-Vereinigung (Archiv für Geschichte des Buchwesens, 17.1977/78).

*Venette, Nicolas (1738): Abhandlung von Erzeugung der Menschen. Nicolai Venette, Med. Doct. Professoris und Decani des Collegii zu Rochelle. Königsberg: Verlegts Christoph Gottfried Eckart.

Verband der Orts- und Kreisvereine im deutschen Buchhandel (1922): Stenographischer Bericht der 44. ordentlichen Abgeordneten-Versammlung am Sonnabend, dem 13. Mai 1922. In: Börsenblatt für den deutschen Buchhandel 89 (164), S. 985–994.

Verband der Orts- und Kreisvereine im deutschen Buchhandel (1923): Jahresbericht über das Vereinsjahr 1922/23. In: Börsenblatt für den deutschen Buchhandel 90 (94 vom 23.4.1923), S. 559–562.

*Verein zur Beförderung der Landwirtschaft zu Königsberg in Preußen (Hg.) (1838 - 1848): Verhandlungen [Zeitschrift]. 11 Jahrgänge. Königsberg: Gräfe & Unzer.

*Verlagsverzeichnis Gräfe und Unzer, Verlag Königsberg (1937).

Verlegerliste (gemäß Mitteilung des Börsenvereins vom 4. November 1944) (1944). Leipzig.

*Verzeichnis einer Handbibliothek der nützlichsten, besten deutschen Bücher zum Vergnügen und Unterricht, wie auch der brauchbarsten Ausgaben der klassischen Autoren (1781). Königsberg i. Pr.: Gottl. Lebr. Hartung [in keiner Bibliothek mehr nachweisbar, hat nicht vorgelegen].

*Verzeichniß neuer Bücher, welche um beigesetzte billige Preise … zu bekommen sind in der Buchhandlung von Goebbels und Unzer zu Königsberg. Drittes Verzeichnis enthaltend die in der zweiten Hälfte des Jahres 1799 erschienenen Bücher (1800). Königsberg: Goebbels u. Unzer.

*Verzeichniss neuer Musikalien, welche … zu bekommen sind bei Gräfe und Unzer, Buchhändler zu Königsberg (1837). Königsberg: Gräfe und Unzer.

*Wagner, Ruth Maria (Hg.) (1965): Leben, was war ich dir gut: Agnes Miegel zum Gedächtnis. Stimmen der Freundschaft und Würdigung. München: Gräfe und Unzer.

Wieck, Michael (2009): Zeugnis vom Untergang Königsbergs. Ein „Geltungsjude" berichtet. 2., durchges. Aufl. München: Beck (Beck'sche Reihe, 1608).

Wittmann, Reinhard (1982): Ein Verlag und seine Geschichte. Dreihundert Jahre J. B. Metzler Stuttgart. Stuttgart: J.B. Metzlersche Verlagsbuchhandlung.

Wittmann, Reinhard (2015): Literarische/belletristische Verlage. In: Ernst Fischer und Reinhard Wittmann (Hg.): Drittes Reich. Teil 1. Unter Mitarbeit von Jan-Pieter Barbian. Berlin: de Gruyter (Geschichte des deutschen Buchhandels im 19. und 20. Jahrhundert, 3, 1).

Wittmann, Reinhard (2019): Geschichte des deutschen Buchhandels. 4., akt. u. erw. Auflage. München: C.H. Beck.

*Wöchentliche Königsbergische Frag- und Anzeigungs-Nachrichten. [Zeitung] (1746–1798). Laufzeit insgesamt ca. 1730–1849. Königsberg i. Pr.: Hartung.

*Wolff, Johanna (1935): Hannekens große Fahrt. Königsberg i. Pr.: Gräfe und Unzer.

*Wolff, Johanna (1942): Das Hanneken. Ein Buch von Arbeit und Aufstieg. Feldpostausg. Königsberg: Gräfe und Unzer.

*Ziegler und Kliphausen, Heinrich Anselm von (1728): Herrn Heinrich Anshelm von Zigler und Kliphausen Asiatische Banise, Oder blutiges doch muthiges Pegu. Diesem füget sich bey eine aus dem Italiänischen übersetzte Theatralische Handlung, benennet: Der tapffere Heraclius. Leipzig: Eckart.

*Ziesemer, Walther (Hg.) (1939-1940): Preußisches Wörterbuch. Sprache u. Volkstum Nordostdeutschlands. Im Auftr. u. mit Unterstützung d. Preußischen Akademie d. Wissenschaften, d. Deutschen Forschungsgemeinschaft u. d. Provinz Ostpreußen. Teil 1, A-C. Teil 2, D-Fi. Königsberg: Gräfe und Unzer.

Zille, Heinrich (1937): Zille's Hausschatz. Unter Mitarbeit von Hans Ostwald und Hans Zille. Neubearb. Ausg. Berlin: P. Franke.

Zu den Königsberger Veranstaltungen (1922). In: Börsenblatt für den deutschen Buchhandel 89 (Nr. 207 vom 5.9.1922), S. 1265.

Zur Zweihundertjahrfeier der Buchhandlung Gräfe und Unzer in Königsberg (1922). In: Börsenblatt für den deutschen Buchhandel 89 (Nr. 215 vom 21.9.1922), S. 1306–1307.

Zur zweihundertjährigen Jubelfeier der Firma Gräfe und Unzer in Königsberg (1922). In: Börsenblatt für den deutschen Buchhandel 89 (Nr. 207 vom 5.9.1922), S. 1265–1268.

*Zweihundert Jahre Deutsche Kulturarbeit im Osten. Gräfe und Unzer - Das Haus der Bücher Königsberg Pr. Geschichte, Bedeutung und Gesicht einer deutschen Buchhandlung (ca. 1934). Königsberg Pr.: Gräfe und Unzer.

PERSONENREGISTER

Abegg, Bruno 84
Abegg, Julius 78
Adler, Arno 102
Amann, Max 124
Amelangsche Buchhandlung 100
Arndt, Ernst Moritz 78
Arnim, Achim von 78
Arnoldt, Daniel Heinrich 33, 156
Baczko, Ludwig von .... 49, 51, 53 f., 156
Ballo, Martin Otto 84
Barbian, Jan-Pieter 129
Baumgarten, Siegmund Jakob 61
Baur, Wilhelm 120, 131
Beck, C.H. 133, 154
Becker, Johann Gottlieb 40, 93, 96
Bernharth, Ernst 143
Bertelsmann Verlag 128
Bertuch, Johann Justin 42, 69
Binding, Rudolf G. 127
Bobrowski, Johannes 157
Bock, Friedrich Samuel 39, 41
Bock, Johann Georg 22
Böckel, Ernst 70
Böhlau Verlag 154
Bon, Jean Henri 88
Borntraeger, Ludwig... 50, 75 ff., 92, 154
Borowski, Ludwig Ernst von ... 32, 52, 55
Boye, Heinrich 18
Braun-Elwert, Wilhelm 147, 152
Breitkopf, Johann Gottlob Immanuel.. 32
Brockhaus Commission 82
Brockhaus, Friedrich 82
Brockhaus, Heinrich 82
Buchholtz, Hansgeorg 127
Büttner, Christoph Gottlieb 52, 157
Campe'sche Schulbuchhandlung 82
Cellarius, Christoph 22

Cotta, Johann Friedrich........... 18, 42, 58
Crichton, Wilhelm 41
Curt, Johann Jakob 38
Dach, Simon 13, 21
Daubmann, Hans............................. 13
Dengel, Carl Gottlob .... 47 f., 53, 60, 64
Diederichs, Eugen .... 127f.
Dikreiter, Otto 74, 115, 125, 132
Dönhoff, Marion Gräfin.................... 126
Doennig, Margarete und Elisabeth ... 125, 149
Dreher, Carl Richard .... 32, 46, 92 f., 101 ff., 155
Drohn, Dora und Rolf 143, 150
Dwinger, Erich 119
Eckart, Christoph Gottfried 7–30, 36, 61, 64, 68 f., 86, 92, 155 f.
Eher Verlag .... 120 f.
Elisaveta Petrovna, Russland, Zarin 38
Elsner, Christoph Friedrich 52
Fichte, Johann Gottlieb 5, 45, 55 ff., 157
Fischer, Samuel............................... 128
Forstreuter, Kurt............... 4, 74, 92, 115
Frege, Christian Gottlob................ 62, 64
Friedrich I., Preußen, König .. 13, 15 ff., 52
Friedrich II., Preußen, König........... 13, 52
Friedrich III., Preußen, König 39
Friedrich Wilhelm I., Preußen, König.. 73
Friedrich Wilhelm IV., Preußen, König.. 83
Fritsch, Caspar .... 61 f., 64
Fritsch, Thomas 22
Gebauer, Johann Jakob................. 54, 62
Georgi, Theophil 18
Gerlach, Wally 132
Gleditsch, Johann Friedrich................ 51
Goebbels, Johann Philipp....... 35, 43, 64, 67–74, 78, 156

Göschen, Georg Joachim.................... 63
Goethe, Johann Wolfgang von 11, 38, 53, 83, 117
Goldfriedrich, Johann 79
Goldstein, Ludwig............... 107, 116 ff.
Gotthold, Friedrich August 84
Gottsched, Johann Christoph.. 13, 22, 29
Gräfe, Heinrich Eduard..... 79–89, 154 f.
Gräfe, Heinrich Wilhelm... 89, 91 f., 154
Gräfe, Lucas .... 85 f., 88, 90, 92 f., 120
Graun, Karl Heinrich 41
Gregorovius, Ferdinand......... 87, 126, 151
Grenzland-Verlag Gustav Boettcher... 124
Grimm, Hans................................. 119
Große, Johann............................ 11, 15
Gröll, Michael 41
Haegert, Wilhelm........................... 131
Hagen, Karl Gottfried 37, 49, 52, 157
Hahnsche Buchhandlung 77
Hallervord, Martin 14, 18, 24
Hamann, Johann Georg....... 5, 22 f., 35, 38, 40–42, 47, 50, 59–61, 150, 157
Hamann, Johann Georg d. Ä............. 23
Hartknoch, Johann Friedrich .... 9, 35, 41 f., 47 ff., 53, 59
Hartung, Gottlieb Leberecht 45–69, 86, 154–156
Hartung, Hanna................. 36 f., 46, 68
Hartung, Johann Heinrich 9, 14, 22-36, 45, 105, 147, 154, 156
Hartung, Michael Christian 36
Hartung, Sophia Christina 46, 68
Hasse, Johann Gottfried.................... 52
Haude & Spener .... 30, 36 f.
Heerdan, Georg Jakob................. 18, 24
Heinrich, Karl Ludwig 84
Heinsius, Johann Samuel.................... 30

Helbing, Gerda 143, 146	Kippenberg, Anton............................ 121	Metzger, Johann Daniel... 49, 52, 69, 157
Helmholtz, Hermann 87	Kleist, Heinrich von 78	Metzler, August 18
Hempel, Gustav 79	Kleuker, Johann Friedrich................... 60	Metzler, J. B. 30, 154
Herbart, Johann Friedrich 71, 78, 150, 157	Knutzen, Martin 22, 33	Meyer-Steglitz, Georg....................... 100
Herder, Johann Gottfried .... 35, 38, 41, 51, 59 f., 150	Koch, Bernhard 43, 111–157	Miegel, Agnes................ 126 f., 149, 157
	Koch, Carl.............................. 112, 120	Mollenhauer, Ernst........................... 116
Hermanni, Johann Wilhelm................ 69	Koch, Erich .... 123 f.	Motherby, William 85
Hess, Moses.. 84	Koch, Hildegard..................... 118, 150	Müchler, Johann Georg....................... 69
Hesse, Heinrich.................................. 23	Koch, Wilhelm.......................... 92, 154	Mühling, Paul 126
Hesse, Otto Ernst............................. 126	Kösel-Verlag 154	Münchhausen, Börries von................ 127
Heyse, Hans 126	Kohnen, Joseph 65	Mutschmann, Heinrich 152
Hildebrandt, Andreas Karl .... 70 f.	Kraft, Adam 130	Napoleon I., Frankreich, Kaiser..... 64, 73
Hippel, Ernst von..................... 126, 151	Kraus, Christian Jakob 37, 41	Nasilowski, Herbert........................... 143
Hippel, Fritz von 151	Krieger, Johann Christian 147	Neidhardt, Johann Georg............ 21, 156
Hippel, Theodor Gottlieb von.. 39, 41, 53	Krieger, Johann Philipp 40	Newton, Isaac..................................... 33
Hoffmann, E. T. A. 78, 126	Kröner, Adolf 91, 93	Nicolai, Friedrich 47, 51
Hoffmann, Johann Gottfried.............. 69	Krug, Wilhelm Traugott 71	Nicolaische Buchhandlung 90
Hoffmann und Campe..................... 154	Kubin, Alfred 152	Nicolovius, Friedrich ...... 35, 45 f., 48 ff., 55, 64 f., 72, 77, 87, 154, 156
Hofstötter, Philipp 125 130, 132, 135–141, 146	Kypke, Georg David.................... 33, 52	
	Lackington, James 115	Niemer, Erich 146, 153
Horn, Ernst 69	Lahr, Friedrich.................................... 97	Novikov, Nikolai Iwanowitsch............ 41
Huch, Ricarda 119	Lagarde, François Theodore de 35, 50	Osiandersche Buchhandlung..... 154, 156
Humboldt, Wilhelm von.................... 71	Lasch, Otto 143	Paetsch, Otto...... 93–112, 115, 121, 150, 154, 156
Hugendubel 115, 156	Lassenius, Johannes 22	
Hume, David 33	Lauson, Johann Friedrich 41	Paradis, Maria Theresia von 53
Jablonski, Johann Theodor 32	Lenz, Siegfried 143	Pasdziernik, Karl 143
Jacobi, Friedrich Heinrich 42	Lilienthal, Michael ...... 21 f., 31, 52, 156	Pechstein, Max 116
Jacoby, Johann................................. 83 f.	Lilienthal, Theodor Christoph........... 52	Perthes, Friedrich 63
Jäger, Georg..................................... 100	Lindner, Johann Gotthelf 37, 39, 41	Perthes, Besser & Mauke 88
Jensen, Wilhelm Gottlieb Martin 69	Liszt, Franz 83	Pietsch, Johann Valentin 22
Jung, Frieda .... 103 f., 127	Locke, John .... 32 f., 52, 157	Pisanski, Georg Christoph........... 51, 157
Kant, Immanuel .... 12, 22, 27, 33–41, 48–59, 70 f., 85, 93, 96 f., 150, 157	Lokatis, Siegfried 129	Pollakowsky, Hugo 89, 93, 96, 100, 103, 108, 156
	Lorek, Christian Gottlieb 84	
Kanter, Johann Jakob .... 27, 35, 38–43, 46–54, 64, 67 f., 87, 96, 146, 150, 155 f.	Mangelsdorf, Karl Ehrengott 49	Prelinger, Kurt...................................... 4
	Mann, Thomas................... 107, 116 ff.	Ramler, Karl Wilhelm 40
	Manske, Charlotte............. 135, 142, 146	Rautenberg Verlag 126
Keyser, Charlotte............. 124, 127 f., 157	Marx, Karl.. 84	Reich, Philipp Erasmus 51, 62
Keyserling, Caroline von 13, 37	Mendelssohn, Felix...................... 122 f.	Reichardt, Johann Friedrich................ 83
Keyserling, Heinrich Graf von 37	Mendelssohn, Moses .... 39 f., 52, 69	Reimer, Georg 60
	Menz, Gerhard............................ 4, 105	Remarque, Erich Maria 148

Personenregister

Reussner, Johann Friedrich 13, 31
Rink, Friedrich Theodor 70
Rowohlt, Ernst 128
Rosenkranz, Karl ... 71, 83, 126, 150, 157
Rousseau, Jean-Jacques 69
Rupp, Julius 84
Saalschütz, Joseph Levin 78
Sanden-Guja, Walter von ...... 127 f., 151
Sander, Christoph 18
Scheffler, Walter 127
Scheffner, Johann Georg............... 41, 53
Schlicht, Otto 103
Schiller, Friedrich .... 58 f., 73
Schlegel, August Wilhelm 60
Schleiermacher, Friedrich 60
Schlicht, Oskar 116
Schmidt, Gustav 102
Schmidt-Rottluff, Karl 116
Schoeps, Hans-Joachim 151
Schultz, Christoph 24
Schultz, Johann 49,
Schulz, Johann Heinrich 34, 37, 53
Schwabe Verlag 154
Schwetschke, Ferdinand .... 74 ff.
Schwetschke, Carl August 75, 77
Segebade, Lorenz 13
Selle, Götz von 152
Semler, Johann Salomo 61
Sielmann, Heinz 125
Simmel, Georg 101
Simson, Eduard 84
Spengler, Oswald 101
Stark, Johann August 41
Stefl, Max .... 129 f.
Stelter, Johann 31
Stepanaukas, Leonas 116
Stephani, Johann Albrecht 21
Stifter, Adalbert 130
Stobbe, Horst 100
Stosberg, Rolf. 122 f., 131 f., 147 ff., 152

Strauss und Torney, Lulu von 119
Strimesius, Johann Samuel 20
Stürtz, Botho .... 92 f., 101, 155
Suhrkamp, Peter 151
Tenner, Helmut................................. 102
Teschner, Fritz 143
Thalia Bücher GmbH 115, 156
Thurau, Gustav 103
Thurau, Helene 146
Tieck, Ludwig 72
Trescho, Sebastian Friedrich 41, 53
Unzer, August Wilhelm 43, 51,
   67–82, 85, 88, 154
Unzer, Caroline 77
Unzer, Johann Otto .. 79, 81 f., 85, 154 f.
Vandenhoeck, Abraham 30
Varrentrapp, Franz 51
Venette, Nicolas 23
Vermehren, Ulrich 153
Vesper, Will 119
Vieweg, Eduard 68, 82
Vulpius, Christian August 72
Wagner, Friedrich David 46, 60
Wagner, Richard 83
Waisenhaus Buchhandlung 75, 77
Walesrode, Ludwig 84
Weidmannsche Buchhandlung 63
Weininger, Otto 101
Weinreich, Hans 13
Weiße, Christian Felix 69
Werner, Zacharias 78
Weygand, Johann Friedrich 51
Windelband, Wilhelm 101
Wilamowitz-Moellendorff, Ulrich von.. 101
Willamov, Johann Gottlieb 40
Witt, Friedrich August 84
Wittmann, Reinhard 130
Wolff, Johanna .... 121, 127 f.
Wolff, Kurt 128
Woltersdorf, Gebhard Ludwig 36, 38

Woodroffe, John 137, 141
Wundt, Max 101
Zänker, Johann David .... 19 f.
Zander, Louis 86
Zeise, Johann Daniel 36, 46
Ziegler und Kliphausen, Heinrich Anselm
   von 23

183

IMPRESSUM

© 2022 GRÄFE UND UNZER VERLAG GmbH, Postfach 860366, 81630 München

ISBN 978-3-8338-8757-4
BAND 1

1. Auflage 2022

Alle Rechte vorbehalten. Nachdruck, auch auszugsweise, sowie Verbreitung durch Bild, Funk, Fernsehen und Internet, durch fotomechanische Wiedergabe, Tonträger und Datenverarbeitungssysteme jeder Art nur mit schriftlicher Genehmigung des Verlages.

Herausgeber: Dr. Georg Kessler
Autor: Dr. Michael Knoche
Redaktion und Lektorat: Stephanie Wenzel
Bildredaktion: Natascha Klebl, Jan Wiesemann, Anja Kurz
Umschlaggestaltung und Layout: ki 36 Editorial Design, München, Sabine Skrobek
Herstellung: Mendy Willerich
Satz und Reproduktion: Longo AG, Bozen
Druck und Bindung: Firmengruppe APPL, Wemding

Wir danken der Firmengruppe APPL für die großzügige Unterstützung bei der Drucklegung dieses Buches.

www.graefe-und-unzer.de
www.gu.de

PEFC-Zertifiziert
Dieses Buch stammt aus nachhaltig bewirtschafteten Wäldern und kontrollierten Quellen.
PEFC/04-32-0928 www.pefc.de

Umwelthinweis:
Nachhaltigkeit ist uns sehr wichtig. Der Rohstoff Papier ist in der Buchproduktion hierfür von entscheidender Bedeutung. Daher ist dieses Buch auf PEFC-zertifiziertem Papier gedruckt. PEFC garantiert, dass ökologische, soziale und ökonomische Aspekte in der Verarbeitungskette unabhängig überwacht werden und lückenlos nachvollziehbar sind.

GRÄFE UND UNZER
Ein Unternehmen der
GANSKE VERLAGSGRUPPE